表裏談創生

破解迷思，掌握關鍵，
從提案到實踐的
地方創生全方位行動指引

林承毅——著

寫在前面

談「地方創生」不能忘記一個日子，二〇一八年五月二十一日，國發會首次舉辦了行政院地方創生會報。那場正式會議上，當時的賴院長宣傳了「為積極面對我國總人口減少、高齡少子化、人口過度集中大都市，以及鄉村發展失衡等問題」，將以國家戰略的角度推動跨部會、公私領域協力，全民參與的社會實踐行動，並定二〇一九年為台灣地方創生元年。

過去六年半這兩千多個日子，確實，遍地開花地挹注了不少資源給地方公所、有志青年與在地事業體，從硬體到軟體，推動多層次的實踐行動。計畫的推動帶著強烈的企圖心，期待翻轉近乎不可逆的發展情勢：人口持續減少，資源持續集中，尤其過去三年遭逢世紀之疫的襲擊。結果是在全台三百六十八個鄉鎮播下了相當綿密的火種，政府扮演了強添柴火的軍火庫，除了持續推動過往相關計畫，也編列特別預算並支持多所部會的推動，其中最廣為人知的是由國發會主導、全台約百組的青年培力工作站，以及公所和民間團隊皆可申請的多元徵案計畫，透過計畫資源的挹注，為地方與有心人創造了在地實踐的契機。

當然，這股潮流的蔓延也與近年聯合國倡議推動的永續發展目標（SDGs）獲得從官方到民間的相繼重視有關，指標的提出也成為一種絕佳的溝通工具，讓不同國家與產業之間找到對話的接點。在社會責任的浪潮下，台灣金融事務主管機構金管會近期更加強化與推動企業社會責任，邀請台灣千大企業按時揭露ESG項目指標，讓傳統以營利為主軸的企業界必須更關注城鄉的地方發展。無獨有偶，教育部參酌日本大學的經驗，推動大學社會責任——俗稱的USR計畫——時間上近同於創生政策的推動時期。如是之故，從總體角度來看，真是百花齊放，多管齊下，不同的領域和範疇相當有默契地，群策群力般，展開了一場史無前例跨領域、全方位地域活化，城鄉翻轉的行動。

不同於過往以經濟發展為單一衡量指標，而是納入社會、環境與文化等多重構面來定義價值，看待永續的多重性，城鄉之間的關係不再是單行道而是雙向對流，挖掘在地魅力，找出彼此的互補，尤其尊重多元模式與價值創造，讓長期在第一線擔任協力及陪伴角色的我特別欣喜。但接下來會一路順暢嗎？地方創生將走入坦途？我想未必。幾日前甫見報的新聞標題斗大寫著「×縣人口跌破四十九萬拚產業園區『創生』」，並非地方慣性的發展模式可以稱為「創生」？

雖然我始終認為「創生」應保有最大的開放性與包容度，期待打破框架與界線，海納所有有心有力的人、模式與方法，為了搶救地方人口而創造高價值的工作機會也確實能帶來速效，但人真的留得住嗎？無論是日本或台灣，過往有太多案例顯示，如果人地關係無法建立，自明性無法深植，空有工作依舊沒有辦法為地方帶來持續的發展，創造機會。

那麼，其他模式與方法是？

「地方創生」因此成為一門當代顯學，傳遞著許多隱而未顯的價值，是名副其實的現在進行式，引起了許多關注。大學課堂與一場又一場審查會現場更是明顯，有人急欲進入成為其中一員，有人傷心失望巴不得退出告別，背後到底有何眉角？渾沌不明能否日益清晰，可不可能有效打破迷思，直指核心？

身為一位帶有強烈使命感，長期陪伴全台創生團隊、研擬方法論、論述議題與教學研究工作的地域活化傳道士，我積累了相當多一線田野觀察與個案分析，期待透過本書為所有走在地方創生這條路上的利害關係人解決各式疑惑。第一章將以二十個迷思與誤解為題，以真實個案為脈絡情境來釋疑，期待引發更多思考，盼大家讀後恍然大悟；第二章將闡述創生關鍵課題，讓大家日後談到某些觀念更有自信；第三章則是提案思維教學，透過我整合的方法論讓大家逆算未來，未來提案無往不利；緊接在後則是大家最熟悉的活化戰術與方法，將說明常見的二十八種行動方案，所謂「工欲善其事，必先利其器」；最後將從我的觀察出發，提出對於二〇三〇年城鄉新未來的預測與提醒。

歡迎大家一同突破「表」層，進入有溫度有張力的內「裏」，唯有親炙核心地帶才能遇見真實的未來，地方創生確實是一條不容易卻無比迷人之路！

最後用百年前蔣渭水先生的名言與大家共勉，「同胞須團結，團結真有力」，在創生之路上相互扶持，有心有力不遲疑，我們上路！

目次

PART 1 關於創生的二十個迷思與誤解

PART 2

二十則創生關鍵詞

PART 3／為地方而戰的提案思維

PART 4

二十八則活化行動與方法

PART 1

關於創生的二十個迷思與誤解

想傳播或引入嶄新或新瓶裝舊酒的概念與模式，絕對會面臨一開始急切需要明確定義，接著百花齊放，或說因參與者眾而逐漸眾說紛紜的過程。

和製漢字「地方創生」以均衡為願景，活化為目標，創新為手段，乘著過去數十年台灣社會發展脈絡，在不同時期注入不同的思維、方法與手段，不論是社區營造、社會創新、農村再生、文化創意及都市設計，某種程度都與其相關。

滾動式修正是當代政策推動的必然，畢竟沒有人對這類社會結構改變有經驗，且戰且走，從行動中修正因此成了必然，但這樣算是「地方創生」嗎？人們經常自我懷疑。應該不斷見賢思齊找尋最佳方案，還是做了再說？縱使瞎子摸象都是行動主義；面對眾多嶄新思維，應該好好理解還是望文生義？因為沒有標準答案，所以任性地憑直覺一路衝到底？

無論是第一線的行動者，第二線的利害關係人，第三線的支持系統，或是後場的政策支援或智庫，都在這條創生價值鏈上分進合擊，相互連攜，走過了不算短的時日，皆應該好好反思社區現場與行動過程所遭遇或跨不過的議論及迷思，讓這場彷如全民運動般的社會實踐行動能在前所未有的超展開之下，更順行直走。

Q

請老師分享成功案例好嗎？令人好意外又是什麼情形？

身為終年流動全台的地域活化傳道士，我最常被問「老師，能不能跟我分享成功案例？」或「知名的××團隊怎麼了？為何當地人一堆負評與抱怨？」，只差沒說地方創生圈超亂……

A

無論是聽膩了還是看倦了電子媒體上一個又一個令人驚嘆的日本成功案例，引動了有為者亦若是的熱情並想知道台灣如何，還是更想知道有無近似的失敗案例，這類問題確實是不同地點、不同聽眾的講座結束之後，最常被詢問的問題排名前五。

大家期待哪一種答案呢？清楚明白地推薦幾組團隊嗎？還是別的？

我通常會反問提問者「先讓我知道你對於成功與失敗的定義？」，是團隊不斷擴大？還是獲利不斷提升？或者帶動了多少人口成長？暫時先不討論需要提交許多客觀資訊才能換算出來的SROI社會投資報酬率或其他火紅的影響力相關指標。

即便「地方創生」是一帖因為面臨人口結構與區域發展的結構性消退，考量代謝不易而被賦予高度期待的突破性時代解藥，仍難速成。社會是一個開放的系統，其中有太多變因，根據我個人經驗，沒有五年、十年，很難見到真正的成效。眼裡所見或接觸到的多半僅僅停留在「表」層，是璀璨絢麗的火花。

某某人真的很會辦活動，總是聲勢浩大，場場爆滿。誰誰誰是計畫常勝軍喔，應該是部會紅人。那一團一直在徵才，發展得很不錯！××藝術祭連續辦了五年，連部長都有去參加，聽說他們又要創新的事業體了。那個團隊很神祕，但人脈超廣，每次發布於社群媒體都是大消息……這類茶餘飯後經常受關注的動態就是所謂的標竿嗎？換句話說就是成功案例嗎？反過來說，不可預期、模式循規蹈矩，聲勢較薄弱，總如孤鳥般自行前進，就能立即斷言注定失敗？

或許是一直置身地方最前線，擔任審查、輔導、陪伴與倡議的角色，以不同維度近身觀察更能看到最真實的一面；或許正因清晰可見，反而更難立即斷言或給予褒貶，總之不論是聲勢也好，獎項也好，人脈也好，關係也好，其實都只是一微觀團隊的成像，需要的是真正進入真實的「裏」脈絡：創辦人的起心動念，對於地方的情感與行動實踐的真實想法，爭取資源的背後是為了生存下去，還是有個如拼圖般更大的願？

無論路線或行動模式，我相信每個團隊的選擇都有其道理，評價時如何不去除脈絡，深入各個階段和每一則真實故事的深度，只要有機會深度解構與縝密分析，絕對會獲得不同的評價，從中獲得更寬廣且全面的體悟。

因此，關於案例的分享與學習，當團隊具備一定知名度並受邀前往各地分享，短短幾十分鐘內多半僅止於團隊做了什麼，較難深入探討背後引動的價值與效果。固然會敬佩對方的行動力，也羨慕表層看來的成功，但我認為值得學習的案例絕對需要透過一他者視角的解構、分析及梳理，才能真正突破見樹不見林。當然，聽再多，是否有嘗試思考並內化成自身養分，不只是尋求一個依樣畫葫蘆的模仿呢？

我一直很喜歡日本人說的「刺激」，也認為這才是實例被聆聽的價值。讓人意識到原來可以這樣做，原來別人如此積極地面對人生、透過行動尋求突破，因此激發了學習與鬥志，也想在自己的戰鬥位置上展開拚搏！

最後，表與裏是個有意思的概念，表面常會反照出吸引人的光亮，內裏總讓人感受真實脈絡。有可能表裏如一嗎？有的，但人們往往受限於過往經驗，懷疑不同的經驗，忘了一體兩面的道理，「副作用」總是無所不在。能夠針對一處目標，持續著不完美的完美追求，真誠、真實，我想也是地方創生令人著迷之處。

Q

只要能讓觀光更興盛，舉辦活動引來人潮、帶來錢潮，就是地方創生？

A

你同意以上這段話嗎？聽起來頗有道理，但好像哪裡不太正確？

隨著政策端的推動力度加大，配合民間響應，大家對於「地方創生」相當有感，尤其青壯世代。最典型的例子是相關報導和社群媒體討論熱度持續燃燒，全台各地成立了一個又一個以創生為名的協會或組織，自詡「創生團隊」的團體宛如雨後春筍。每逢周末，「創生市集」處處可見，力拚「在地觀光」，為平口靜悄悄的產地帶來了當地渴望且期待的消費紅利，並深信只要持續蓬勃發展，尤其

管他地方不地方，創生不創生，文謅謅的，誰聽得懂？反正只要能帶來更多觀光客，創造更多在地消費，讓大家都能賺到錢，就是真「地方創生」。那些申請政府計畫的有什麼了不起，我們這種靠自己做生意賺錢的才是真本領……

「有效賺到錢」，就能鼓舞更多離鄉的年輕世代返鄉，無論是創業或接班都更具可能。

觀光客到底想看什麼？為什麼要來？雖然我們這裡風景頗佳，想想似乎也沒有太特別，與其坐以待斃，不如來創造一些噱頭吧！期待激發觀光客的好奇心，強化造訪意願。談在地故事怕深度不夠，恐怕乏人問津，不如打造台灣人最喜歡的和風打卡景點？

看看妖怪村，雖然確實有點奇怪照舊人滿為患。你問我說好的地方特色？不得不老實說，觀光客通常不會那麼介意，甚至認為相當新奇，又能打卡和分享出去。就這樣，假日也不客氣地永遠大排長龍，讓在地居民彷如遇見改變的曙光，帶來的人潮與錢潮確實也創造了就業機會，難道這不是值得到處分享的成功創生案例？

根據官方統計數據，高雄某條老街一年可吸引超過六百萬人次旅人造訪，若轉換得宜，將成為地方創生莫大商機。地方因此發了大財嗎？人們就此安居樂業，社區走向永續發展，最終達到了所謂均衡台灣的終極目標？

談理念，談總體，離一般人的確太遠，但隨著近年社會價值觀的改變，對返鄉已有不同於過往的認知與選擇，年輕世代懂得思考人生的平衡感，整體平均餘命的延長也讓規畫並實踐第三人生成了許多人的目標，應以更寬廣的態度與思維來定義「地方創生」。

在追求私利極大化的地方現場能否有多一點社會性行動與公共倡議？許多接受政府補助資源的團隊正透過更具實驗性、創造力的行動為地方注入新的活水，讓地方長出更多元的色彩，並透過行動進行魅力挖掘、文化保存與創新及復興，盼豐富地方的內容，讓生活感更加清晰，感染那些具有相同理念和價值觀的人移居或留下來。藉由這些團隊的以身為度，安居樂業得以更具象化、更被看見，如此一來，鮭魚返鄉或地方移居才成為可能。

「獵奇」路線美其名是讓地方更豐富並具吸引力，實為去除脈絡，消磨地方的本真性。在短影音特別發達的網路年代，持續打造高話題性、聳動標題的內容絕對可以有效刺激人們好奇造訪，但人來了會留下深刻且美好的印象嗎？還是只是借位宣傳？以相對緩慢、土地長出來的扎實內涵來溝通，透過一次又一次在地行動，在地風土與特色魅力將益發清晰，地方底氣將成為真正的黏著劑。

「創生≠觀光」。觀光確實是一種有感且速效的手段，但如何打造地方成為一處能夠好好生活的據點，不落入京都或台南的困境呢？住家鄰近的傳統市場漁獲被外國觀光客買光、牛肉湯被外地人喝光，當地日常生活飽受嚴重干擾的創生發展，應該不是你我樂見的。

讓觀光成為人地關係建構及交會的關鍵第一哩，城市輪廓鮮明特色入裏，人們便會深受吸引，每一位傳遞在地魅力的人都將是地方活化尖兵。然而，地方終究要找回主體性，透過多重模式分享屬於自己的真實生活與美好，不應也不該只剩下淺碟式觀光這一條路。

Q 地方快沒有人了怎麼辦？擴大生育津貼，創造工作機會，人口就會回流？

若要說明地方創生與過往政策之間的顯著差異，「人口」絕對是關鍵。地方人口的年齡極端化確實日益加劇，需要尋求有效解方。但引動人口流動談何容易？尤其是城鄉之間的翻轉。在「均衡台灣」的目標下有必要展開搶人大戰嗎？「人口回流」會不會從來不是重點，只是假議題？

A

二〇二〇年除了遭逢百年大疫 Covid，台灣也提前兩年迎來了人口衰退以及生育率與死亡率的死亡交叉，「生不如死」從此成為新常態。雖然台北市人口持續減少，六大直轄市人口占台灣總人口四分之三強，但人口減少首當其衝的不是經常獲得關愛眼神的離島或偏鄉，反而是過往曾經扮演地方區域中心的中介型城鎮。

新竹的關西、南投的埔里、雲林的北港、嘉義的大林、台南的新化、花蓮的玉里，這些曾經風光一時的重要城鎮在日本時代多半是郡守所在地，但當行政、商業、教育、娛樂等功能隨著時代轉移或被取代，人口急遽減少便也成了鐵證。如此情況當然與六都之磁吸效應有絕對關係，地方城鎮應該怎麼辦呢？

絕大多數人口問題的探討與施策是以二級行政區域來衡量。人口減少會帶來的影響大致可分為行政與經濟兩個層面，所受到的衝擊則是全面性的，或許可稱為「城市競爭力」，因此過去幾年常常耳聞「人口保衛戰」。

要保衛什麼？為何捍衛？不外乎資源與權益。誠如台灣人口最多且最接近直轄市資格的彰化縣，為了守住一百二十五萬縣民以爭取升格資格，不惜祭出移居就送三千元禮券的手段。無獨有偶，面臨八十萬縣民守護大挑戰的屏東縣已於二〇二四年年初正式跌破，將直接影響下一屆縣議員選舉席次減少十二席，面對空前危機，縣市長選舉時有候選人開出「生一胎給五萬元、每個月再補助六千元」大放送。不僅縣市，許多鄉鎮同樣展開「一萬鄉民」守護行動，理由都是為了避免行政資源受到縮減。

人口減少所伴隨的效應，除了上述所提，還有就學人數減少到面臨廢校危機，以及其他綜合性的機能崩解：還能支持一間診所嗎？各式商店甚至傳統市場呢？當居住人口減少到一定規模之下，區域絕對會產生惡性循環的發展窘境。就過去幾年來看，一次性的補助不僅難以達到治標效果，更不用提進一步期待的治本。最佳例子是二〇二三年屏東縣新埤鄉，由於人口數即將低於一萬人，鄉公所便以疫情受災振興經濟為名發放一千兩百元消費禮金，短期確實讓人數高於一萬，但發放後隔月人口數僅剩九千九百一十二人，著實呈現了「錢到手，人就走」。

完全能理解行政端有守護既有資源的責任，但回到現實面，太多例子顯示短期補助或許可以帶來一次性效應，但往往不長久。尤其偏鄉弱縣缺乏足夠銀彈，當相對有資源的城市掀起搶人大戰，比如二〇二三年台北市為了讓人口達到兩百五十萬人，以此贏回第三位副市長與多一位副祕書長，兒童節當天開出「生一胎給四萬元」大紅包，傲視全台的條件自然帶動人口逆勢成長。但根據了解，增加的新生兒多數來自新北市與基隆市，遷戶口領取補助，順便搶占教育資源，實際上仍然住在原居地。對城市而言競爭力增加了嗎？十分可疑。

應該如何有效引動人的回流？創造工作機會嗎？

吸引大企業的投資是許多地方首長認為的萬靈丹，但我認為流動頻繁的數位時代，生活品質的維繫與創造才是地方的競爭力，這包含了大自然環境優勢、創造育兒條件等。日本許多地方城市在嘗過大筆補助無法帶來人口回流的苦果後，努力打造出能讓人安心生活與育兒的絕佳環境，畢竟地方若無法成為「宜居」之地，縱使有工作機會，人們依舊會選擇通勤。沒有機能，地方終究是城市的腹地。

以台灣西部的城鎮緊密度和目前採行的戶籍制度，治理地方不應執著於帳面上的人口，應該努力打造幸福之地，以追求實際居住人口的極大化為終極目標，才是真正的因應之道。

Q 假日到台北參加市集，平日在地方接參訪走讀，努力先活下去，其他以後再說？

隨著疫情解封交流回歸日常，這一兩年出現一波波爆發性旅遊潮，一度冷清的園區人潮與活動可說是加倍奉還。我經常開玩笑說台灣不大，要見地方朋友一點都不難，許多團隊幾乎周周北上擺攤。一群台灣最具創造力與生命力的人，假日台北、平日故鄉，這樣應該是常態嗎？

A

我相信每一位返鄉投入各式行動實踐的朋友都期待有朝一日能因為所投入的議題、產品、服務而被看見。「生存」是地方創生之首要，因此大肆鼓勵透過有形與無形的內容交換創造價值。尤其平日在地方默默做事，要是人口稠密、具有高消費力的城市有展售或曝光機會，多半不會有人拒絕，畢竟能夠透過產品或體驗活動引來交流，創造收入，確實求之不得，也讓近年流行的市集成為門檻最低、最容易參與並曝光的舞台。

撇開傳統型態的攤販，這一類能夠創造交易、交流與接觸的平台，以市集之名的流動銷售據點，全台每個假日絕對超過數十個，多數具創造力的人就這樣在不同的市集舞台疲於奔命。有時候受限於人際關係，有時候看中曝光與現金，生意也確實不差，能獲取不錯的收入。但假日都在外頭奔波，沒得休息，會不會失去了當初走這條路是期待脫離城市、追求更平衡生活的初心呢。

或許你認為假日忙碌，平日可以好好休息或籌畫準備。實情是平日的確相對平靜，但團隊也經常應邀帶領地方走讀。許多如今所謂的地方團隊，生活可能比想像中更忙碌，為了生存，有案子接就不會拒絕，使得「平日地方，假日城市」成了許多團隊的尋常節奏。身處地方，人情世故確實無法置身事外，也需要考量收入，但同樣地，疲於奔命確實也是許多地方團隊的日常寫照，在多數人心中，活下去是第一目標。

很少「拒絕」，因為不知道下次還有沒有機會，更嚴重一點是不知道還有沒有明天。許多團隊在如此循環中日復一日前行，有些團隊既努力也夠幸運，逐漸展露頭角，無論是產品或服務品質都因為與主流市場直球對決的互動得以不斷精益求精，自我提升，獲得許多前所未有的機會。在虛實距離都相當靠近的台灣，只要持續投入，被看見是遲早的事。

然而，時常見到有些團隊相當積極努力，渴望早日打出名號，一旦有邀請都不會平白錯過，縱使與自身屬性不吻合，依然透過不同的模式爭取曝光契機，特地為該邀請開發新產品或新服務，只為了在展銷場合曝光，卻也時常因為沒有好好設定目標，後端成效難以衡量，最後搞得一身疲憊，事倍功半。

如此情況經常反身導致某種惡性循懷。也就是團隊的外務過多或重心偏移，在地經營多少會有疏漏，最後為了活下去，就更容易失去設定與原則。

活下去確實很重要，但要是變成什麼都接，催眠自己這是「斜槓」、不專注是故意的，好讓自身更具彈性，長久下去很容易被稀釋，失去了主軸或延續性，終將流連於諸多團隊之間，或成為地方觀光活動的臨時人員。

無論哪一種類型的創生都會面臨不同程度的生存挑戰，理想與現實如何平衡、現金不足時如何繼續做夢、是否要加大投資以積累品牌資本還是且戰且走，我認為關鍵在於不忘投入的初心、追求的理念與價值，有意識地投入每一個行動，不要隨遇而安、隨波逐流地展開。多一個觸角的確多一個被看見的機會，但是有原則、有定位，才是團隊繼續茁壯，甚至被看見和被記住的關鍵。

另一方面，每個階段都有不同的任務與重點。快速被看見是好事嗎？還是慢慢來比較快？參與市集或帶走讀只是為了當下換得的金錢收入嗎？還是期待藉此往外傳遞團隊理念、地方的美好或議題？或是透過這種模式積極測試內容與服務，讓團隊的商業模式邁向可持續性？以後市集與導覽找工讀生或導覽人員跑跑能套就好了？

「如何有意識地予以衡量並投入」，一切終將是團隊主責與靈魂人物的事，不能以後再說，每一刻都需要清醒、深思，並覺悟。

Q

開發系列商品搶占消費者荷包，放大在地為價值，卻忘了品質才是根本？

隨著地方創生政策的大力推動，資源驅動了一種新型態的組織——「地方創生團隊」——通常是一群年輕人返鄉展開行動實踐，開發具地方特色的商品並販售。然而，能否創造出獨特並受市場認可的品質呢？還是只能用地方的意義與情感進行柔性訴求？

A

如果關心台灣的地方發展脈動，這幾年絕對聽過「地方創生團隊」，簡稱「地創團隊」的說法。隨著過去六年國家推動地方創生政策，這類組織在台灣全島遍地開花，就連大學校園裡都有學生說：「老師，我計畫要去地方，成立地創組織。」

根據非正式統計，全台三百六十八個鄉鎮市地方自治體應有超過千組「地創團隊」。從國發會到不同部會，每年透過政策資源鼓勵青年返鄉投入行動實踐的人數已經相當驚人。

以我長期協助的文化部與青年署的代表性計畫

來看，每年獎勵組數近百組，有些是非正式的聯誼性社團，有些是因商務需求而成立的商號或工作室，規模通常介於一人到五人，因著資源與計畫的承諾在某一地展開各種行動實踐。

如此踏出的第一哩確實為台灣許多窮鄉僻壤種下些許種子，為平日寂靜且看似了無希望之地帶來了許多生命力，也可預見未來的發展新希望。

隨著資源與機制一年年推動，尤其是近年企業ESG浪潮的加乘，全台創生團隊日漸茁壯，以最負盛名、發展超過十年以上的三峽甘樂文創而言，已有超過五十名專兼職人力的規模。另一方面，絕大多數團體成員是五人以下，是典型的微型企業組織，較難用傳統的行業分類予以定義。創生團隊通常不是一開始就鎖定產品或服務為主要服務項目，而是從所謂的地方問題或許多行動中展開，如此發展模式也與政府計畫相當看重「公共性」，以及團隊通常懷抱某種高度「利他性」的投入初心有關。

該類「創生團隊」因著計畫展開而返鄉實踐的初心往往是「如何讓地方被看見？」「如何解決地方的問題？」「如何讓地方重現生機？」，但隨著計畫推動，也將面臨團隊應該怎樣被需要、能夠創造可被「交換」的價值，好好活下去的課題。

若說投入田野調查或在地蹲點是為了摸清地方DNA，是行動的基本功，蹲好蹲滿之後的價值創造模式就是開始運用創造力舉辦藝術祭，開發具在地風土的商品，舉辦具高感度的體驗活動。有意思的是，這類型的團隊多半針對文化、教育或社會議題，或純粹希望能返鄉做點什麼，與典型的創業多半有著明確技術或產品導向的思維不同。優點是「地方好」或「地方的需要」被放在主軸，比較不會執著於既有模式或框架，缺點是缺乏核心技術，「企畫能力」與「整合能力」更顯重要。

確實，隨著團隊與在地發展有了一定基礎，下一步便是思考是否能創造些什麼？除了實際造訪才能體驗的小旅遊、走讀，能夠帶著走、高擴散性的產品向來是所有團隊的最愛，畢竟好產品有可能成為帶著走的品牌。於是在不同時代、不同浪潮下，從咖啡包、啤酒、各式農特產到年節禮盒，許多團隊都在同一個實踐軸上前進。

不過，品質到底如何呢？

幾年前我在某地買到一包說著一口好故事的米，烹煮後卻愕然發現品質不堪一擊。一群對地方有愛的年輕人返鄉種田確實是業餘，訴求的是稻米背後藏了多少情意，地方性當然重要，絕對是加值要件，但同時唯有產品夠好，才擁有真正的價值。

從這一點來看近年流行的精釀啤酒，有些團隊大肆融入在地原料，有些只是從代工廠選單中選一款貼牌，鹽味、米製、果物、香料，百花齊放。真的好喝嗎？還是純粹特別，充滿趣味呢？

或許有人會說，地方特產本來就是一期一會的存在，夠特別、深具在地特色才是重點，但我認為要能符合市場認可的品質才堪稱專業，縱使是委託代工，仍應扮演關鍵的把關者，讓產品適切傳遞團隊所期待的、想被記住的價值觀，否則和傳統旅遊型態並無不同，只會淪為一次性。

人們會因理念支持一次，但不會縱使本質不佳仍支持第二次。近年與企業合作ESG成為地創團隊的絕對重心，因此更需要回歸內容品質，不能因為少量、限量、獨特，內容就打了折，因為是地方團隊，更應量少質優，絕不妥協。

Q 邀請知名團隊打造酷炫厲害活動，再廣發KOL與主流媒體宣傳，地方就會起來？

視覺當道的年代如何有效抓住眼球，搶攻心占率是絕對關鍵。創生範疇亦是如此，當地方消滅迫在眉睫，一地如何獲取關注並被看見，除了需要努力的人，還有有脈絡的文化、有魅力的物件、具創造力的模式鏈結，地方才能成為依戀之地。該怎麼做呢？「辦活動啊」，所以找知名設計師操刀，找媒體網紅造勢曝光，就能地方發大財，創生一次搞定？

A

根據我個人對於地方創生的本真性理解，相較於過去不同時期的政策比較著重在純粹產業發展，創生是立基於衰退性結構不可逆之下提出的對策，人口則是那一根壓倒性的稻草。解方除了加強內聚向心力、打造共同體，透過創造各式交流與互動有效打開在地知名度，讓鬆脫的關係重新鏈結，並強化彼此之間的依戀及情感，還有「打開」，也就是引動對流，加速新陳代謝，讓地方再生與復甦。

因此無論是藝術祭、設計展、文化季或某某節，都是一種由內而外的過程，得以仔細挖掘地方的美好，得以妥善梳理地方輪廓、文化內涵與風土性格，思考如何打造一處可接觸、能互動、彼此分享的平台或舞台，讓內外之間得以自在地相互認識與連結，透過分享引發好奇並被看見，而這整個過程，也就是我曾提出的地域品牌建構方程式，從挖掘、轉譯到詮釋。

由於地方過去鮮少有這類創造能量的機會，缺乏能力，外包給公關行銷公司成了常態，也造成舉辦的活動大同小異：開幕活動、一系列相關活動，搭建舞台讓所有在地產業的利害關係人都有不同層次的曝光，最終成果比較落在農特產品的銷售與推廣。參與者增加了對地方的認識嗎？應該還是有，只是程度不同。會不會再訪呢？會，但可能是隔年活動舉辦時，因為有便宜又大碗的不合理方案可以撿……捫心自問，這是地方期待並想要的嗎？

這幾年發生了不少改變。首先，「設計力」獲得前所未有的關注、支持及重視，「策展」一詞過往主要見於博物館，如今已通俗且遍地開花地被接受與採用，尤其許多地方團隊因為不認同傳統地方活動，改採草根性的由下而上運作模式。與地方既有的活動相比，這類地方文化節慶活動得花更多心力在內容共創與轉譯深度，整體來說比較像是歷時三個月到半年的藝文整合行動，從前期規畫、過程籌備，最後密集舉辦活動，較能深度溝通並引發參與者對於當地的好奇，增進後續再訪的可能。

如此小而美的活動在全台各地星火燎原般展開，可惜受限於規模與宣傳能力，時常被詬病是同溫層自嗨。雖然活動絕大多數不收費，經常吸引外地人前往，地方參與的比例仍不算太高，也是該類活動後續需要持續努力的地方。

與此同時，縣市或中央各局處的政策目標依舊有舉辦大型展會，通常是透過標案找到知名設計團隊，展開一次聲勢浩大，宣傳大於實質的設計創造行動。這類由政府主導的行動多半由機關出題，設計團隊負責提案和解題，由上而下地進行設計整合與專案執行。

在當今的社會風氣下，田野調查絕對是不可省的箇中關鍵，所以多半會選派一位資淺夥伴先開拔到在地駐點，或者不定期造訪與調查，但連結通常不深，更像是照章行事的過程，也造成了最終呈現的內容多半是「畫靶射箭」的結果。

正因為是專業設計團隊，對於設計的詮釋與展示手法早有一定的慣性，一旦無法在短時間深度掌握在地風土與脈絡，最終犧牲的往往是地方。也讓我們更加確定，地方的創造行動雖然需要專業人士協助，但如何成就一場「由外而內」的設計運動，可說無比重要。

回顧過往一場場由專業團隊負責的在地創造行動，看似可收上行下效的進度常常莫名卡在多重利害關係人的喜好與認知中，造成多數內容直到活動前一刻才定案。急就章，品質怎麼會好？

活動宣傳方面，通常都是把資源押寶在貴賓團，把全台灣具聲量及影響力的文化人、設計師、意見領袖、類型網紅等人統統帶到現場，並請他們不吝透過社群媒體大肆分享，同時廣發多元媒體並高度置入，最後點線面串連，營造出一副因設計注入而翻轉之勢。此一模式如法炮製，確實能帶來一定的聲量與流量，又是免費活動，整體社會基本上會比較寬容地看待，但花費大資源、大卡司的年度拜拜，真的是地方需要的嗎？

當我們把日本舉辦了超過二十年的大地、瀨戶內海藝術祭視為典範，是否思考過為什麼他們可以持續採行由上而下、長期不換策展人的模式？

看看台灣的兩種路徑及情形，應該更知道哪一種真正能為地方創造長尾效益，必須朝哪一個方向努力。

Q 我們地方是沒人了嗎？這是屬於我們自己的舞台，怎麼可以讓外面的團隊來？

「我們地方是沒人了?怎麼可以讓台北來的團隊拿走?」是某一次在社群媒體看到的某地方團隊負責人留言，猜測是標案落敗後發出的不平之聲。

不時擔任評審的我當下想著，地方的案子非得給在地團隊嗎?只因政治正確?還是衡量哪一組最具履約能力、內容最創新，同時考量在地性，再做綜合判斷?

地方創生已經推行好一陣子了，「親緣性」是否依舊如背後靈般存在呢?

A

我曾經深思從「社區營造」跨度到「地方創生」應有的突破，認為絕對必要的是「打破閉鎖性」，因此提出了一系列從「流動創生」、「地方風土人論」，甚至「二地居」的主張與做法，目的都是為突破既有框架下的困境，可是不時仍會聽聞「戰地方」或「排他性」的零星衝突。

「台灣不大，南北移動不過兩個小時，還需要區分彼此嗎?只有在這裡出生，才可以為這裡做事嗎?」是我經常掛在嘴上的話。確實，利益之上，眾人廝殺，尤其又是自己的地盤。然而捫心自問，真有必要？人都已經這樣少了，繼續保守封閉下去，一天到晚怕被取代，地方又該何去何從？

不得不說，在地方創生的範疇裡，「在地性」依舊是一個需要解開的結，也是一個常在關鍵時刻出現、依舊敏感的話題，尤其是相對封閉的離島或族群單一、姓氏穩定的偏鄉。

亞洲傳統社會中，「親緣性」根深柢固，並透過這類確認彼此親疏關係的意識型態框架建構出一道關係的安全網，三緣（血緣、地緣、社緣）就是人際關係的確認指標。愈封閉的社會或社區，感受更明顯、更關鍵。如此特性固然確保了關係的穩定，卻也讓整個生態系因為缺乏流動而喪失活力、刺激與創新性，過往推動社區營造時深受限制。

根據我的長期觀察，近年隨著計畫資源的催化與推動，許多地方逐步湧入了不具三緣的關係人口，有純粹喜歡命定，有看到發展潛力，有功能性導向，有莫名緣分的牽引就此移居，有因著疫情返回曾經深愛之地展開新事業，或為了給孩子一個更好的成長環境而決議舉家遷移，一幕幕非典型的返鄉行動熱鬧上演。這群人普遍欠缺親緣，社會資本相對薄弱，在不同理由下來到異地，著手落地生根，期待運用自身專長，讓地方的未來因為他們的即戰力更有希望美好。

令人遺憾的是，這群人通常一半以上會在過程中遭遇不同層次的困境，尤其是與擁有充沛社會資本的土生土長在地人競爭資源時，非在地人的血統就會成為原罪，「他是外地人」。

如果因為過往經驗而與在地團隊合作，看似為地方引入更多的人脈資本，在當地也可能被傳「某某某勾結外面的公司想發在地文化財」，最後常讓新移住者落得兩面不是人的尷尬。

由此可見，要真正獲得在地的認同，成為地方生命共同體的一員，確實不容易，多半需要歷經一段漫長的時光，甚至與在地人緊密合作，才能受到真正的認同。另一方面，如何持續打開地方的閉鎖，讓更多認同在地的外來年輕人能被地方真實接納，絕對是地方需要正視並面對的課題。

除了接納與認同移住者，近年隨著再利用的風潮吹起以及政府大力推動委外經營，地方多了不少經營事業的契機。眼見一個目前看似超越能力的機會時，應該抱持有為者亦若是「地方的人做地方事」的擔責心念去強力爭取，還是樂觀其成讓相對有能力有經驗的團隊承擔，自己則以數年後為期，好好壯大能力，下一期勇於承接呢？

從日本在地實踐的案例來看，「專業經理人制度」儼然是想增強地方實力的突破方法。比如宮崎縣的日南市油津商店街，市府開出高於市長薪水的待遇，從三百多位競爭者中選出一位專業人士，於三年內帶領了地方創新突破。

這個例子告訴我們，在地確實有正當性，但地方要想永續的話更應該保持開放的態度，唯有廣納具有創造力與經營能力的人才，地方才真正有未來。不要讓血統成為限制與阻礙，積極創造流動，讓地方注入活水，才會擁有更為可持續性的未來。

面對任何一位有心有力想加入在地行動的夥伴，請不要吝於 Say YES，讓對方帶著熱情與實力來試試看，雖然地方不大，看似是一場零和遊戲，但別忘了，該做的是把餅做大，真正屬於你的舞台並不會因此消失，唯有接力共創，地方才有未來。

Q 推動地方創生，透過多元管道讓資源下到地方最前線，由青年團隊承擔，地方就有希望？

推行地方創生讓目前有超過十個以上的部會透過各式政策行獎補助團隊之實，其中絕大多數資源提供給青年團隊，相較之下可能更有心有力的中壯年依舊束手無策。孤注一擲把創生大事託付給年輕人是何等的承擔，也充滿了莫大風險，如何在資源進入地方之後仍能建立支持系統維繫整個機制的運作？擁有好的成果？

A

資源挹注的背後象徵了對於地方發展的承擔。

當地方創生走向第二階段，各部會開始依照各自的性質提供優渥的獎補助金資源以支持不同類型的組織前進地方，以行動實踐想法，年齡限制其實最應該打破。隨著國人平均餘命的延伸，許多四十歲以上的人展開第二人生，如有機會納入這群有豐富經驗且人生面臨轉折的人，將有意想不到的成果，可惜如今依舊以青年做為投資標的。

根據近年我在現場的第一線觀察，大部分團隊都相當珍惜機會與資源，兢兢業業地在地蹲點。當然，不同團隊有截然不同的經驗，資深團隊多半依照其既定角度持續往前走，新進團隊則需要花更多時間調整與摸索，團隊的合作默契與工作方法都還在練習。

必須說，從這點可以看到政策的寬容與實驗性，ＫＰＩ要求不高，讓團隊能有更多容錯的機會，概念上近似於日本推行了十多年的地域振興協力隊制度，以地方行動實習生的角度帶入更多年輕人，讓他們能有機會在地蹲點與學習，從中感受並找到未來持續行動的可能性。

有心到地方投入行動實踐的團隊本質上都有著強烈的行動自發性。落地蹲點，對於地方人文地產景有更進一步認識後，總會激發內心強烈的危機感。然而，如何真正創造具影響力的成效，而非照章行事達成ＫＰＩ只求結案，正是長期陪伴不同類型團隊時我自己的思考，也要求團隊以投入實事的創造為目標，讓諸般投入都是扎實的、具有可執行性、富有意義與價值。

「列印ＤＭ等文宣品是計畫的要求，還是真正能夠吸引你們期待的關係人口？」

「如果希望成為返鄉青年的回鄉第一站，你們認為一個真正的返鄉中介者角色應該做到什麼程度？」

「想經營關係人口的社群媒體？想好如何運作相關機制，讓那群旅外但深愛該地的關係人口能夠持續對地方有所貢獻了嗎？」

我始終認為，在青年團隊的行動過程中，如果有一位具備足夠實務經驗與發展策略思維，也了解在地的顧問從旁陪伴，必能讓整個行動更確實。否則在目前大多數團隊的現有人力組成之下，較易落入「悶著頭把所有的ＫＰＩ執行完畢」：承諾的活動辦了，要求的調查記錄了，上頭要的數字一一填答，確實也算是完成了被交付的任務。

然而，如果沒有跳脫計畫回到在地思考地方到底需要什麼、期待的未來是何模樣，是否能在現有組織與限制下尋求更大的突破呢？

就如同我三年前提出的「建立地方支持系統」，一地要能期待有效翻轉並發展，絕對不是一兩個人的事，需要構建一個有城有鄉，公私協力，涵蓋不同角色的生態系統，透過彼此之間的相互對流，以及團隊之間的相互串連，激盪出最多元的創造力因子，才能形成點到線，最後形成面的立體樣貌。無論對團隊而言，對地方而言，才是可持續性發展的契機。

至於多元性，由於地方青年人口嚴重缺乏，能否建立徵才管道，尋得有心有力的青年戰力共同參與可謂相當關鍵。許多團隊因為缺乏如此能力與管道，最後都走便宜行事路線，也就是雇用不太合適或僅僅堪用的人員，由於熱情、專業與認知都差強人意，當然不會有太好的執行成果。

因此，打破人才取得的限制與閉鎖，讓更多中壯世代參與，讓不同世代之間能有合作機制；打破時間與空間限制容納更多數位流動工作者，讓地方創生的模式與機制能更具創新性，城鄉之間尤其需要更多的對流與刺激；在行動過程中引入更多專業人士如顧問、設計師、企畫、媒體人員等，強化執行品質，才是真正有利於在地的發展模式，未來也才有可能從計畫資源獨立，持續發展。

我們都知道，地方創生政策是為了活化在地，朝均衡台灣的目標前進，推動與實施時應注意避免出現偏食症，在城鄉之間、不同類型的多元性之間，追尋更好的平衡感。若未注意流動性，讓對的資源落地，行動偏廢，地方將短期復甦，但最後恐怕只是曇花一現。

Q 沒有長期在地蹲點，沒有經營實體場域，沒有團隊夥伴，談不上「做創生」？

A

回到問題的本質，到底怎樣才算「做地方」？是否有明確的套路或SOP可以遵循？如果沒有，只要能保有初心並以終為始，能否允許一個更大的想像空間，讓更不一樣的行動實踐得以在目前的時空背景下展開呢？

說是這樣說，不得不說多數人對於不確定性總會不安，尤其端坐在審查台時，要從所有計畫中評選出具有潛力者並挹注資源與支持，多數委員都會從過往的經驗出發，因此通常會浮現一個典型的景象（報章雜誌上最愛的故事）。劇情大致如下：

「剛剛的提案滿有趣，但他有實際蹲點嗎？好像也沒有據點？目前有團隊嗎？感覺好像只是來這裡辦活動……」這段話是某次審查時鄰座評審在團隊簡報後留下的獨語，卻也讓我思考，推動地方創生政策不就是為了活化在地、注入活力而來？不是更應該海納百川，保有更大的開放度，除非簡章內明定限制條件？

「一位在城市工作的青年，因家中變故與個人生涯轉換回到地方，展開為期半年的探索，因對家鄉有一些想法，而後獨自展開行動實踐，先開了一家店，再意識到社區困境，開始串連一群在地夥伴，從中發現自己對於公共參與的熱情。大家期許家鄉能有所改變，集合起來向政府申請資源。」

以上這段理應不陌生的故事，誠如標準模板似地深植每一位地方創生行動者的心。確實，這故事可說相當標準，有人，有地點，有夥伴，有議題，有初心，從三十年前推動社區總體營造開始，這類宛如救世主般的命定返鄉路徑就是人們心中「改變地方的青年」模式，但依舊如此嗎？

我想為地方做一點事，可是仍在前期的探索與實驗，需要給予那麼大的承諾與命定嗎？愛一個地方非得馬上搬過去，馬上租一個據點或者成立公司養人，一一完成上個時代的組織框架才能證明行動的決心，成為真正的創生團隊嗎？

這是過去幾年提出許多嶄新構想與行動模式的我的深度疑問。

當地方即將沒有人，生活的支持系統也逐漸崩解，就連在地人都考慮離開時，為什麼要逼迫一位有心有力來到地方做事的年輕人，只因拿到了資源，就得給予如神風特攻隊般的承諾？移居、開店、養團隊，實質面需要花費不少資源，精神面則需要賦予高度承諾。限制固然能夠看出決心，但是否有必要拉高門檻、設下限制，若那可能同時失去某些遇見創新模式的契機呢？

誠如我從定義上給予「地方創生＝破壞式創新」的註解，面對結構性的不可逆，我們要持續循規蹈矩支持過去二三十年返鄉行動的標準版路徑，還是採行新型態的模式來參與地方行動，因時制宜地多方開放，讓來自百工百業擁有無比創意與行動模式的人，能在科技、交通、生活型態等種種條件的改變下，讓更多以前不關注地方、自認「返鄉絕緣體」的年輕人，心中充滿了對於地方的嚮往與可能性？尤其，無論是多樣性或屬性，地方需要的人才絕對遠遠大過往昔。如何引動更多有經驗、有企圖心的創造力人才，應該更重要才對。

我提出「二地居」論述時，也同步提出了「地方風土人論」的概念。核心思考是期待打開地方的閉鎖性，讓地方注入更多活水，成為一個「可挑戰」、可好好生活的園地。地方要有好的發展，確實需要長期蹲點、扎實耕耘的土型人，但絕對更需要深受地方吸引，期待運用自己具有創造力的不同專長與能力，猶如蜜蜂般的風型人，尤其是行動翻轉初期。資源不是更應該鼓勵這群有心念、有熱情，正在行動路上的創造力工作者們，讓他們展開第一哩路嗎？

由於長期在學校任教，也熟悉台灣設計創意社群，這幾年我親眼見證許多創造力工作者的心念如前所述，苦無進入的途徑，許多既有限制更讓他們衡量後裹足不前。然而，台灣範圍說來不大，交通便利，所謂的蹲點，非得真正住在想投入之地嗎？如果當地的生活機能有相當大的障礙，仍然需要如此形式主義嗎？能否就此「典範轉移」？

一如人類學訓練需要有一段長時間的田野調查與民族誌的實作練習，不難理解「蹲點」對於在地行動的重要性，但轉化到現實中的創生行動現場，能否透過更多元且有機的方式進行，不受限於制式化的表層規定？好比要求行動一開始就得承租一個場所，九成時間卻閒置，或要求聘僱員工、連結許多在地關係，可是行動明明才剛剛展開。

地方創生之所以別於過往政策，貴在具有較高的開放性且有生存的危機感，只要懷抱一顆期待地方可以因為你而更好的初心，願意投入各式行動實踐，都是「做地方」。我們要的是讓停滯不前、流動性不足的地方有更多刺激，注入更多活水，唯有如此，地方才有機會。打破更多框架吧！

Q 某某團隊很會寫政府計畫，長期依賴補助，找不到商業模式……

在長期關注創生的社群網站上或參與聚會時，經常聽到「那個團隊我很熟啊，很會寫政府計畫所以一直依賴、長不大，沒有商業模式，一直待在舒適圈裡」的月旦評價。每次聽到我都會想，難道計畫寫得好是種原罪？「政府資源」存在的目的及意義不就是為了濟弱扶傾、協助政策來代行公共性？如果正好就走這一路，為什麼不能上車？

A

我過去十年時常應聘擔任中央各類型計畫評審，一年需看超過千份的計畫書，並在專家效度下做出共同決策，評選出最適團隊。審查過程常有許多關卡，通常是混合書審及面審，因此每回看到有團體透過不同管道輕蔑地提及「會寫計畫書的團隊」一詞，總是匪夷所思。

會寫計畫書難道錯了嗎？

有些人喜愛對外標榜自己非常在地、老經驗，「很會做但不會寫」，阿Q式的展現某種自我感覺良好，然後開始檢討為什麼要寫計畫書，同時調侃會寫的人只是比較長於文字。

「敢按呢？」我可不以為然。首先，計畫書不是小說，也不是散文，而是有邏輯的文章，是將未來的行動願景透過文字來說明與闡述的傳達方式。寫不好或不會寫，代表的是根本沒有梳理且思考不夠清楚，被刷掉老實說絕對合理。

再者，沒能好好呈現的話，獲得資源後真能執行嗎？急就章的內容多半有問題。有人可能反駁「我亂寫，但我做超過，績效超好」，只能說運氣救了他，因為從提案規畫到執行實踐本來就是連貫性的過程，寫得好，確實按表操課，規畫時的想法才能真正落地、實踐。計畫書能夠體現一個執行者或團隊在統合、規畫與執行端的能耐，那才是最重要的。

審查時計畫寫得好的團隊通常不僅執行上不會太差，發展過程還會呈現某種穩定的態勢，而不是大好大壞。一份有邏輯的計畫書也有助於後端的檢核、追蹤與討論，對於相關利害關係人來說是令人期待的。此外，計畫書寫得好，不只在政府計畫中無往不利，也絕對不僅如此，如果未來有機會爭取與企業相互合作，甚至募資，計畫書同樣能夠展現絕佳的溝通能力，帶來可能發揮綜效的合作夥伴。

另外，政府計畫的由來絕對與該部會的政策推動有關，除了需貼合政策願景，能否創造「公共性」絕對是箇中關鍵，不然政府幹嘛平白給你錢！

一如過往三十年的社造推動本質是一種區域共同體打造的「代行」，創生政策的目標與方法雖與其不同，本質上仍保有同樣的精神。以近年火紅的國發會青年培力工作站來看，三年多下來，總預算至少超過五億，給予散布全台各地近百組團隊的不只是一桶金，還包含團隊，讓他們能在地方展開自選主題的行動實踐。當政府有情，民間不是有意，還有力，有何不可？

站在政府角度，能讓民間共襄盛舉再好不過；

以團隊來說，尤其是投入的標的與內容很可能本來就不是一般條件能夠施行的，有穩當不會跳票的政府資源挹注，便能夠勇敢嘗試了。有錢出錢有力出力，共同合作，這是政府計畫下的夥伴關係，評論負責執行方案的團隊「長不大」，沒能力斷奶，情何以堪！特別是使用狹隘、不夠精準的商業模式這類字眼。

實情到底如何？

我相信沒有人不喜歡賺錢，有好的營收，就可以好好生活。然而，許多議題本來就無法輕易用一般商業的交換機制看待。不可否認，社會企業是許多目前投入社會實踐議題的團隊所追求的目標，但也有許多行動是因為有另一方挹注對應資源才能大膽地放大風險忍受度，比如在人口稀少的地方經營、比如投入文化性難以在短期創造營收的文資項目等。因此，與政府合作、與政府做生意，難道不算是商業模式？箇中關鍵永遠是清楚知道溝通的群眾是誰，好好梳理群體之間的利害關係，盡可能一擊必中。

縱使擁有政府的資源，依舊充滿風險。許多團隊心中雪亮：政府給你資源，期待透過你代行，但又不時說「我們不會給你太久」，希望你早日自負盈虧。他們非常清楚運作機制，明白其任務性，也知道本來就很難透過自籌持續營運下去，只因背後乘載的政策目標與強烈的公共服務性質。簡而言之，無論合作對象是政府或財團，靠自己的確最實在，但別忘了扣合趨勢發展，在初心之上盡其在我地投入。

好消息是，近年企業從ＣＳＲ過渡到ＥＳＧ，有機會成為下一位合作金主。當然，團隊要能取得企業的信賴，自然需要有真本事，跨出舒適圈的傳奇，或許就將從這裡開始。

Q

在地經營有點實績後就到處分享故事，還當評審或指導，這樣好嗎？

「最近××部會找我當審查委員，還要帶團隊，我應該去嗎？」

「我想了想，雖然我們很久了，但只有自身經驗，又沒到有方法論，這樣會不會誤人子弟？而且好像應該專注本業……」

這類擔憂似乎道出了在地團隊有所積累之後的能與不能，到底該怎樣面對不同的機會，去或不去？

A

如果說地方創生是面對社會整體結構消退劇變下的一帖解方，一同乘坐這艘船的我們，沒有人可以稱為有經驗的專家，頂多是一群較積極且努力學習與實踐的重要利害關係人。我甚至認為，地方創生不是一個領域，而是一個面對未來的方向，重點在於每個人如何好好站在自己的戰鬥位置，分進合擊地共同投入活化的行動。

隨著政策推動，許多資源與任務接踵而來，的確需要更多人一同參與並扮演不同的角色之外，許多在地團隊也早為先鋒，政策還未推動前就深耕地方，投入了不同類型的行動方案。

無論從社造模式起家也好，從商業品牌的運作展開也好，或是著重於解決社會問題，都會隨著相關政策的推動，慢慢地朝向共同的目標集中，因此政策推動不到六年已在台灣各鄉鎮市遍地開花，而走得比較快的有經驗、有故事，漸漸成為學習效仿的對象。

社區之間的交流其實在台灣行之有年，可能是前往該團隊的據點實地見學，或者因為培力的需求而邀請有經驗的團隊負責人分享經驗。雖然短時間的分享比較像談豐功偉業，通常不會論及過程中諸般細節，真正足供學習之處往往不多，使得日本專家提出了「見學無用論」，但我認為有刺激，打開眼界並建立友誼，依然是可行的做法。

這也是許多有經驗團隊近年的寫照。在團隊例行專案與事務推動之外，常常需要應邀前往他地或在現地提供參訪走讀，多半是從一開始的深感榮幸，後來隨著頻率日益密集有些不堪其擾，開始建立收費模式，最後甚至僅提供制式參訪行程，成為平日的一門好生意。

我認為參訪與交流不是壞事，是團隊一種對外的宣傳，可藉機打響知名度並建立社會資源等人脈，但若過多，的確有可能造成干擾，尤其是終年忙碌不堪的團隊負責人，甚至影響團隊運作。所幸這點可以透過建立商業機制，視其為組織的對外服務項目，讓問題迎刃而解。

台灣的社區組織熱中互訪，整個社會酷愛聆聽有溫度的故事，地方創生如此逆天的範疇更需要英雄以鼓勵士氣，因此相較於邀請專業講師或學界顧問專家講述方法論，一旦地方有課程或交流活動的需求，或是個案研究等需長時間參與的精實課程，台灣更偏好大禮包式的講座，也就是一次邀請許多位地方講者，知名團隊負責人自然應接不暇。

該如何是好？

我的建議是不應偏廢，尤其疏忽本業，不留神也許就會產生信任危機，尤其地方團隊規模與編制普遍不大，往往牽一髮動全身。多年前，農業圈有幾位青農在初嚐成名滋味後忘了本業，終日流連社群媒體當網紅，或前往各地農村分享經驗、當講師，最後不僅荒廢了農務，更失去了地方對他的認同。是故，謹守分際，不忘初心，這是不分行業皆不可忘卻的，尤其是領導者。

假以時日，經驗持續積累，名氣愈來愈響亮，假若更進一步受邀擔任計畫的評選委員與陪伴業師呢？這對團隊負責人來說同樣是種莫大的肯定吧？若有機會當然要試試看！

以往的評審委員多半邀請相關科系的大學教授、領域專業工作者、研究單位的研究人員、相關計畫的計畫主持人，以及擅長輔導與陪伴的顧問專家共同擔任，主要是考量專業人士有相當的學理基礎，長期關注該領域並有相當的實務背景，具有較公正客觀與專業的評量選薦能力，但過去幾年由於期待更多實務人士參與，從中央到地方許多相關計畫都開始邀請地方團隊負責人擔任評審委員。

站在當事人立場，這絕對是個絕佳的歷練，有機會跳脫自身範疇，看看其他地方實踐者在想什麼、做些什麼，有些或許還能做為日後參考。此外，與不同領域的專家同台評選，相互學習切磋，不但擴展視野，也累積人脈。

看似正向的背後，有哪些值得商榷呢？

首先，大型計畫的審查機制包含了書審、面審、共識會等，需要不少時間，還不包含後續擔任業師得多次訪視、參與相關會議，尤其團隊遍布全台，整個加總下來絕對會對負責人自身團隊的日常營運造成有感影響，也需考量團隊成員的觀感。其次，長期專注於自身區域的行動實踐，是否有足夠的經驗積累妥善評選？針對不同類型的團隊，無論是輔導或陪伴，能否因地制宜給予好建議與輔導策略？經驗確實是積累而來，但「外務增加」相當有感，值得團隊領導者多加思量。過去幾年我碰到了不只一次團隊負責人決定退出評審委員與輔導任務的情況，在在讓人更加意識角色之間的限制與微妙差異。

在流動與多元成為新常態的當下，如何為所當為，依舊重要。

Q 不要單兵作戰當孤鳥，想提案做地方要多方合作、彼此串連？

「老師，今天我們這裡有一場聚會，我被輾轉找去參加（不去好像不禮貌），大家聊得很開心，之後我就被加入了群組，說要共同合作、要提案，但我覺得根本是要找我去當分母……」這是我協助的業生某天傳來的訊息。在地方的確不要當孤鳥，所以得當一個到處配合人人好的角色嗎？身為「後進」，在地方合作時有哪些眉角呢？

A

合作、協力、共創，是如今投入社會實踐時絕對會提到的方向與價值，由於數位工具與交通便捷，地方的封閉性相對於以往已大大減少，新的人際關係與互動也讓人與人之間有別於過往的閉鎖。

從過往經驗得知，有心有念返鄉的行動者中，每個人都帶著不同的初心好理由。不少人懷抱著公共參與的熱情，期待能以身為度，改變看不慣卻依戀的家鄉；更多人從內在出發，「想和家人一起生活」、「追求一個想要的人生」，多半是離鄉多年，有工作經驗，深思過後決定返鄉。

台灣過去三十年的社造推動強調以社區為單位，年輕世代若想返鄉投入社會實踐，第一件事情就是拜碼頭並加入組織，這確實是快速積累社會與文化資本的捷徑與方式，尤其在資訊相對不流通、地方通常相對封閉時，想改變地方，要有所作為，再有能有才都需要走這一遭，因此也經常面臨返鄉者與在鄉者彼此認知之間的失調，世代之間的服從與階級感等情況。如此人際關係與社會規則讓許多返鄉年輕世代深感不適，「地方創傷」的說法並不讓人意外。

進入高舉「地方創生」大旗的時代，新典範轉移了。就像上個年代，想改造家鄉的熱血青年依舊存在，但多了更多追求意義與美好生活的年輕世代啟程前往地方。外部社會對於返鄉實踐的推崇、相關資訊更透明、交通流動更便捷，的確讓城鄉之間儼然產生了翻轉，從中央政府到地方政府的資源則更多以青年行動為主體，尤其過往向來以社區為主體的縣市社造計畫紛紛推出「青年社造」方案。諸如此類的改變，都讓青年得以爭取到行動的資源，不見得要依附誰，可以獨立自主，以自己的初心為念嘗試做些什麼。

另一方面，合作確實重要，尤其是來到或回到一熟悉又陌生之境，沒有足夠的認識與理解只會變成「沾醬油」，最後既得不到在地認同，也無法發揮真正的效果，有深具經驗與在地知識的前輩引路或協助，絕對可以省掉過程中許多不便與障礙。然而，合作應該建立在彼此各自擁有主體性的集合之下。在地方，人們更習於講「配合」，背後帶了點謙遜，也傳遞了對於主體者的尊重。正如商場喜歡說「異業結合」，不就是期待能夠發揮一加一大於二的綜效？想達到如此成果，前提是沒有一方是「弱者」，唯有如此，才能真正強強聯手。

回到地方的脈絡，任何事情都得合作嗎？

國發會的多元培力提案同樣強調也期待能夠結

合「產官學研社」多重層次的組織，老實說，互簽MOU不難，但真正相互串連，創造出合作的效果，並不是一件容易的事情。

一旦面臨提案關頭，莫不是政治正確地希望把轄內所有看起來有點能力的團隊蒐羅到齊，無論是協會、個人、學校或機關，陣容排出來，塑造一副大團結將為地方共同努力的氣勢。

為了爭取資源提供方的支持，這確實無可厚非，但現實情況呢？

業生所描述的情境確實是為了爭取某個大型計畫，期待把目前檯面上的團隊「整合」納入陣容，可是對於許多新世代的行動團隊而言，他們有自己的方式、節奏與做法，並認為正因為大家都在同一地努力，合作看似必然，有時候過於靠近反而會不經意萌生非必要的摩擦。

另一種情形是彼此之間有許多的社會網絡，過往或多或少都有耳聞，而在已經有許多前提與顧忌之下，更得加倍小心處理。地方上確實有許多內隱的脈絡與人際關係，如果彼此之間的理念與調性不是那麼吻合，硬是以地緣湊在一起，後續合作有可能產生諸多不適應與違和感。正因為距離很近，未來還有很多機會相遇，若把這類不舒服留在心中，最後因地方關係的緊密而窒息，還不如保持距離更實在，「與其相濡以沫，不如相忘於江湖」。

最後，合作是一種精神，尤其地方人不多，人才就那幾位，絕對需要找到彼此都舒服的方式來串聯，如果硬是為了一個目的而營造大團結，私下各懷鬼胎，這樣的合作不如不要。如同四百年前英國詩人 John Donne 那首詩所說，沒有人該，或是一座孤島，但在地方這個緊密的人情社會裡，如何拿捏人際關係，讓新興的返鄉年輕夥伴們既可盡情揮灑自身才氣，又能與大家共融於一爐，亟待後續多方共同努力。

Q 東西那麼好要賣到大城市啊，地方創生就是要賺錢，要有「商業模式」？

「哇，這杯飲料好好喝喔，請問是社區自己做的嗎？一杯賣多少？」

「一杯賣二十五塊，就大地的恩賜，我們薄利多銷啦。」

「應該要漲價啦！這台北人會喜歡，有沒有考慮來台北一〇一設櫃，一杯賣五十塊都沒問題。對了，你們不要一直靠政府補助，要好好發展你們的商業模式啊，訓練社區老人都來做生意，大家有錢就會很有活力了啦～」

「謝謝委員的建議，不好意思，我們都是鄉下人而已，不懂怎麼做，原來那麼有發展潛力。謝謝你！回頭我們會好好和理事長討論。其實上次也有一位前處長這樣跟我們說，鼓勵我們勇敢踏出去，有你們的鼓勵真好！」

每次聽到類似對話我都膽戰心驚，真的如此確定會成功？真的一定要有所謂的商業模式？會不會就因為這樣一兩句話，造成後續無法收拾、令人遺憾的結果？

A

也許因為商業顧問的過往養成，我深知言語對於陪伴者的影響力，互動時往往更加「慎言」。這不代表不能說，而是在未能確切掌握狀態與現象前，不隨口給建議。也許只是即興說說，對方卻信以為真，奉之圭臬，做了衝動且不理性的判斷與決策，那金錢損失誰該承擔？絕對不是出一張嘴的「專家」。擔任中央計畫評審委員，無論是面試或訪視都得謹守分際，而且因為被視為專家，更需要為自己的言語負責。

有人可能會說，好不容易有專家來，當然會被期待「多說一點」。我想到每次有日本專家來台灣舉辦講座，台下多半會問這一題：「請問您怎麼看台灣的創生發展，能不能給台灣的團隊一點建議？」

比較有良心與自覺的講者通常會說：「不好意思，這是我第二次來，我對台灣很陌生，沒辦法給你們建議，只能從我的日本經驗跟大家說在什麼階段可能會碰到什麼問題，你們可以用怎樣的態度面對。」這種相當保守但原則性的回覆，我認為就是一種謹守分際又不失禮貌、不辜負對方期待的經典回覆。

另一種情況在諸多地方現場同樣層出不窮：對地方熟悉度不一的委員來訪視，現場下了許多具有決定性的指示與指導棋，有些甚至一聽完簡報就把團隊罵了一頓。訪視過後我經常接到熟悉的團隊來電哭訴，或想找我釐清他們的認知是否出了問題。

會有如此狀況可說是誤會一場，或說因為不夠熟悉或專業度不夠，給出了錯誤或不具建樹的建議，通常徒增團隊困擾或干擾行動。我多次建議應是長期的陪伴關係，而非急就章且照章行事的一次性，如果真的因為制度設計僅能一次性，請不要給予太過激烈或決定性的指示，畢竟很可能對地方產生決定性的影響。

再來想談談方向性。地方創生是否等於地方商業模式的建構？

我想最根本的是清楚定義「何謂商業模式」，是指賺錢的方法？還是可持續性的生存之道？根據我的觀察，目前大眾對於商業模式的認知比較停留在創造收益這個概念，也就是有沒有賺錢，To C（消費者）等思考。

如此浪潮下，全台灣不同類型的組織，包含偏向非營利性質的學會、協會等社團法人，大家都在做小零售、研發農特產品、創造文創商品，或者積極參與市集。近年大家一窩蜂談論商業模式，讓這類本質可能是服務性質的組織認為投向營利事業才是王道。但我經常反問大家，你真心相信一輩子都沒在賺錢的人，退休後投入協會才開了竅賺大錢？讓組織能夠自負盈虧當然重要，但還是要回到組織的本質探討比較實際。

前述案例就是一處主力發展社區關懷的地方型發展協會，風氣引動使然，運用在地資源生產在地產品，原始用意是提供遊客一個方便，再順道獲得些許營收。訪視委員開金口後讓他們燃起了不切實際又好像有希望的火苗，再衝一點的話很可能就會服膺專家指導，造起創業大夢了，就只因為某一位不太熟悉但對我們很有信心的專家的一句話！

每個機制的設計初心都是良善的，如何妥善運用，發揮功效，最是關鍵。我認為顧問或委員的訪視及陪伴並非完全沒有效果，但需要立基於相對的熟悉之上，才有辦法以積累的經驗為前提，融入在地的狀態為變數，產出一個具有建設性的指引與做法。

最後我想說，如果你是地方行動團隊，請多多利用你的直覺。顧問或專家的話當然可以聽，他們提供的方法或建議絕對出自善意，但關鍵仍在於他們夠不夠了解你們，能否站在你們的角度，以及他本身的專業、視野與經驗是否真正派上用場。千萬不要當一位人云亦云的行動者，更不要當一位我行我素的固執青年，好的委員建議確實能讓人逢凶化吉，少走冤枉路，反過來，若僅是即興揮灑的建議，也可能把團隊帶入萬劫不復的深淵，不論何者，重點都是你是否足夠了解自己。

Q 歡欣鼓舞貼紅榜，地方相傳你賺很大，該如何面對讚譽、排擠與干擾？

過往發展脈絡中，地方本來不算是青年的主戰場，無論是社會氛圍或家庭期待都從地方推到城市，從城市推到首都，覺得城市或首都才有工作機會、才有發展，反映在政策層面之餘，再加上青年離鄉後的反差性，地方因此成了「青年不友善」。然而，當社會結構、生活型態及價值觀演進讓返鄉成為選項之一，務農也好，接班也行，創業實踐夢想亦可，同樣也反映在近期的社造乃至創生政策上。青年返鄉是否獲得認同需要一定時間「交陪」以建立信任感，公部門則經常施以儀式感來表示重視，這到底是福還是禍？返鄉者該如何「再脈絡」、融入並合作呢？

A

近年隨著政策資源推動與社會氛圍引動，「返鄉」早已成為顯學。無論是返回自己長大的故鄉還是前往一處依戀有感的地方，投入心力，安身立命，到底是一條艱辛的道路？還是一道巧門？

我常說，依照台灣的幅員大小，物質層面的返鄉一點都不難，甚至幾小時可及，困難之處往往出在認同與安定感。回來了，家人卻一直問你哪時回台北？回來了，沒有放心適應所以一直想離去，因而猶疑不決，進退失所。箇中關鍵？多半卡在「回來到底要做什麼」。

這確實因人而異。想在地實踐，多少需要從了解在地做起，無論是回鄉或來鄉，都需要歷經長短不一的再脈絡，無論是重新還是從心，都要深深接觸你眼下生活與工作的地方，從中找到連結，激發使命，形塑一嶄新的共同體。

此時，雨後春筍般的政府與民間資源扮演了橋接性，提供資金、陪伴者，讓你有半年到兩年不等的時間不需過度擔心營生，只管做事，心無旁騖地把你的企畫與創意透過行動展現出來，讓地方從你創造的事，仔細認識你這個人。

可惜常常事與願違。

正因成果展現在行動之後，沒有好的前期醞釀與投入不會激盪出火花；正因地方性的關鍵經常在於關係，尤其「你是誰」，不夠清晰與熟悉的話常常無端陷入困境，而公部門這時經常好意出手，扮演信任的中介體，無論是採行儀式感的張貼紅榜，首長接見或者舉辦相關活動，期盼透過敲鑼打鼓加速地方行動小樹的成長與茁壯，當然也是藉此彰顯政績。

看似無比正面的行動卻帶來不少副作用。「為什麼縣府對他們特別好，那我們呢？資源是不是都被他們搶走了」，會發出不平之鳴的通常是長期深耕的在地ＮＰＯ或地方青年，畢竟資源就像一塊大餅，在地方如此人際緊密的網絡社會更是敏感。

正因如此，通常我都建議有志返鄉的青年，尤其是三緣不深的來鄉者，盡可能爭取中央政府的競爭型計畫，比較不會有爭議。地方政府的資源通常會有排擠性之疑慮，相對容易落人口舌，被說成「來賺錢」或「搶資源」，尤其是個人或團隊行動獲得諸多肯定且知名度增長時，或者與在地的合作出現明顯瑕疵時。無論為地方「無私」投入了什麼，「外來者」三字終將成為原罪。你可以透過行動感動許多在地人成為你的支持者，但只要有一定程度的人反對你、敵視你，再加上血統論或地緣論的大帽子一扣上，通常都會落入有理說不清的窘境。

其次，即便是在地出身、擁有足夠文化與社會資本的返鄉者，一旦縣市首長的紅榜高高掛起，成了眾人口中的優秀返鄉青年並在鄉民的口中廣為流傳，接下來就會有數百雙眼睛「I'm watching you」，接著是傳出耳語「那個誰誰的女兒好厲害，從台北回來的，很會寫計畫」、「關係很好」、「賺很大」、「聽說那個什麼案子一下子就三百萬，合理嗎？」每次辦活動都會被說在蹭地方的資源，利用地方老人家賺錢，最後得了所謂的「地方創傷」。

隨著政府相關補助資源日益增加，這類地方真實與傳說可說層出不窮在全台各地發生。以我每年需陪伴超過二十組地方青年團隊而言，每一年都有超過三組反映類似情事。心智堅強者哭笑不得，認為人在做天在看，有些則傷心難過，思考著放棄，沮喪地說「會不會這不是我們應該來的地方，不是我們應該投入的事」、「返鄉真是錯了，還是在城市裡當一顆安穩生活的螺絲釘好了」。

舉一個真實例子。近期我陪伴的團隊明明爭取到七十萬獎勵金，七成費用要花出去且有單據，外頭卻傳他兩頭賺，靠政府計畫所以年薪兩百萬，完全無憑無據。只因為他帶入了嶄新做法，而且初試啼聲就引起縣內外甚至全國的關注，讓許多有心但無能力爭取資源的在地勢力相當眼紅，後續的排擠與干擾接踵而來。

面對這類情況該如何是好？

找機會合作尋求化解嗎？但若價值觀不相同，硬湊一起可能是另一場災難。

保持著謗議庸何傷的態度，大無畏持續向前嗎？我通常建議相對具備在地資本的返鄉者持續用實際行動來證明，若是相對辛苦的來鄉者，除了公私分際務必分明，也要與懷抱相同理念的在地團隊合作，同時積極融入在地社群，嘗試一同為地方爭取資源。這是融入需要的儀式感行動，經過這一關，才會從你，變成我們。過程確實會有許多艱難，但既然認同存在，安身立命尋求未來，一起，就是必然。

Q 不想依賴政府補助金，為了好好努力賺錢，那就開發自有產品吧！如何能大賣呢？

A

許多人對於地方創生或社會實踐行動都有以下刻板印象：說得很好聽，其實不過是政府政策「大撒幣」下獲得補助金所施放的煙火。看看遍布全台的所謂創生明星隊伍，哪一個團隊沒有拿政府資源？拿到資源後舉辦免費活動，乍看之下一番榮景，幾年後資源結束了怎麼辦？真的有能力生存下去嗎？這和過去實施近三十年的社區總體營造養出一群有資源才辦事的伸手牌社區發展協會，有何兩樣？

這類質疑過去六年從來不曾間斷，使得現在各式補助計畫相當強調團隊是否具備「商業模式」，

投入在地實踐有許多不同的路徑、路數與前進模式，除了政府的政策或計畫資源，還有民間自行投入資金、與政府合作、參與BOT或ROT等。不同模式之間的差異在於是以公共、共益性為出發點，或是追求私益性極大化。由於深刻體認到資源終究有結束的一刻，許多團隊努力找尋自立生根之路。到底要做什麼才能自負盈虧，甚至讓營收超前，達到真正的「創生成功」？

同時矯枉過正地以此為審查的評量指標。如此風向吹拂之下，即便是文化性的計畫也帶著些許違和感的發展態樣。

我始終認為政府資源之所以存在，就是為那些有潛力者或有潛力的團隊承擔起返鄉實踐的行動金，若從「對價性」來看，就是支付資源讓他們「代行」公共性與共益性。進一步來說，就是不只地方好，也希望透過扶持，讓他們在地方上順利著床、暖身，並期待未來有機會自力更生。換言之就我的角度而言，商業模式確實重要，但絕非初期的關鍵衡量要點，這樣的風氣某種程度也的確帶動了團隊的危機感。

縱使現在是國發會的青年培力工作站，資金三年無虞，可以好好投入在地耕耘，甚至成立一微型在地工作小隊。或是來自文化部、水保署，甚至青年署的資源，讓人能夠心無旁騖地進行在地田野，並透過各式體驗活動引動在地的第一哩路。

可是接下來呢？該怎樣活下去？

要活下去，終究要面對市場，創造有價值的產品、服務或體驗。「走讀」於是成了絕大多數團隊必須具備的技能與提供的服務，還有各式因地而生的ＤＩＹ體驗，山邊的可以種多肉植物，海邊的可以敲魚乾，只要有人想造訪，就提供對應的內容。

即使如此，大多數團隊都覺得不夠。因為相對於許多早已用公司型態來執行、完全私益化的旅遊團隊，在地組織的專業度——尤其是服務量能——有先天限制。當然，以價制量，某程度是地方團隊必須走的路與做法，但還有下一步嗎？「產品」就這樣成為地方團隊構思商業模式與可持續發展等課題時，必然會想到的第三路徑。

於是乎，不論是十幾年資歷的資深地方團隊，還是成立未滿一年剛冒出頭的個人，統統努力開發既具市場性又能傳遞在地ＤＮＡ的地方商品。

根據我近十年來的觀察，早期流行有在地紀念價值的各式文創自製商品，這幾年搭著台灣的精釀啤酒浪潮，最流行的非「地方啤酒」與「年節禮盒」莫屬。環顧一下你熟悉的地方團隊，是不是有屬於自己的酒或是正在酒廠生產中呢？

前陣子剛好有機會與一知名地方酒廠廠長請教事情，從他口中愕然發現，原來除了他們自行生產的品牌啤酒，這幾年台灣許多民營酒廠的大客戶並非企業，而是遍布全台的地方團隊。雖然量不大，需求卻相當旺盛，酒廠們也備妥一整套合作模式，以此因應不同的代工需求。

若是相對有資源的客戶，便能針對原料、風味與風格調性展開合作，甚至聯名；若僅是象徵性，可以貼牌或用既有品項小幅調整，甚至提供報獎諮詢等服務。浪潮之下，許多地方團隊都成了擁有酒製品的酒商，成就感確實不可言喻，有團隊甚至獲得了酒類競賽獎項的肯定。

老實說，受限於小批量且需融入在地元素等條件，成本往往居高不下，整體利潤換算下來相當微薄。其次，融入在地元素如常見的米、紅藜、水果等等確實有特色，但好不好喝就是另一件事。再者，銷售通路和品牌形象如未能有效形塑，持續營運並打響，多半只能流於一次性品牌形象之作，無法成為常態銷售商品，如此一來不僅無法與商業啤酒競爭，也難以與台灣眾多且多半系出同門的精釀啤酒廠自家產品相互抗衡。

啤酒之外，年節禮盒也是地方團隊普遍會提供的商品，看重的是年節送禮需求，以及企業在SDGs與ESG浪潮下需要增進品牌形象而有的購買需求。

除了少數團隊會自行投入生產與研發禮盒，一來確保產品的品質穩定，二來降低研發與製造成本，絕大多數團隊都是向周邊友好團隊購買既有的加工品或再製品，或是委請專業烘焙廠商協助小批量代工生產，當然也包含貼牌，有些甚至只訂製包裝外箱，組合現有商品。

老實說，短期固然有企業因應社會責任的採購風潮，長期仍須面對主流商業品牌的競爭，利潤又不豐厚，地方團隊如何從中突圍，確實有待努力。從我的觀點，產品力依然是箇中關鍵，當團隊不善於創造產品，如何運用創意與外部專業團隊合作，開發有當地特色的魅力商品，的確是每一個地方團隊都需要努力的目標。

Q

企業因法規與形象需要「永續」，地方團隊應該趕快爭取企業的ＥＳＧ合作？

如果說前五年最紅的潮字是「地方創生」，二〇二三年疫情後的五年應該就是「永續發展」。從ＳＤＧｓ到ＥＳＧ再連動到企業規範後，相關衍生需求隨即爆發。企業在ＥＳＧ中最吃力與薄弱的是Ｓ，亦即社會責任（Social responsibility），若與最熟悉地方的地方團隊合作，會不會就是完美互補的天作之合？面對絕佳發展契機，地方團隊該如何有效把握？

A

到二〇二四年為止，台灣推動社區總體營造屆滿三十年，地方創生政策也來到了第六年。另一方面，聯合國二〇一五年起推動的ＳＤＧｓ永續發展指標在台灣雖然備受社創領域與諸多縣市關注，與社區營造或地方創生的關係卻不甚密切。所幸，二〇二三年三月底起，掌管上市櫃公司的金管會發布了「上市櫃公司永續發展行動方案」，第五項明定「推動ＥＳＧ評鑑及數位化」，雖然僅有十億規模的大型企業將受到約束，此番趨勢勢必將引領台灣公司的整體發展。

企業如何善盡責任的相關制度在台灣其實並非頭一遭，十五年前就已透過公私協力制定並推動了所謂的「企業社會責任」（CSR）。一時間，海邊淨灘、農田契作、向農民購買農產，成為過往友善土地、回饋在地的最常見做法，也確實引領了時代潮流，讓更多企業意識到如何在私益之外，主動投入共益的可能性。

近年的SDGs風氣則讓企業更加關注或進一步投入永續議題的倡議與實踐，隨著組織與機構的調性和關注面向，積極投入包含經濟、社會、文化與生態這四項永續議題。做法則持續進化，期待超越CSR階段的一次性關係，展開更多可持續性的方案。企業開始參與相關永續議題競賽，或是透過員工旅行、節慶購買，甚至開始投資地方團隊，模式更多元。

約莫七年前尚無創生概念，我曾協助中部某生活型態品牌集團媒合了十幾家關注地方議題的團隊與個人，以季為單位，舉辦了一系列共創工作坊，以該集團的事業體共同激盪出更多火花與未來的合作可能性，而這種以大帶小的做法，初心就是源自企業的社會責任，最終確實也促成了多起合作，成就了一個共生系統。這次經驗也可看出，不僅大型企業，有創意與彈性、勇於嘗試和突破的台灣中小企業只要具備這方面的思維，同樣能從中創造新價值。

時至今日，如橫空出世般的ESG獲得了高度的重視與關注，日後只要評鑑持續受到推動，ESG的成果就會直接影響合作夥伴、客戶與投資人的投資意願，也攸關是否會被監管機構懲處及裁罰，可說是企業無可忽視、動見觀瞻的重要評鑑指標。

如是之故，無論何種業種與屬性，無不成立對應部門以積極因應。而從ESG三大構面來看，具有強大內控能力與技術層次的企業通常長於環境保護（E）與公司治理（G），對於社會責任（S）相對陌生。繼續前往沙灘淨灘或向農夫購買更多可以嗎？當然可以，可是一旦以「可持續性」、「在地性」、「關聯性」來衡量社會責任，那就像大學同樣如火如荼推動的大學社會責任（USR）一樣，必須回到根據地且主動積極地投入當地，比如政大好好想想木柵或景美老街，甚至周邊的新店、烏來等地，企業更需要返回廠房與基地，思考能為這個提供土地、水源，甚至勞動力的區域做出哪些付出？

所以企業應該仿效大學，派老師和學生積極投入地方嗎？如果企業的專業能夠派上用場，那再好不過，可假若企業的專長是生產晶圓或化學原料呢？

機緣之下，我曾經在竹科某科技廠舉辦一日永續設計工作坊，一起討論公司未來三到五年在社會責任面向的投入策略，討論如何透過由內而外、由外而內的方式聚焦議題，並且有效媒合有能力的外部團隊展開合作。畢竟當今對於社會責任的要求不再僅止於一次性，更期待可持續性，既然如此，如何取得中長期的合作與協力特別重要。

回過頭來，這正是遍布台灣各地的創生團隊的絕佳機會。無論位於山之巔或海之角，只要過往已有一段時間的投入與累積，擁有明確的行動目標及關注議題，都有機會與那些過去敲門不應的企業建立起共利共益的合作關係。

許多團隊見此良機，這一兩年相當積極地敲門，無論是參與企業舉辦的永續競賽或利用關係做內部簡報，最後常常還是因為認知落差而向隅，或以一次性購買作結，十分可惜。因此我時常對熟悉的地方團隊說，建立合作關係與其兵貴神速，不如慢慢來還比較快。

第一步，扎實地整理團隊過往的行動實績與邏輯，寫明創辦人理念、團隊的中長期願景與目標。

下一步，花時間研究行動實踐的區域有哪些企業、他們的業種業態、曾經投入哪些企業責任行動。接著研究創辦人，再從地域的地緣、血緣等多重關係性中找尋，不輕忽「關係人口」對於祖居地或故鄉的依戀感。最後一步是嘗試換位思考，最終目標是寫出一個可持續性的企畫合作案，主動告訴企業他們可以怎麼做，而且若想成就該遠景，最佳方案就是和你或你的團隊合作。

你或你的團隊能帶給企業什麼？合作方式將如何進行？化被動為主動，爭取與決策者對話，讓兩造合作創造三方共益的可能性。如今固然是地方團隊的發展良機，但如何有效建構彼此之間的共生關係，確實有待努力，也值得努力。

Q

成功爭取到資源前往地方一試，誰會記得計畫哪時結束啊？後續的績效又創造了哪些公共性和延續性？

二〇二〇年地方創生政策走向二．〇，以四十八億元推動「加速推動地方創生計畫」，其中包含全台二十二縣市的青年培力工作站與多元徵案，讓人與資源能夠投入地方進行一到三年不等的嘗試與實踐。但計畫終將結案，如何持續檢核計畫的執行品質並期待有效推動？此外，公共性機制的可持續性勢必面臨挑戰，是銀貨兩訖後各分東西，還是持續挹注再走一哩，或能在自主情況下找到可行的延續方案？

A

二〇二四年二月，地方創生主管機關國發會提出了「打造永續共好地方創生計畫（二〇二五至二〇二八年）」，宣示政策將接續邁入三．〇，並再投入六十億元資源於以下五項工作：培力在地青年、擴增多元途徑、完善基礎建設、促進跨域合作，以及深化國際連結。

好消息是計畫得以延續，以加總後共十年的時間，為面臨高齡少子人口困境、地方空洞化、城市疏離感等社會結構又不易翻轉的當代台灣尋求改變契機，如能具體落實，對於台灣未來總體發展而言絕對能注入一劑強心針。

一個政策要落實推行，需要的絕對不只是規畫端提出的策略方向與對應的補助資源，而是民間能否積極參與並響應，畢竟落實才能創造真正的改變。

讓我們先返回過去三年的創生二·〇推動現場。該計畫試圖透過政府資源為誘因，引動青年返鄉與來鄉，或鼓勵已留鄉者多多投入共益型事業，實施上採取寬鬆認定，鼓勵積極參與，陸續通過了百組青年培力工作站，一百四十一件地方創生計畫，內含五十四件多元徵案，讓資源散落到全島三百六十八個自治體。「通過」只是開始。

在「地方創生計畫」這部分，從一·〇時代公所提案，地方團體經常抱怨整合困難，二·〇開始增加「多元徵案」路徑，「自己的家鄉自己救」，鼓勵想改變的人或團隊提出具有公共性、能對地方未來興利的計畫，前提是需對應相關部會資源，若通過地方創生會報工作會議就可以往下施行。

事實上並非如此。會報通過後，通常會送入各部會，由部會選派的委員於擇日召開的會議中確認計畫書，前後還得歷經好幾次會議的修正折衝才能夠真正進入落實階段。接下來有些部會採取專管中心陪伴制，有些則讓委員轉顧問，在未來一到兩年的執行過程中定期陪伴地方團隊。

我在陪伴的過程觀察到以下幾個盲點。

首先是計畫的期程與補助資源規模。隨著審查的往復來去，包含執行時間與補助規模通常會大幅減少，這時團隊得依照原先規畫執行嗎？還是折讓處理？以效益極大化來說，維持原樣才是應該走的路，卻經常讓團隊最終落入「有多少錢做多少事」。如果沒有業師協助討論並共同決策，往往就是照章行事，完成所有工作項目以結案，畢竟順利拿到錢比效益更重要，效益也不是一時看得見。

延續前面所提，效益評估是一件弔詭的事。我長期擔任評審委員，完全理解政府補助的資源需要相對的績效證明才能核銷，但以常理判斷也知道，怎麼可能投入後即刻有感，尤其是地方小規模經濟體，通常只能是硬體或活動所呈現的可量化數字。為了配合，地方團隊經常出現「可以呈現量，但無法體現期望創造的質感」的盲點。我觀察了好幾組團隊的產出，都無法完全體現規畫端與市場端對於產品及服務的要求。

為什麼？

其中最常見的狀況往往來自於慣性與非迫切性，這經常發生在已有相當投入的留鄉團隊上。要把事情做到滿做到好需要相當的突破，將大大考驗執行者是否真有如此體悟、是否願意且有迫切性，是否「玩真的」。

舉例來說，想創造一場高級茶席體驗，就得突破現有的框架與服務內容，場所硬體完備後，有決心籌組新的執行團隊投入營運，讓體驗能夠真正落實。直白地說，通常也還需再額外投入資源，包含承擔初期營運的風險。

另一種狀況是團隊很有心，政府資源的挹注讓他們更願意放膽嘗試並挑戰，期許做出新的服務樣態，突破現有框架，投入後卻發現前期小批量的測試成本相當高昂，再加上短期推廣力道不足，最後完全看不出成效，也面臨計畫即將結案。是否繼續投入下去呢？團隊自己心中都大大存疑。

以上兩例只是冰山一角，但兩組都是能夠順利結案的計畫優等生。政府善意投資民間讓大家嘗試是好事，但如何讓資源真正引動更大的改變？如何讓計畫最終不會流於不上不下的半吊子狀態，能夠一鼓作氣創造改變？計畫銀貨兩訖之後還能做些什麼？

以青年為主體的「青年培力工作站」則是另一個課題。

賦予有心投入在地實踐的青年團隊一筆超越過

去各部會獎補助案的資源，無非是期待團隊能夠安心在地方生根，投入更多公共性、共益性行動，許多團隊確實是初生之犢不畏虎，全心投入，並因著計畫推動，賦予區域內空屋盤點，關係人口及移住者的營運及連結，發揮著地方支持系統的功能。

然而，許多團隊同樣面臨計畫結束後，如何讓相關內容可以延續的問題。轉移給具公共性的地方公所嗎？還是帶走呢？但裡頭許多都具公共性，帶走恐怕會有公私不分之嫌。難道得另組一個公協會使其延續？

Q 參加講座、工作坊，找顧問諮詢沒有什麼用，一切回到現場實作才是王道？

「參加那麼多交流活動沒什麼用啦~把自己的事情好好做一做比較實在！」

「又要參加工作坊喔！每次把大家揪一起討論，也沒有後續啊！」

「那個顧問專家，台北來的，講的話沒什麼參考價值啦！他們下過田嗎？他們在地方真正生活過嗎？如果沒有，憑什麼隨便給意見？不用想太多，做就對了。」

以上對話來自與地方團隊的閒談。在地方工作看來輕鬆愜意，卻有許多人情世故需要處理，看似悠閒的背後有著上班族你我想不到的忙碌。不是把人帶回地方自然就懂地方創生，依然需要活動、學習，甚至經驗支持系統的協助，可是說那麼多、想那麼多有用嗎？行動真的是王道？

A

處於這熱烈改變的時代，無論是循著PDCA、SMART或OKR等目標管理方法，「行動」可說是一切之重。而在行動之前，「培力」則是眾多計畫的前期推動重點，從農村再生的培根計畫、社區營造的社區培力，透過讀書會、分享會、工作圈、工作坊到社區參訪等，達到知識學習和經驗交流之效，也可視為行動前的多重暖身。

過程中，我想許多參與者心中不免納悶這有什麼用？上了就比較會做嗎？要不是來上課才能取得某些資格才不來！台北來的專家有什麼了不起，說一些我們聽不懂的事情，他們會做嗎？懂地方嗎？遠道而來的分享者又如何？他們是他們，我們是我們，聽了很多成功案例就會成功嗎？抱持著諸多懷疑，甚至勾起了內心的情緒，參與得心不甘情不願。

專家確實不見得多了不起，但專家帶來的知識和經驗或許能為長期在地方生活或工作的人開啟一番新視野，或是解決心中長期困惑的謎團。他地的實踐經驗多半能帶給同樣在路上的人些許刺激。

除此之外，我常說參加活動不需要太嚴肅看待，心態可先視為去交朋友。透過這類地方過往少有的聚會，把有心有力的人聚集在一起，讓不同領域的人相互認識，所謂的「有用」，才會在未來發生。

那近年地方很流行的工作坊呢？

相對於容易籌畫與舉辦，數量占最大宗，通常不過一、兩小時，常見組合是一位外來分享者搭配東道主，或是純粹邀請某位專家分享淺顯易學的輕知識而成的講座或分享會，工作坊或設計工作坊的特性在於時間較長，短則半天，長可至一星期，過程中有精實的流程引導、方法論教學，多半也有明確的目標設定，並由與會者組隊參與，最終雖然不見得完全有結果，只要方向設定明確，將產出一個方向性。

這樣的方法論是從建築設計領域而來，取其共同參與的特性，期盼連結地方利害關係人。工作坊的設計與帶領是我的核心專業，過去十年已累積三百場經驗。相對於講座重交流與啟發的特質，工作坊是能夠真正引動改變的第一哩，兼具學習與行動，更適合地方不間斷地舉行，最後成為地方共識、共創的共同工作方法。

說是這樣說，核心關鍵當然是「時間」。

工作坊密集連續的特性讓許多地方團隊深感困擾，一方面是對工作坊認知不足，一方面是確實有許多必須處理的瑣碎事務。其次，大家經常認為參加過即可，忘了工作坊是一種共創的工作歷程，尤其在有經驗專家的客製化設計與帶領下，一起走完不僅能學習新知，並因連續學習更具備全貌觀，還能透過共同發展討論及創造歷程，對於自身、他者，以及區域發展擁有更大的體悟。

我連續幾年協助南區輔導中心舉辦為期三天的共創工作坊，參與者完整參加過後，其團隊的後續行動、目標、任務和走向都能有突破性進展。畢竟引導者固然重要，工作坊的核心仍是共創性，參與者彼此的程度與是否共同投入也是關鍵。

在創生的行動道路上需要顧問陪伴同行嗎？我在地經營都十年了會比外人還不懂？不是要我們自己提案不要依賴顧問公司嗎？也曾聽聞其他業師被業生告知「我不太需要你的幫忙，給我錢就好」。

顧問或業師就此成了機關派來的監督者角色嗎？顧問對於實踐者而言到底有沒有用？

我總是說，看你怎樣用。先撇開顧問的專業度與業生的緣分，這個機制設計有無必要？是像許多地方團隊說的，遠來的和尚並沒有比較會念經，頂多只是書念得多一點、資格老一點而已？

之所以成為顧問或業師，本身通常在相關領域有所積累，學有專精，或有一套自己的方法論，因為長期關注社會實踐議題，廣泛關注國內外相關案例，累積了相當的經驗能提供給受輔導者參考。

至於經常被質疑的「顧問蹲點過嗎？」，一如棒球，好教練當年不見得是好球員，他有沒有打過球重要但也不重要，關鍵在於能否扮演一位熟悉的旁觀者，願意縝密了解並同理團隊，同時善用他積累的人脈、經驗與專業好好陪伴。

一位好顧問對於團隊的幫助、帶來的影響很大，尤其是提案過程與關鍵策略的擬定，經常能帶來不同的視野與洞察。實踐與行動確實重要，在地方大家常常悶著頭努力做，過程中可能形單影隻，即便有親近的友團相互傾訴，若有一位隔著某些距離且可信任的陪伴者，行動之路將更順遂，這也是「thinking before doing」的道理。

Q

創生、社造、新創有何不同？關係人口、二地居，好多新觀念感覺焦慮？我到底是誰？該如何定義自己？

「請問我目前做的事情算是地方創生嗎？每次分享我都有點心虛。」

「有人說我在做地方創生，又有人說我在做社區營造，其實我覺得我是 start-up～」

「我不認為我在做地方創生，只是循著機緣來到這裡並一路發展至今，走得比較早。」

有些在地實踐者始終焦慮於如何定義與說明，有些宛如超脫般忽略，堅持自己的路，有些看待自己有別於他人給予的定義，無論如何，概念與詞彙不斷襲擊過來時，你想過如何因應或面對嗎？

A

「你知道嗎？現在你們教的設計思考，我二十年前派訓美國時就聽過，只是名稱不同，而且當年的時空背景對於人本的概念沒有那麼重視。」

這是十多年前我在顧問機構工作時，某一天在茶水間碰到資深顧問的閒聊，頓時讓我想起《聖經》傳道書裡那句名言「日光之下並無新鮮事」。

的確，無論是商管還是社會實踐領域，因著時代的流轉，價值觀與觀念轉變，會創造出不同的詞彙來詮釋與定義當下人們期望的行動模式與價值傳遞樣態，社區營造、地方創生、社會創新、新創企業看似大相徑庭，每一個都有不同的發展脈絡與側重。

所以地方團隊很難對外定義自己、為此深感困擾嗎？

確實如此。去年在某一場很難定義的組織內訓裡，許多夥伴向我表達了心中長期的不安與焦慮，「我們到底該怎樣介紹自己呢？好像都有沾上邊，卻沒有那麼確定……」

我最終給的建議是「什麼都是，但也什麼也不是，走自己的路，就是最好的定義」。我認為這樣其實是好事，代表他們一直走在自己的路上，沒有服膺某一特定概念或定義。社會實踐本來就是很難分開的綜合體，各個概念或路數之間有若干交集誠屬正常，一個團隊能夠自信地不被各式詞彙框限，真實地在地方的需要上創造價值，在這多變的時代裡無法被定義，最靠近未來。

這不代表明確定義不重要，而是身為第一線的行動者或實踐者，不應也不需糾結於名詞定義，時而焦慮，時而患得患失。這更屬於領域專家、研究學者或倡議者的事，是他們為了對外清楚解釋並定義模式的創造。

我自信自己就是目前台灣社會實踐領域的名詞發展者，諸如流動創生、二地居、城鄉對流、關係人口、郡創生、創生風土人、創生性感力等觀念與詞彙，有些是我的原創，有些從日文詮釋而來。而我之所以持續這樣做，是為了教學研究與倡議溝通。好比「二地居」，我賦予了清楚但明確的定義，好讓更多早已展開這行動模式的人方便對外說明，從而獲得自我肯定與認同感。

然而，一路創造下來，近年我看到了許多副作用。官方機構、領域專家、第一線實踐者，甚至旁觀者「望文生義」，因此出現了關係人口有次數，往來於馬祖不同島嶼之間就是實踐「二地居」的理解誤差。

我認為地方創生不是已定型或被歸類為某新興學科，它的內涵仍然持續地活潑發展著，是透過嘗試以因應並面對未來城鄉可持續性發展的一帖解方，由於具有強大的包容性，所以可以和不同領域、觀念、範疇相互結合，有機會海納百川，而非故步自封。在專業領域具影響力的意見領袖不應輕易評斷「是或不是」，只要對方有自己的方式與信念，以在地「活化」為念展開各式行動，都應給予相對的包容與認可。

許多在這條路上走了十年，甚至十五年以上的資深團隊、地方專家，或許早在社區營造或農村再生的浪潮已風風火火參與過，常以先行者的姿態對外表達不喜歡被認定或定義為「創生團隊」，倒也無妨。我認為精準的定義只是一個切面、一個特定視角的看見，持續在地深耕，用自己擅長的方法與模式為你的關係之地或深愛的家園投入心力，才是關鍵。充滿自信的人向來是用行動表述與證明。

況且，任何詞彙與用法都有一地的時代性，過去幾年因為政策推動的關係，地方創生成為當下的潮字，可是隨著永續的浪潮，SDGs或ESG大流行，也許下一刻大家紛紛起身，定義自身為SDGs團隊了。

最後想回到「我到底是誰？」這個根本問題。

至少是一位「對地方有深厚感情的愛鄉人」。不論血統，不論地緣，不論是否有豐厚的社會、文化或經濟資本，只要真心為地方付出，扎實投入在地行動，因為你而讓地方流動起來、活躍起來，更有生命力與發展契機。堅定地為地方而戰，更為關鍵，如何自我標榜或對外交代，始終屬於「他者」之事。

Q

日本是創生先進國，有好案例值得學習，但到底學了什麼？是深度學習還是走馬看花？如果沒有學到，最後會不會船過水無痕？

「哇，這案例好驚人喔，下個月去日本要去！」一個月後，一群人現地見學，即使語言不通都要來張大合照並相約台灣再相會。（手比小愛心）

「老師，我們下個月要去日本京阪神參訪十天，想看些案例，請問有沒有推薦？」

「老師要不要和我們去日本？我們協會預計年底去一趟日本東北，我特別跟旅行社說安排去××，就上次聽你分享的那個。」

到日本現場學創生已成一股潮流，從官方到民間，無論是組團、三五成群或一人獨行，只要曾見於台灣電子或平面媒體，通常很快就會成為造訪標的。我甚至聽過某地每星期都是台灣人，組織人力不堪其擾，最後將導覽獨立成一事業體的。

造訪交流如此頻繁，甚至雙向交流，真的能學到創生的奧義嗎？到底是旅遊還是學習？抑或兩者兼具？

A

從三十年前推動社區總體營造開始，集體前往其他社區參訪見學就是行之有年的慣例，也堪稱參與者最期待的事。

讀萬卷書確實不如行萬里路，身歷其境真實感受標竿案例的精彩不僅開眼界，也能有所觸發，帶來許多衝擊與啟發，甚至驅動「我們也可能」的改變氣魄與動能，還可能因此建立友誼，甚至成為該地的關係人口。

隨後的金牌農村計畫則讓社區參訪熱潮更加暢旺，此起彼落的交流活動、目不暇給的嶄新模式，在在讓人看到社區的活力與可能性。

進入創生年代後，雖然這六年的推動中有兩年遭逢 Covid，病毒阻隔了實體交流，尤其是跨國連結，所幸生活早已高度數位化，各式網路工具讓連結突破了包含時空、語言甚至認知之弊。疫情前，便宜的廉航帶領我們深入地方城市；疫情後，貶值的日幣、復原的交通網絡，再加上日本地方政府的大肆推波，讓前往創生先進國度日本學習再自然也不過。

社群上，你很快看到熟悉的地方團隊出現在地方現場，縱使語言有隔，仍在有限的互動下感受在地魅力，同時興奮地發文分享感動，回去後則吆喝更多人再訪，從此經典更為經典，廣為流傳……

老實說，短時間的參訪，看見與聽見的都是所謂成功的一面，背後脈絡、決策模式、主客觀條件等細節往往無法一言道盡，語言無礙已如此，更何況還需經過不只一層的轉譯。行前是否有好好做功課呢？有相對了解的專家預先提點或導讀嗎？如果都沒有，真的只能單憑感受了。大老遠跑一趟，走馬看花甚為可惜，人們依然樂此不疲……

我不止一次聽日本地域振興專家木下齊先生說過，絕大多數的地方學習之旅就是觀光行為，如果抱持著交流或見學的心態，透過參訪過程相互接觸，感受到對方的美好而深受刺激，無妨；假若抱持「研修」的企圖心，那絕對會大失所望，因為看到的是再皮毛不過的表象。

我完全認同這樣的說法。如果真心期待獲得高品質的學習，需要的是透過時間軸與階段事件，甚至整體分析後的個案，也覺得這是台灣目前相對欠缺的。檯面上很多團隊擁有許多的媒體報導和曝光，但若想深入分析其信念與做法，為什麼能走出一條路，老實說資訊並不足。

回到日本，交流之外，如何創造更深度的學習模式，如何在參訪後將所見所聞化為經驗，轉化為台灣可施行的模式，而不再是去脈絡式的只看到最終成果，未思及成就一切的關鍵在於過程？

我們需要的是一套縝密的學習機制，精準又詳實的內容論述，最終能成為一典範的學習模組。否則參訪當下內心炙熱，深受刺激與激勵，回台灣後因忙碌回歸日常，最後除了持續羨慕，也再一次展開無效的學習之旅。如此日復一日，日本還是日本，台灣依舊是台灣。改變是一條緩慢且須以堅持來守護的路，絕非一次性參訪可成。

所以我建議大家以後不用交流了嗎？反正又學不來，看了也白看？

並不是，而是我期待台灣的地域振興行動者，在資訊無比發達，尤其有能打破溝通之壁的 ChatGPT 可用的情況下，盡可能在出發前多方涉獵，找到心中的典範，或是三年後、五年後期待的模樣，主動積極地找尋互動契機。如此一來，才有可能創造雙向交流，互為關係人口，共譜嶄新的共伴關係，相約互訪，共同合作，打破國界、語言與文化隔閡，讓兩地的人們建立深厚的情誼。所謂的學習，這時將變成漫長的相互陪伴，這才更值得我們努力與追求。

大家可能會問，有可能嗎？日本有什麼好向台灣學習的？

不需要妄自菲薄，依據我過去十年與日本官方民間的互動交流經驗，尤其是他們來台灣看了許多空間再利用和地方振興的案例，往往異口同聲地說，台灣有日本沒有的靈活與生命力。

所以日本到底有什麼值得台灣學習？我想如果不具備問題意識，老實說，看再多都是走馬看花罷了。

PART 2

二十則創生關鍵詞

「只要吸引大企業投資設廠，地方的發展榮景可期，創生就成功了。」
「只要定期舉辦大型活動，一定能讓地方被看見，帶來觀光與發展。」
「只要開發更多樣的農特產品並有好的通路，地方產業就能大大發展。」

第二章精選了二十則大家耳熟能詳的「關鍵詞」，每個概念的背後都是經常被提出，甚至感到困擾的核心課題。名詞釋義之前，我嘗試從「表&裏」維度來說明，期待帶領大家穿透現象表層，循著脈絡進行洞察，最終直指問題核心內裏。

常常聽聞口號或概念是否無意中表露了短視近利或有勇無謀的淺層思維呢？許多乍聽之下有道理又覺得似是而非的言論與說法，背後又反映了哪些問題？這樣想對嗎？這樣做會成功嗎？得先停看聽再往下探尋何為核心問題？

從關鍵課題到行動目的、策略與手段，期待第二章能讓大家恍然大悟，原來表層的現象背後蘊含了這樣的可能性，若有機會可以這樣想、這樣做。從關鍵字出發，以表層的認知與現象入手，引出背後的真實內裏，讓追求目的與價值更清晰。

期待表裏一體，真實一路地創生未來，GO～

人口生育——地方創生關鍵詞01

除了用獎金激勵生育，能否找出地方優勢、從人本角度打造優質的育兒支持系統，讓地方真正成為優質的生活場所？

課題討論

生育率和人口減少的相關議題早在十幾二十年前經建會時代就常被提出來討論，並視為台灣未來發展的國安問題，在過去六年的創生政策推動上卻鮮少獲得應有的討論與重視。國發會仍然定期發布人口預測數據，中央政府與地方政府也會發放生育

表裏觀點

表——在地方，高齡化少子化的現象日漸有感。雖然已經見怪不怪，明顯反映在每學年國小面臨的廢校保衛戰，以及選舉時人口不夠、席次大失血，所以得積極搶救城鎮人口，再窮也要提高生育補助。沒有人，談什麼地方發展？

裏——地方人口減少已是現在進行式，與其說地方沒有危機感，不如說是時不我予的無力感。「我們這種小地方資源不足能做什麼？」，

津貼和育兒補助，但更像是站在國家總體角度來看待生育率不足而採取的手段，與地方創生政策推動之間沒有太多關聯。也許是因為這樣，民眾基本上對於人口減少沒有危機感，即使是可能受到直接影響的地方政府和偏鄉國小亦然。

二〇一五年的關鍵字「地方消滅論」可說是引動了日本啟動地方政策的關鍵。當年的創生會議提出了關於二〇四〇年的日本人口狀態預測：四十五%城鎮面臨廢城，三十%以上人口未滿一萬，人口將高度集中於城市。如是之故，如何讓首都減壓、引動區域均衡成了關鍵，也讓「地方移住」成為日本如今的關鍵指標。想讓人願意移居、想提高生育率，除了給予津貼，打造優質的生養育環境和支持系統是箇中關鍵。由於長期推動，日本的生育率維持在一．四，遠遠高過台灣。

相對於生，養更值得關注，尤其是台灣。我始終認為透過發放各式津貼拚生育率是一個假議題，台灣採取戶籍制，實際居住人口與戶籍人口的結構不同，區域人口之間的流動頻繁。若想真正吸引人留在地方，關鍵依舊是善用在地優勢，提供優質的養育環境，尤其是提供城市沒有的機能。在數位網路時代，許多過往認為的城鄉差距早已能透過科技弭平。

此外，除了教育支援，能否提供更友善的親子環境，讓在地方育兒有別於城市的擁擠和設備品質呢？連續多年成為日本人口增長第一名的流山市是一衛星城市，便建構了完整的支持系統讓雙薪家庭能好好工作、養兒育女，除了透過補助提高幼稚園和托兒所的品質與數量，還首創在主要車站設置「站前臨托轉運」以解決接送問題。不僅如此，流山市也考慮到主要照顧者女性的需求，積極提供不同的協助。流山市從根本做起，實際解決問題，吸引了移住人口，真正創造了在地生育的發展契機。

對策方案

毫無疑問，「發錢」確實是最速效有感的手段，尤其能立刻反映在生育率上，無論對於地方、居民轉換為後續支持度皆然，但若因此持續加碼，長期而言卻絕非好事。地方為什麼不投入支持系統的打造呢？因為除了需要對地方未來發展抱持具體的方向和想像，也要搭配縝密的規畫、策略與高度執行力，再加上適切的軟硬體，可說既耗時又耗力。然而，為了有效解決「地方人口」困境，唯有視人口成長為假議題，積極投入基礎工程才行，畢竟有安居才有就業，打造整體區域共同體絕對是刻不容緩，勢在必行。

●公部門

①執行地方未來發展、特色，並分析研究地方人口結構。
②以具有相等規模，人口有成長並有活力的城市為典範來學習。
③充實生養育的基礎設施，包含學校、公園、醫療、照護、課後等。
④打造女性友善環境，提供相關的必要支援。

●私部門

①建立或開設以交流連結為目的的社群咖啡館。
②提供優質的親子學習課程服務。
③建構在地女性的交流成長社群。
④建立同世代的支持性網絡系統。

●個人

①慎選能夠提供優質又友善育兒環境的地方移居與生育。
②除了一次性補助，了解地方是否提供配套的支持性協助。

青年返鄉

——地方創生關鍵詞02

表裏觀點

表——在相對停滯不流動的地方，若長期無新血加入將更顯老化，因此期待更多青年回來為地方注入活水成了必然，希望透過社會輿論與親情呼喚，再加上從中央到地方的政策與補助金引動，讓年輕人願意返回地方，發展大未來。

裏——在社會風潮、年輕人價值觀與都會居大不易等多重因素下，近年青年返鄉可說如火如茶，隨著互動頻繁，擦槍走火便也不曾間斷。地方需要的到底是有血緣或親緣關係的返鄉青年，還是相對無包袱，有熱情、動力、創造力與積極性的來鄉行動者？在能力與關係權衡之下，地方到底需要怎樣的戰力？

課題討論

青年向來被視為國家與社會的希望，他們相對有熱情、抱負、新思維、創造力，還有一顆大無畏的挑戰之心，往往能成為發展的關鍵變革者

（changemaker）。過往因為整體社會發展脈絡、價值觀與城鄉定位，優秀的地方學子注定離開家鄉，為城市所用，確實也能因此獲得更多元且優勢的發展。隨著時代變遷，城鄉異質化特色發展，尤其是價值觀的改變與資源的驅動，返鄉已不再被視為畏途或弱者之路，青年返鄉成了近年一大發展趨勢。

然而，哪些青年適合返鄉呢？是在地出身，擁有一定社會甚至文化資本者？還是擁有獨特才華或專業，雖非在地出身，但因為若干緣分而有強烈使命感者？年齡方面，所謂的青年是十八歲到三十五歲，還是能夠隨著平均壽命的延長而即時調整，給予更寬廣的定義？另外，引動更多年輕人返鄉對地方真的百利無一害嗎？

「青年返鄉」是一個通俗且常用卻無明確定義的詞彙。多半是指在地方出生、成長，直到前往城市就讀高中或大學才離鄉，畢業或工作到某個階段後，因為家中的殷切呼喚，或對於家鄉的使命感與情感而返回故鄉的狀態。返鄉青年的年齡介於二十到三十幾歲，多半投入家族接班或擔任公職，少部分創業。

上述是眾人對於返鄉者的熟悉輪廓。這些年輕人多半肩負不小的包袱，所具備的社會、文化，甚至經濟資本則有益於開展在地行動，減少許多溝通，建立信任感，掌握地方性知識。有家可以靠，經濟相對有餘裕，缺點則是世代積累的人情包袱，緊密的人際關係和家人的過度關愛往往也會引發不少衝突。也因此，該類型的返鄉者比例日漸減少。

近年相對崛起的是「來鄉者」。通常是因為過往的若干際遇而積累了緣分，多半擁有較強大的企圖心與決心，又無包袱，敢於大破大立，適逢資源的推力，最終選擇他鄉成為行動之地，投入自身有感或擅長之事。來鄉者往往對於地方有異於常人，甚至超越在地人的深厚情感，缺點則是並非「自己人」，在地方上與聚落裡是否「三緣皆具」，成了信任能否更進一步的依據。

我認為經常成為驅動地方進化力量的來鄉者，就像一位在自我實現的路上走鋼索的人，一不小心踩空就會粉身碎骨，卻總是因著愛，義無反顧地前進。

當然，地方上還有一群從未離鄉的在地青年。

至於年紀，年紀輕輕就返鄉或來鄉是好事嗎？我認為擁有一些經驗或歷練，甚至人脈，才是真正「對地方好」，因此青年的定義可以調整，甚至不限年齡，端看他對於地方的愛，以及是否具有改變的動能。或是如我經常強調的，地方缺的不是青年，而是具有創造力、挑戰心，並且關注在地的人。

對策方案

近年從政府到民間皆投入了為數眾多的資源以推波助瀾，除了教育部青年署有完整綿密的機制與系統，文化部社造計畫、國發會青培站、多元增件、水保局青年回流及大學社會責任（USR）等，保守估計應有超過一千五百名以上的二十到四十歲青年正在行動實踐的路上。除此之外，給予四十到五十歲準備邁向第二人生者，以及仍在組織內但有志投入地方者必要協助，同樣重要。

●公部門

①除了持續透過政府資源引動返鄉，也應給予觀念、模式與行動過程中的必要支持。

②持續倡議，鼓勵中生代返鄉，給予行動前的必要知識與經驗協助。

③強化返鄉支持系統，鼓勵成立非營利在地青年組織與中介性質的社區交流據點。

●**私部門**

①透過與地方青年組織合作，共創企業永續發展與社會責任。

●**個人**

①不要衝動返鄉，一定要做好準備，具備部分專業，積累人脈，然後再出發。

②建議具創造力的自由工作者多多參與相關活動，給自己的未來多一種選擇。

產業發展

——地方創生關鍵詞03

表裏觀點

表——想要真正的地方創生，安居樂業、吸引青年回鄉投入在地實踐緩不濟急，若引入大型投資案將創造數以千計的工作，自然會創造人口回流，帶動消費，為地方創造前所未有的改變，好好招商，專心發展產業才是正道。

裏——創生確實需要「產業發展」，過往想到的就是蓋園區、找大廠，大開大闔看似速效卻失去脈絡，引來人潮和錢潮對地方來說短期是福，可是長期呢？如果更用心扶植在地產業走向企業化，讓更多在地企業力行社會責任，讓資金留存下來，結果會更美好。

課題討論

「產業，產業，還是產業」，很重要所以說三次，這也確實是在推動「地方創生」政策時，無論官方或民間都念茲在茲的。無須否認過去三十年推動社區總體營造對於台灣社區與社會所帶來的貢獻，造人又造事，但一路下來也積累了些許副作用，也就是長期資源挹注或說圈養，養成了對補助的依賴，完全符合日本地方事業推動者木下齊先生的名言「補助金是毒藥」。

從中也有了許多反思。提出不要只停留在「辦活動」，而是真實地投入可持續性、有延展性的「事業」，並衍生出社區開始轉成協會、成立合作社，甚至社會企業的風潮。相對於一次性的活動，開創性的事業確實不容易，背後涉及營運與管理，強度非一般業餘起家的社區或社群能夠肩負，成效方面也不顯著，尤其從量化來看。

當然，地方其實不缺以地方物產起家的事業體，特別是近年極力推動成立農企業，讓農業不只停留在小農與產銷班，能有更具規模化和事業經營的發展前景。

還是得說，相對於決策快速，地方事業經營的效益通常是急不得的和緩，背後經常牽扯到多重利害關係，也隱含了不少公共性，較難純粹以一般的商業機制邏輯衡量。但回過頭來，持續扶植在地型的企業，並協力持續壯大，確實也是目前持續努力的施政方向。

二〇二四年初，台積電宣布前往嘉義縣投資，日本先進半導體製造（ＪＡＳＭ）熊本廠也宣告開幕，兩起投資案就這樣落在台日兩處亟待振興之城，馬上就有人說：「這才是真正對地方最有助益的地方創生！」

能夠創造上千上萬工作機會的工業區就是「創生之鑰」嗎？

竹科旁的竹北、南科旁的善化都是絕佳案例。隨著科技廠進駐，緊接著就是人力需求，也為在地創造不少工作機會，再加上物資需求，地方頓時呈現前所未有的榮景。榮景固然夢幻，背後卻有不少後遺症。高知識從業者移入，買房、就學、餐飲、種種生活機能需求也會瞬間長出來，仕紳化帶來的物價上漲，過往一餐七十元可溫飽的地方城鎮，現在沒有兩百元吃不到東西。此外，各式資源出現的排擠性也引發了新舊居民之間的衝突。還有，移居者是否認同這塊陌生之地，或只因工作之需而來，對他們而言，地方會不會是個不熟悉但有關係的名詞，心態上彷如住在城市公寓般的不熟悉？

這樣的行為與價值觀在台灣各地屢見不鮮，從創生政策推動前到現在談永續，都是執政者政績下的必然選擇。在現今發展之下，確實可以透過ＥＳＧ的範疇謀求大型企業的永善在地與共好，對地方有更多的看顧和回饋，可是回過頭來，當產業發展依舊被視為推動創生的核心，應培養更多有企業家精神的年輕世代，應回到在地擁有的特色，讓優質的產品、服務或體驗不僅止於流星般一期一會，而是事業化的營運模組，呈現高穩定、高品質、高附加價值的內涵。

宜蘭大同鄉寒溪村不老部落的獵人學校歷經近二十年的努力，因為在傳統基底之上提供不斷創新的服務，這處世外桃源成了部落體驗的聖地，族人因為獲得工作計畫，透過持續提供服務，讓族群的文化傳統留了下來。他們力行體驗有價，收費不菲，肯定了價值的創造，所以人人可以過好生活。

湖口的木酢達人循著「曾經是台灣木炭重要生產地」這個地方ＤＮＡ改造老炭廠，並且投入廢木林的循環再利用事業，善用在地元素又貼近世代趨勢，同樣創造了當代需要的產品與服務。

在創生年代裡，這類事業發展應該是更受到提倡的路徑與行動模式。

對策方案

必須坦承，宛如魔戒般具有吸引力的大型開發或大建設可遇不可求，若遇上了，確實能夠帶動地方產業發展，但該產業基本上與地方的相關性通常不大，要加強的是藉此引動在地的發展、人才與在地的連結、消費需求帶動地方物產的高值化等。相對務實的做法是持續培養具企業家精神與商業思維的在地事業家，從在地ＤＮＡ著手。從土地長出來的往往深刻但需要等待，為了地方的未來需要付出耐心，不炒短線，拉長到未來後回頭逆算，在與地方共存的信念下持續發展。

●公部門

①持續投入資源來培養具企業家精神與商業思維的在地實業家。

②投入基盤工程，提供對應資源，營造地方成為值得挑戰的創業之地。

●私部門

①從永續發展目標和社會永續角度出發，持續與在地團隊、地方組織建立夥伴關係。

②扮演橋樑，鼓勵員工參與在地行動，建立在地認同感。

●個人

①在都市學技術與經驗，鏈結人脈與資源，然後以地方為施展抱負的實踐之地。

②發揮想像力，讓自己的專業能連結在地特色，異花授粉般創造出新的服務及產品。

地域品牌

——地方創生關鍵詞04

表裏觀點

表——地方要追求發展最重要的就是發展在地特色，讓地方可以被看見，所以一定要辦活動。每年舉辦大型活動，邀請大卡司、大陣容，吸引遊客來玩，定期的假日市集則吸引親子，讓大家都來擺攤。宣傳方面就做個吉祥物吸引小朋友，再邀請網紅來打卡，衝高人潮聲量就會大，地方就有未來。

裏——能被看見、被認識，受到眾人依戀，地方才會讓人覺得充滿希望，積極曝光確實有必要，但在那之前得好好認識自己是哪一種風格、風土乘載了何等魅力、蘊含了哪些世界觀。活動不用多，追求量不如顧好品質，持續經營，漸進推動，充滿自信，忠於自我，才是關鍵。

課題討論

在資訊無比透明的數位年代，每時每刻都有無數資料與訊息被產生且流動著，扁平化的發展弭平了許多過往因為資源、區位、階層而深感難以突破的障礙與門檻，因此只要夠努力、有特色且持續，即使是素人，都有可能在一段時間後成為眾所皆知的網紅或意見領袖，這也成為有別於以往的職涯選擇。

那地方呢？能否突破既定印象、資源不均、地域位置、文化層次的框限，成為一處令人有感、充滿依戀且懷抱希望的嚮往境地，尤其在這變動頻繁、記憶淡薄、城鄉競合，常常讓人深嘆選擇障礙的時代？

我曾提出「地域品牌是地方發展的未來」的概念，想表達有別於有形的人口、產業、交通，地域品牌是地方的無形競爭力。在未來，在地居住者若對地方缺乏光榮感與自信心，外地人也對該地視而不見，不被關注的地方將注定走向滅亡。

地域品牌指的是一地帶來了全面性的魅力。造成如此現象的往往不是來自單點，而是持續累積的過程，尤其是能夠直指地方的核心特色。無論是日本的一千七百一十八個村町市或台灣的三百六十八個鄉鎮，無不殷切期盼透過不同的策略與手段，搶攻人們的心占率，讓地方成為大家的心頭好，並在規畫旅行、二地居住，甚至思索移居時納入考量。

如前所述，絕非單一項目就能創造這番可能性。地方擁有美麗的風景、悠久的文化古蹟、特色物產與醇厚的人情味，這些確實都相當有魅力，也能讓人在造訪後留下深刻的印象，但常常僅止於此，相當可惜。

如是之故，近年利用整合模式或設計詮釋，讓蘊藏於地域的真實風土魅力透過嶄新的手法更加打動人心，各式的活動和展示在一年四季內如火如荼，假日更是從未間斷。迷思通常是活動要多辦，促銷一定要下，內容愈通俗愈好，以便吸引最大量的人潮。有人潮就是錢潮，大家都發大財，地方就會深受喜愛。於是周周有市集，月月小旅行，透過一次又一次的活動活絡地方。

這類做法散見全台各地，也確實可以創造短期的實質收益，長期而言對於地方的形象提升與風格魅力展現，助益並不大，因此近來許多縣市開始嘗試不同的手段，聘請外來的團隊並運用其設計力，為地方創造嶄新的內容。

這種透過設計專業人士對於地方風土內涵的掌握和詮釋，從企畫到實踐，有步驟有條理地，利用期間限定的藝術祭、設計展、文化季和燈節等密集模式引來更多注目，同時因為造訪而留下深刻印象的做法，箇中關鍵在於「以嶄新的視角遇見地方的真實美好」。

另一方面，最常被人詬病的無非一次性璀璨有必要嗎？如果無法繼續辦豈不浪費？若有此想法，或許應該考慮乾脆不要辦，把錢拿來舉辦活動給地方雨露均霑？同樣可以帶入人潮。

我的觀點是，何不給地方一個改變或突破的機會呢？看似曇花一現的活動除了能引入當地不會出現的人群，也將為地方注入對於未來的想像與可能性。此外，外來專業人士的視角與手法將為在地梳理出獨到又嶄新的「世界觀」，藉此引動的活水，可謂彌足珍貴。

以日本宮崎縣飫肥城下町 DENKEN WEEK 為例，他們選了年中的某個周末，以化整為零的活動展演激盪出了未來的發展契機。平日人煙稀少的台南龍崎連續五年舉辦空山祭，為當地帶來空前人潮，讓人期待後續的引動。透過這類活動，無形中將深植在地人的自信心，也展現與凝聚了光榮感。無論是日本或台灣，透過多重創造力行動打造「地域品牌」，讓地方收斂清晰的輪廓與調性，才有機會循此前行，追求進一步的發展。

對策方案

無論是個人品牌或企業品牌，品牌的打造都需歷經一段時間的「經營」方可見效，更不用說是地方，不應期待一兩次活動就帶來翻轉，但持續才有未來。即便如此，能否開啟突破性的「第一次」依舊是關鍵，畢竟先破才有機會立。公部門需要擔任公共性的守護者，視大型活動為前進的敲門磚。鑑於專業養成不易，建議尋找專業顧問，結合在地團隊攜手並進。有願景、有策略，才能開展戰術。

●公部門

①為打造「地域品牌」建構願景、目標、推動策略，以及區域的風格和世界觀。

②與民間專業人士建立夥伴關係，持續耕耘一個以地方為中心的創意力年例活動。

③積極建立國內與跨國的姊妹市，藉此建立行動夥伴之間的交陪關係。

●私部門&個人

①在地域品牌之下發展在地品牌，提供具有在地DNA的產品與服務。

②給予不同視角的看見和詮釋，並為地方帶來新的活力。

關係人口

——地方創生關鍵詞05

打造以地方為核心的網絡，有人在地方第一線作戰，也有更多愛鄉人透過遠端助拳，表達關愛。

表裏觀點

表——地方的人已經不多，何況是有動能的？所以我們更需要團結，集合所有力量，不分彼此。只要你是在地人，我們就是一家人。無論怎樣的關係都要結合起來，成為地方的關係人口，一起愛我們的家鄉。同業也好，公部門也好，都要一起努力。

裏——團結確實很有力，但是彼此的關係過於緊密，硬要合作反而會萌生許多無可避免的困擾，而且人多嘴雜。應該是善用關係人口，

課題討論

「自己的家鄉自己救」不僅是口號，也是近年推動地方創生時引動許多人內心深處的想法，尤其是留鄉青年。與其等待他人返鄉或期盼上級的關愛眼神，不如想想留在地方的自己可以做些什麼。

不過算來算去，倒也不是人不多，而是有動能

的就那幾個，要合作嗎？過去沒有耶，可是看來彼此不合作也不行，那就來異業合作或一起提案看看好了。公所多半也會關心，那也串連一下囉。

然而，問題往往就是從這裡開始。首先是半信半疑，因為過往同業之間、地方之間並不習慣合作，有的話通常是為了公共事務。此外，長年相處多少有摩擦，以往多半相敬如賓，這次為了一起出手，層出不窮的利害關係將接踵而來。

說好了要相互連結、異業合作，一起為了地方好，最後卻是為了你家人好、為了你親戚好，這樣怎樣合作得下去？攤牌又傷和氣，畢竟還要在這裡生活。政策和計畫都對我們說要一起拚，最好的就是「產、官、學、研、社」如粽子般串連起來，回到地方怎麼愈緊密連結包袱感愈沉重？團隊之間的合作更是困難無比，難道這些人不是「關係人口」嗎？

這誤會大了。關係緊密、區位相鄰、互補關係，不見得就是「關係人口」，嚴格來說，通常不是。關係人口是專有名詞，有明確定義，切勿望文生義，認為是指有關係或關係人。

關係人口指稱的人通常住在城市，他們對於某個地方有深厚的依戀與憧憬，並且熟悉，但縱使心之所向、意之所念，在機緣或理性判斷下，仍然無法真正前往地方，必須在他地持續工作與生活，並用各種折衷的方式與「關係之地」維持不同程度的連結。他們期待造訪「關係之地」，也把握能為其付出的機會，如購買當地農特產或成為地方志工，從遠端為其投注心力。這樣一群不住在地方卻深愛之的人們，就被稱為「關係人口」，或許也可稱為「地方死忠粉絲」。

看似隱形卻不時讓人感受到存在感的關係人口是創生年代的祕密武器，尤其是人口資源相對稀少的地方，這群散居外地的數位人口不僅具有認同感，更常懷抱使命感和行動力，著實是求之不得的競爭力。

關鍵不在多而在精，以及有沒有好好經營與維繫。就像企業的CRM（customer relationship management），地方自治體有無意識、是否用心維繫關係人口，無論是創造群組、搭建交流平台，或是不定期舉辦活動召喚大家，關鍵都在於持續與地方粉絲維持緊密的關係，找到合適的題材或方向讓他們有所參與。

那麼離鄉者也是關係人口嗎？答案是「是也不是」。

回到過往的真實地方現場，許多年輕人在成長過程中被教育或灌輸了「好好念書快離開這裡」的認知，即便去國不免懷鄉，想念的是故鄉的家人還是家鄉呢？換言之，愛鄉與出身沒有必然關係。

反而是因為某種緣分連結後所萌生的命定感，不由得想關心，想為孺慕之境多盡一份心力的異鄉人，多半有著異於常人的熱情，能用新鮮的眼光、正向的角度看待地方，若與地方合作的話，必定可以激盪更深刻更多元的火花，帶給地方不一樣的思維，創造新的可能性。

日本創生的政策中，關係人口被視為重中之重。畢竟觀光客帶來的貢獻有待商榷，移住又相當費力，關係人口自然成為一顆活棋。不僅如此，近年日本試圖盤點「關係人口」，期待有朝一日不僅以此為戰力，還能創造多層次的漣漪效應，尤其是人口極少、地點偏僻、移住條件不佳之地，更需要活用此概念，積極形塑並創造彼此之間的連結，讓「關係人口」成為破除人口不足魔咒之下的彈性解方。

對策方案

相對於日本的積極並活用，台灣目前流於名詞的使用，而且絕大部分遭到誤用。好比某些計畫要求團隊說明吸引了多少「關係人口」，據我了解多半都是毫無根據標準、或說自由心證地填寫。為了讓「關係人口」不再只是概念，成為真實的戰略與戰術，無論是官方或民間都應以地方為單位好好盤點、有耐心地經營與維繫，也用心揣想如何運用這些即戰力，讓他們能與深愛之地一起做些什麼。我相信，沒有一處地方沒有關係人口，把他們找出來並賦權（empower），與他們一起共有共享地方的真實、思考地方的困境，一起投入心力。

●公部門

①盤點家鄉出身的鄉紳、鄉賢或各領域傑出人士，透過榮譽產生連結，並進行離鄉人口的分析盤點。

②鼓勵並贊助新型態的同鄉會組織，從國中小盤點，營運中壯世代的同鄉實體社群。

③與地方團隊合作，經營關係人口的虛實社群，並前往外地舉辦地方主題分享會。

●私部門

①在地組織可以嘗試讓自家客戶愛上在地，加上依戀，並強化品牌印象。

②在地組織可以適時搭配活動，好的地域品牌尤其可以和公司品牌緊密結合。

●個人

①好好感受並思考你是哪裡的關係人口。若無則持續探索，若有請盡量與它靠近，期待後續產生互動。

支持系統

——地方創生關鍵詞06

表裏觀點

表——地方政府有責任扮演青年返鄉的關鍵支持系統，應該發第一桶金鼓勵返鄉創業或是開設引導課程。行政部門會盡力爭取建設資源，讓地方有良好的生活機能，也努力招商，讓地方更方便。資源有限欲望無窮，總之先從這裡努力！

裏——除了既有的硬體、一次性的資金與陪伴資源，還得個別且精準掌握不同族群的期待。硬體固然重要，但受限地方規模，應運用在

地優勢和數位科技，發展出獨特的在地軟性支持系統，讓人情味、生活風格、習慣與特色成為地方的競爭力與吸引力。

課題討論

「支持系統」是什麼？在創生年代為什麼更顯重要？

人是社會化的動物，無法離群而居，依賴共生，政策則為了追求均衡發展，希望引動人們從城市往鄉間移動，前進資源相對稀少之地。地方的人

群關係緊密，凡事講求親屬關係，潛規則大過法律，身為外來者甚至是返鄉者，如何融入地方呢？硬體機能的打造確實關鍵，但軟體與系統的連結才能真正有效協助個人或團隊排除障礙，弭平缺口，突破框架，從有機會留下變成「安居樂業」。

「支持系統」的概念同樣受到日本多年推動「移住企畫」的啟發。「移住企畫」是不是天真地認為把人找來地方就會復活呢？還是有系統思維及配套，不愧是「計畫通」日本？

不令人失望，日本許多地方成立了移住課提供一站式服務，並開始與在地公民團隊、ＮＰＯ組織和在地企業串連。核心關鍵在於轉換視角，嘗試從移住者的角度思考，不同類型的外來者需要什麼？地方能為他們多做些什麼？

二〇二四年二月台積電熊本廠開幕，為了迎接這件大事，菊陽町政府聘請專家授課，期待町政府公務員更了解台灣人與其習慣，甚至編列預算鼓勵町民前往台灣旅行。為什麼投入這些看似額外的事？我認為除了表示友善，也期盼更了解對方，減少日後因為緊密接觸而產生的，因為文化差異而導致的誤解與衝突。

地方移居不也相同嗎。我從二〇二〇年起就透過文字論述和演講，倡議政府除了鼓勵地方政府盤點地方ＤＮＡ、連結在地組織，還要用提案或補助金引動青年返鄉，用資源創造推力。至於地方，不要坐以待斃而是提前因應，健全有無形機能，人才回得來，甚至激盪在地魅力，創造拉力。如此一推一拉，才有可能成為完整的循環。

當然，這不全然是政府的事，也要鼓勵民間投入以共同健全網絡。唯有如此，青年或不同世代的移居才留得下來，免除至今多數仍停留在禮貌或口號式的隨口說說，或者猶如騙術般把人召喚回來卻束手無策的窘境。

地方基層的公務員聞此一定會說：「我們當然

知道未雨綢繆，知道要照顧返鄉者！但是地方資源有多拮据你們知道嗎？連薪水都快發不出來，還創生，創個×咧！」每次聽聞類似的洩氣話都想，所以抱頭痛哭聽天由命？怪沒錢沒人，集體躺平算了？或者是積極思考在限制下能做些什麼呢？

沒有城市的設備就無法吸引人口回流嗎？某些機能確實是剛性需求，沒有不行，但資源的多寡沒有絕對，是比較而來。

和台北或高雄如此規模的六都，或者是嘉義和新竹相比，地方當然差很多，改從「人均獲得」思考則沒那麼糟糕。許多設施的確需要規模經濟才能展現綜效，人少或空間小，功能絕對會受限，但此番障礙也引動了我倡議「郡創生」的地域連庄概念，意圖打破目前現有的自治體邏輯，返回百年前以生活圈為界線的「郡」，讓包含醫療、教育、生活等重要機能更集中，弭平城鄉障礙。

大家可能會說有不公平之嫌，但是相對於城市依賴大眾運輸，別忘了目前台灣地方居民的移動以自駕為主，十到十五分鐘車程、三到五公里移動範圍屬於同一生活圈。

地方難道沒有優勢？接下來得提及地方可以著力的軟性支持系統。

非台北人提起台北人，勢利和冷漠是一貫的形容詞，雖不甚同意，我卻常在想，既如此認知，想接觸來自台北的地方移居者時，能否好好運用地方的絕對優勢，用人情溫暖和社會關懷溫暖他們呢？

誠如人們所言，城市是用錢買機能，地方是用交換「放伴相挺」，所以大家總說「地方的孩子是大家一起養」。有別於台北辛苦的小家庭，地方的優勢與魅力就是社會網絡從場域到人群，以及彼此的微妙關係，人與人之間存在的不是單次相挺，而是長期互助扶持、相互補位的交工默契。

然而，看似理想國般的生活模式，外來者呢？

這便是大力倡議「在地支持系統」的關鍵。如果來到地方仍然活在城市的邏輯裡，恐怕會覺得根本是個處處麻煩的「惡地」。有心有願前往地方通常都不是出自一時衝動或混不下去，而是縝密思考後的行動。如何讓過程更順遂，甚至從時間軸的角度思考，讓以「移住者為中心」的支持系統早日落地，無疑是地方應該投入的。

對策方案

如何打造「在地支持系統」，為移住者，也為在地者之間創造橋樑，最終創造共好，以下分別從公與私分享我的建議。

●公部門

①地方自治體應視之為地方未來的「生存大事」，從前端、過程與後續好好思考，尤其以移住者為中心來思考。

②進行資源盤點，包含地方ＤＮＡ、地方關鍵人物、地方空間等。當前目標這部分委由國發會青年培力工作站與青年署的學習性青據點執行，但公共性仍是推動的盲點與困境。

●私部門&個人

①承接如上述的中央政府計畫在地執行，建議經營實體與虛擬社群，從關係人口社群來連結與地方的關係。移住後，透過實體活動來連結、引薦人脈。

②從公部門提供的調查研究或是透過參加活動，思考能否把部分潛在需求轉化為服務並創業，比如成為地方的房屋仲介，或是經營補習班以提供移居者生活所需。

③熱心的在地人士或移居者可擔任連結者，成為在地移住小天使，透過活動主動認識移居者，協助他們融入在地。

城鄉對流

——地方創生關鍵詞07

表裏觀點

表——昔日因工作機會與發展考量，地方的人總是離開故鄉，前往城市以出人頭地，認為一切美好都在城市裡。物換星移，典範轉移了，地方成為顯學，政府資源與永續倡議皆引發了吸盤效應，希望青年返鄉成為地方戰力，從北漂轉為脫北。

裏——上個世代從地方前進都市是進步的象徵，今日儼然逆轉，城市不再是人們心中的唯一選項，地方不再是失敗者的收容所，反而成為挑戰者天堂。過程中最大障礙在於是否可逆？若否，便得下定很大決心。假若有一天流動自然而然，差異只在選擇上，才是真正弭平了城鄉的心理差距。

課題討論

「城鄉對流」到底是什麼概念，能成為我演講地方創生相關議題，尤其談及青年返鄉與地方發展時，必定會提的重要觀念與課題？

這來自於我對台灣青年返鄉政策的長期觀察。

由於補助資源挹注，許多年輕朋友確實願意調整生涯，捨棄城市發展，改朝地方邁進。而他們之所以返鄉，多半出於依戀或對關注之地有夢想，從關注轉而投入社會議題、文化轉譯等諸多項目的實踐行動。

雖然一年大約引動了數百位青年踏上返鄉實踐之路，但放入台灣三百六十八個鄉鎮，依舊是少數，而且多數夥伴的資歷和專業經驗都較不足，因此常見在行動展開的中後段，當產品、服務或體驗得走向更精緻化或發展完整性，便出現了專業缺口與鴻溝，讓人不得不思考地方還能引入什麼樣的人才。

是對地方充滿依戀，有命定感的人嗎？能夠持續投入很重要，而擁有雄厚社會與文化資本者的確擁有這些基礎，過程中可以少走一些冤枉路。

是具有高度創造力的人才嗎？這包含了長於專案管理、企畫創造與設計思維者。從我身邊長期陪伴的團隊歷程來看，一旦想加速推動創生，迫切需要的其實是具有相對實力且能為地方帶來大破大立的專業經理人。就像我們看到的許多日本案例，通常會經由海選並高薪聘用一位有創造力和人脈能量的人來助拳，期待透過他們的能力和經驗打破眾多潛規則，為地方注入活水。

我認為台灣的地方現場也遭遇了同樣情形，也是過去幾年許多地方團隊向我多次反映的困境。如今許多年輕人嚮往地方，所以地方並非找不到人，而是欠缺具有相當資歷、堪稱創造力的人。因為過往創造力人才集中在城市，那裡才有他們發揮的舞台。

地方ＤＮＡ與相關的內涵其實亟需富有創造力的專業人士協助，卻總是苦無機會。原因不僅出在供需雙方之間缺乏媒合平台，也來自如何讓他們不把前往地方視為畏途。畢竟按照昔日工作邏輯，好不容易落腳城市也進入知名的組織工作，轉職可能不難，但若離開主流市場前往地方就職，除了得克服生活上的極大轉變，最大的障礙莫過於擔心「會不會有一天回不來」。

「回不來」的原因無關台灣便利的交通，搭高鐵或台鐵幾小時可及，而在於從城市轉換到地方通常是從精細分工走向「類全才」，令人興奮卻需要一番調適，生活也有很大差異。當工作節奏和日常生活都別於以往，有一天覺得夠了，想重新返回城市將發現困難重重，除了自身的心態轉變，也包含了社會對地方工作者的專業有著標籤化的認定。對專業工作者而言，「地方就職」的門檻很高。

通常想到這裡，多數人都會自動打退堂鼓，「算了算了，雖然覺得這份工作很有意義也具挑戰性，但如果失敗了，豈不自找麻煩」。一旦人才的流動成了單行道，而非流動不息的雙向道，看似有發展榮景、現況仍趨於劣勢的地方，就是面臨人才不足。

這點可說是近年地方許多團隊面臨的最大困境，常常心有餘而力不足，或是無法做到對外宣告的體驗品質，僅能提供不上不下的內容產品，相當可惜。

為了打破這樣的障礙，必須想辦法加速人地之間的可流動性，面臨選擇時才能自信自在地選擇地方，使其成為實踐自我、利他成就的戰場。一旦人才樂於嘗試與流動，將真正為地方注入活水，同時打破地方的閉鎖性。當城市裡的人才自由地往地方移動，地方人才返回城市的門檻落下，「城鄉平權」才真正成為可能。

等到那一天，住在哪裡、在哪裡工作，沒有優劣之分，只是選擇了不同的場域做為實踐戰場。當城市的創造力人才被地方所用，過去常見於城市的品質內容加上了地方性的加乘，將創造出令人驚嘆的價值；當地方人才完成階段性任務，也能順著人生規畫，繼續留在城市，甚至前往大都會精進才華或是涵養新的視野與技術。

看似理想國的「城鄉對流論」絕對能成就互利共生的關係，對城鄉也好，對流動其中的人才也好，對兩端的企業及團隊也好，都是雙贏。一旦人才能加速流動，透過多樣化的方式在兩地全職、兼職、專案職，尤其如今自由工作者的比例增加，拉下城鄉間的工作門檻，人才的對流將成就城鄉共好、合作網絡化的新契機。

對策方案

「城鄉對流」是一個頗大的社會工程與典範轉移，要促其早日實現，不同利害關係人能如何投入，以下從公私角度來說明。

●公部門

①透過各式的補助計畫鼓勵更多帶著不同專業返鄉的工作人士，並透過報導讓他們更了解地方工作者需要具備的專長，同時進行社會倡議。

②協助地方中介組織扮演人才對流機制的窗口，讓更多創造力人才可以透過這類機制連結到地方工作。

●私部門&個人

①人力資源機構可以扮演平台，加速人才於兩端的流動，並讓企業更加理解地方培養出來的通才對於未來推動永續發展有實質助益。

②需要更多實例讓城市的人才願意踏出舒適圈，前往地方挑戰。一定程度也再次返回企業，有更多案例能讓這樣的模式成為一種風氣。

科技地方

——地方創生關鍵詞08

表裏觀點

表——除了打電動、看影片比較順暢，現在還無法徹底感受5G的革命性效應，但地方最有感的應該是無人機與機械手臂，似乎的確能緩解嚴重缺工的農業現場困局。除此之外，科技真的與地方有關嗎？新事物不是都發生或存在於城市裡？

裏——科技始於人性，隨著5G與AI時代來臨，科技的運用絕對會對城鄉生活產生巨大影響，尤其是地方。一旦過往面臨的課題能透過數位科技解決，不僅可有效提高生活品質，更可徹底解決地方人力、機能、規模不足所產生的先天障礙，具體實踐包容性社會。

課題討論

每當想到「地方創生」，大家腦海裡浮現的畫面大致是：「某一農村裡有位懷抱夢想、充滿熱情的人，帶著一家老小毅然決然返回地方，透過積極的投入，讓地方開始有不錯的事業發展，也因此養活了許多在地人。蓬勃的發展讓安居樂業成了真實的存在……」。畫面裡似乎不太有「科技」元素，卻相當符合人們對於地方的想像，總認為新的技術與科技運用在城市裡才合理。

這固然與城市人對於新事物接受度較高，時常扮演先期採用者的角色有關，卻壓根沒有想到，人力物力與各式資源相對匱乏的地方才是創新的溫床，如果能夠妥善運用科技，反而可以創造前所未有的革命性進展。

「真的假的？那是未來吧？」日本為推動 society 5.0 超智能化社會的宣傳影片呈現了地方的未來式：無人車接送人們往來城鄉二地，無人機在農田上空噴灑農藥，街上的無人商店服務著夜歸的人們，耳機的語言翻譯功能讓外來者不至於鴨子聽雷，田埂上的機器牛正在執行任務，高速網路讓遠距醫療，甚至越洋手術有可能突破時空，浮空投影更讓山嶺上的你家身歷其境，與城市裡的人一同參與演唱會。最後，透過交通接點的監測讓 MaaS 技術有效串連，讓回家的最後一哩路有更好的解決方案。

影片中呈現的畫面皆是透過科技手段來解決機能性的需求，不僅能緩解地方勞動力不足的困境，還有效提高住民生活品質，進而達到城鄉均衡的願景。透過科技帶來的革新，具體縮短了城鄉差距。重拾競爭力的地方不再令人卻步，也將重新成為人們心中的選項。

以交通為例。過去幾年台灣與日本都有地方巴士長期虧損，巴士公司決定減班最後停班的情況，目前大多採用折衷做法，比如客貨兩用、居民共乘等，假如未來無人車真正成熟，這些問題將迎刃而解。

農業問題亦然。當小農的老化速度趕不上青農培育，小農的價值化發展又無法完全翻轉農業困境，如何加速開展智慧農業，讓機器人取代傳統的勞力密集顯得刻不容緩。過去兩年疫情期間日本農業界因此加大ＡＩ技術應用，以二〇三〇年糧食自給率達到四十五％為目標。

「真的需要嗎？」在地方推廣時必然會遭到保守派質疑。或是儘管同意仍然認為還是這樣就好，體現了地方人們謙遜且樂天知命的人格特質，或說因為資源相對匱乏，早就演化出一套具補償性的因應方式。最重要的是眼見為憑，讓大家真實感受到改變後帶來的利益，尤其是多數決策者屬於中高齡族群。科技的到來確實會出現適應障礙，但若能真正解決問題，相信將是地方未來的發展路徑。

此時此刻，地方如何多方運用科技，讓未來的地方生活不僅有想像力，還能創造優於眼下的生活品質，並因為地方的生活感與獨特風格彰顯魅力呢？這絕對是地方青年團隊的責任以及需要持續努力的方向，當我們清楚知道創新源於三不管的邊界地帶，當地方是公認的「挑戰之境」，善用科技就成了必要之事。

另一方面，想成就這一切仍須回到基礎建設這類基盤工程。前數位部長唐鳳說過，「寬頻是基本人權，透過網路把台灣每一個角落都連結起來」，台灣身為科技島，城鄉距離固然不像幅員遼闊的日本般遙遠，但面對人與人之間的關係、區域與區域之間的壁壘，如何善用科技強化在地生活品質，讓創生真正安居樂業，絕對是科技導入所能引動的關鍵要事。

對策方案

透過科技導入為平日沉穩的地域注入活水令人期待，但過程中難免引發疑慮與恐慌，甚至副作用。期待地方更好的過程中需要很多的溝通，讓利害關係人彼此有所認知、謀求共識。

公部門

①由地方政府邀請研究團隊，採取共創模式，執行五到十年的總合計畫，以對地方的未來發展掌握得更加全面，如此也有助於投入資源與確立施政方針。

②持續加強基礎建設，落實以「住民」為中心的思考。構思機制與方案落實下的配套方案，同時建立信任關係，加強彼此的溝通。

私部門

①建議科技廠商一改過往多半選擇城市為先期實驗與導入之地，改在資源相對缺少的地方做相關測試，必能從中獲得許多參考資訊。地方則可提前享受科技帶來的便利性。

②機制的導入與實踐，建議與居民建立共好機制，並視為企業在社會責任方面的投入，建構共利共益的關係。

個人

①地方居民請積極使用科技，讓地方因為這些自動化、數位化的協助而減少人力需求，維繫品質。如何彌補科技的冰冷也是可以思量並發揮的新契機。

②移居者可以思考科技導入地方後的不同，放大科技在地方上不同層面的使用性，讓愈偏鄉愈科技。

交流場所

——地方創生關鍵詞09

了創造一個中介性的虛實平台，打造等距橋樑以連結多方的關係。關鍵在於是否有靈魂人物主持，讓大家很自在地在此場域建立關係。

表裏觀點

表——打造一處交流空間？活動中心就在那邊，多數時間沒人用，根本是座蚊子館。大家都有家，輪流串門子更愉快，誰想去另一個地方？近期有年輕人回來，確實會聚集在新開的咖啡廳聊天，三不五時好像也舉辦活動，想交流很自然，不需要如此刻意。

裏——地方的人際網絡生態系存在穩定的結構，平時不甚流動，不同世代、群體和性別都有屬於自己的關係與邏輯，打造交流空間是為

課題討論

為什麼特別強調地方需要一處交流場所呢？

目前的地方或部落通常設有聚會所、社區有活動中心，不同世代還有各自專屬的空間，比如長青會館、婦幼親子館、青年會所、運動場所，更不

用說傳統婦女聚集的洗衣場和廟埕。這些空間早已存在也具備功能性，只是未必被妥善使用，為什麼需要疊床架屋，創造嶄新的空間或人群聚集的新場域？

我曾以「一處讓人與人、人與地重新鏈結的魅力之境」標題為文，推薦在日本橫濱市經營十七年以上的「港南台城市咖啡館」負責人的中文版新書，書中提及的社群咖啡館，就是我認為台灣各個地方急需擁有的場域。

這個空間不屬於單一群體，而是期待創造或凸顯其存在的「中介性」。也就是說，任何人、任何類型都能在這裡找到屬於自己的位置。想像不同時段、不同主題，這個空間能夠聚集不同類型但都生活在社區裡的人，並因為化整為零，讓這處終日流動的空間吸引著各式不同的群體，彼此之間由於重疊交叉，創造出過去不存在的交集，跨越了世代、類型和屬性的藩籬。

過去十年，我透過不同的角度持續觀察多地的發展，深刻感覺有人的地方就是江湖，表面上也許稱兄道弟，私底下卻服膺於社會關係結構網絡，呈現出顯著的差序格局。最明顯的就是返鄉者與留鄉者，看似都是年輕人，卻因為求學與生涯經歷不同，在地方上猶如最親密的陌生人。兩個群體的價值觀與生活態度很可能大相徑庭，同時明顯呈現在各自的關係網絡上，一有滿滿的社會資本與經濟資本，一有文化資本甚至創意資本。由於宛如陌生人，不合作甚至互扯後腿的情形時有耳聞，可是真的那麼不對盤嗎？還是只是少了能互相熟識、建立關係、培養信任的中介平台？

此外，世代隔閡、群體隔閡同樣超乎想像地遙遠。地方通常人不多，縱使地廣人稀，透過人脈網絡，彼此相互熟悉本非難事，但常因輩分不同或是上一代的關係，世代之間建立平等互助的合作關係相當不易。年輕世代更是特別難打入既有的人際網絡，經常需要透過實際合作才能認識彼此，卻也因此很難避免衝突。事過境遷後才回想，如果提前認識、好好溝通，也許可以自然而然排解隔閡，去除陌生感，增進彼此的協調性。

所以地方可以怎麼做？真正的需求是什麼？我認為要讓沉寂的地方重新活絡，首要之務就是打造一個地方據點。這處空間的成立初心不是只為了營業，而是扮演人群交流的節點，爭取更多的人願意在此停留，如此就有機會從這邊開始，一起做點什麼。

當然，一個空間的存在絕對要有機能性，所以可能是一家咖啡館，也可能是一間傍晚才開放的酒吧，或是一家不只是書店的多功能文化空間。重點是以此為引，把人吸引過來，從而創造更多樣更多元的連結。此空間不是整理好等待人們來租用而已，而是可以從企畫著手，透過定期活動，甚至虛實的社群經營，持續引動群體的參與。如何創造不同的互動性，讓彼此的關係活絡又不過度綿密且矯情，確實不容易。

從中央多支計畫都要求地方有「交流場所」，可想而知其重要性與備受重視，需整備一處具集會機能的第三空間並且定期舉辦各式活動，藉此鏈結不同目的而來的人。另一方面，人群交會後的下一步為何？志同道合走向合作？停留在一期一會？強化對於社區和社群的認同之餘，如何在公共性下體現該場所的嶄新價值？

請讓這個場所成為創造力基地，可以天馬行空、百無禁忌，在此聊天，在此集結，在此娛樂，建立關係後，最終就能為了地方的共同未來一起努力。有一天當全台各地都有這類交流場所接待每一位有緣人，就能持續成為鏈結、交會、增能、交流和創造的據點，所以我才說「解決地方所有問題的答案，就藏在那處交流空間裡」。

對策方案

交流場所的搭建需要多方努力。

●公部門

①可徵集民間組織，投入廢棄公有空間再生的行動。

②重新盤查目前公部門營運的社教場館，思考如何讓這些空間創造更多交流。

●私部門&個人

①經營商業空間但注入更多公共性的營運模式，達到互利共生的效果。

②承接政府標案或補助案，營運場域，透過活動注入更多的議題與內容。

創生商模

——地方創生關鍵詞10

表裏觀點

表——做地方創生，講理念、談文化很重要但不是重點，關鍵是如何「賺錢」，讓人在地方生存下來，所以要以發展商業模式為目標，走一條與過去社造不同的路，也不要依靠政府的補助金，但有合適的可以。地方要集思廣益，想想社區有什麼，想辦法轉換成產品賣出去才是王道。

裏——地方創生不同於一般的商業邏輯之處，就是具備更加追求公共性共益性的價值思考。但

現今風氣使然，賣東西、做生意似乎才是王道，這想法卻很危險。翻轉確實需要引入創新的行動與概念，能否以「可持續性」思維考量地方長遠的發展與未來，才是關鍵。

課題討論

「你們的提案很有創意，也很接地氣，但沒有商業模式。相信我，到時候會走不下去。」許多簡報場合都會聽到商業顧問出身的評審一針見血地說出類似看法。

很多提案一開始確實不成熟，尤其從商業角度來看，沒有想好市場，沒有關注競爭者，沒有跟上趨勢……貿然上路幾近送死。也常有團隊問我某某提案從獲益上評估不太可行，但理念與情感卻認為勢在必行，應該怎麼辦？亦即商業顧問眼中相當典型沒有商業模式，空有理念與情懷的提案。

前一個世代認為社區要的是找回人與人的連結，當代則思考人不留下來的原因在於沒有收入，活不下來，所以被告知要好好努力創業，衝一把！說唯有如此地方才有機會。

可是如果就是不適合呢？還是硬幹嗎？或是尋求適才適性的發展呢？

商業確實是當今最公平且機會均等的機制，透過兩造雙方「give & take」的交換關係，創造並建構具流動性的運行機制。然而，今日之所以大力倡議永續，連企業都受到ESG要求走向「良性」，就是因為商業發展以追求自身利益最大化為起點：一旦有了自利之心，忽略了謙卑地感謝所有利害關係，體現共利與共益，就會成為「無良的商人」。

會走向社會實踐，或是成為所謂地方創生團隊的個人或團體，主要就是其起心動念與商業組織大不相同。多半緣於對土地的關懷、對社會議題的關注，期待以身為度進行翻轉，起心動念通常來自某個微小的感動或驅動前行的使命感，不是以精心設計的商業模式做為核心——如果一開始就這樣想，打退堂鼓還比較快。

然而，無法創造實質收益就不具備價值嗎？就不該做嗎？即使那是整體行動的第一步？

我認為還是要回到不同類型組織的使命與願景來看。如果同時具備強烈理念並創造營收，應該就是最佳模式，一如近年火紅的社會企業或B型企業。

自從「商業模式」一詞如潮流般隨著創生風潮傳入社區與地方，長期在第一線耕耘的團隊深感困擾，甚至為此飽受質疑。因為沒有賺錢、沒有提供零售、沒有創造商品，單純提供服務，宣稱的價值無法轉換為可視的價格，創造的意義無法轉換為可量化的影響力，就被貶低為過時或不該投入，這常令我不捨，覺得似乎倒因為果。

健全的商業模式確實重要，畢竟唯有如此才能讓好的心念、好的行動持續運作，進而達到大家追求的永續。可是核心關鍵應該要看團隊的行動和要創造的效果為何，目前處於哪一個階段。此外，觀察那些投入社會議題與創生實踐的團隊要有耐心，三年可能是孕育期與第一個確認點，接下來第四年到第六年則是補助金減少、自營項目增加的商業模式調整期，以此迎接長期的合理營運。

還有一個誤解是「自己開店賣東西就是有本事，靠政府計畫或民間捐款就是依賴」。商業模式的基本定義是「組織如何創造、傳遞與獲取價值的手段與方法」，一個協助弱勢兒童的非營利組織，其資源來自某基金會的長期捐助，這樣算是依賴還是自主呢？我認為這同樣是一種常見的商業模式，是投入公共活動、創造共益行動，利用 B to B 模式創造出一個共益價值鏈。同樣道理，一個團隊也可能因為投入的行動具高度在地文化價值，非得倚靠政府相關標案甚至獎補助計畫生存。

我覺得不能因此否定該行動的價值，以及資源挹注背後所賦予的「代行」動機。政府資源固然有限且不見得長久，但民間資源何嘗不是？只要能找到相互需要的另一方，持續地創造價值與對方交換，對我來說都是好的創生商模。當然，模式千變萬化，沒有樣板，如果硬要說的話，無非是共利共益、交換協力、與地方共好而已。

對策方案

關於創生的商業模式，從公私部門可以怎樣推廣，又可以怎麼做？

●公部門

①可以針對近年所輔導的團隊進行個案研究並整理案例集，以確實展現何謂走在正確道路上的團隊，同時也能展現各地團隊的多樣性。

②可以嘗試給予創生商業模式一個清晰定義，以避免投入文化、社會議題與服務型的團隊手足無措，遭受誤會。

●私部門&個人

①第一線團隊請持續嘗試不同的合作模式，盡可能找出自身最適切的發展模式。

②鼓勵嘗試之餘，也期待對於地方行動能有較長遠的規畫與嘗試年限，否則一兩年很難衡量，也常流於生存，喪失了行動的初心。

公私協力

——地方創生關鍵詞11

表裏觀點

表——有資源可以去提案耶，誰要主寫？無論如何快點 Call 人，讓陣容看起來聲勢浩大最好，統統找來一一簽ＭＯＵ，全數納入合作！一切以地方繁榮為前提，一定要捐棄成見，一起打拚，唯有地方發展起來，人才會回來。最後務必開一場宣示記者會，全員出席讓長官們看見，一起舉手板，一起按讚，展現團結的企圖心。

裏——合作不容易，尤其在地方，人際網絡下的派系就是江湖，與其把所有人兜在一起「互相配合」，骨子裡各取所需、相互利用，應該相互交心。在法律許可下，不要怕圖利廠商，勇於任事並以理念鏈結同志，妥善深度結合、互補，形成網絡。人才本來就不分內外，善用關係人口，各司其職，真實共好。

課題討論

地方是誰的？是大家的，這是毫無疑問的集體共識。你說我們選出了代議士和政府，所以上到鄉鎮市長下至職員，都要為地方的發展與居民生活努力，「為民服務」，說做不到就等於推卸責任？

但有可能全部由政府做嗎？當然不可能。

地方要真正好，需要公部門、私部門，甚至個人一起合作。地方公部門能做的偏向建立相關制度和硬體建設，協助落實中央政策的資源。軟性的部分則是民間強項，與其由公部門與民爭利，不如開放甚至賦權給民間實施或執行，有所當為的公部門退居第二線。

過去一二十年民間參與風氣如此頻繁與盛行，三十年前開始推動的社區總體營造居功厥偉。透過政策倡議與資源挹注，慢慢養成了公民意識、地方自主、住民自決的風氣，某種程度也讓台灣自白色恐怖積累至今的公共參與陰影，迎向了走向公民社會的可能性。

近年「開放政府」成為潮流，從都市到城鎮再到鄉村，隨著資訊網絡的發展，民眾重視知的權利，期待所有政策都公開透明。「公民參與」與「社會創新」的風氣則讓民眾更願意從自身起心動念出發，不再認為只能寄望政府做事，而是想一想個人或組織能為深愛之地做點什麼。或許是觀念倡議，或許是行動實踐，嘗試化被動為主動，自己的家鄉自己救，只要願意拋磚就有機會引玉。一旦民間動能活躍，將驅動公部門更加兢兢業業，正向效益將讓許多新的價值、觀念與做法一一動起來。

「地方創生」的倡議與推動路徑亦然。民間有意識，媒體上有專家倡議與提醒，政府參酌過往發展與日本的政策，最終以國家政策來實施，推動初期便深切期待「公私協力」。二〇一九年創生元年就設定全台三百六十八個地方自治體設立提案窗口，並鼓勵由地方公所主導，期待有效結合「產、官、學、研、社」多重利害關係人一起盤點「地方DNA」，最後提出專屬的「地方事業提案」。

消息一發布，許多地方公所嗅到背後有資源，為了地方的未來動了起來。國發會希望由公所主導提案，但公所就小貓兩三隻，有心卻不見得有力。這時，地方的大學、各式法人協會以及長期投入地方產業輔導的業者來了，那陣子堪稱全台公私部門簽署MOU熱期。巧的是，時間正與教育部推動大學社會實踐（USR）完全重疊，使得每星期都在新聞媒體上看到某某大學、某某機構與某某鄉鎮公所簽約，一群人排排站，頓感地方充滿希望，也確實讓人期待合作擦出的火花。

新聞露出一兩個月後，公所發出會議通知，假公所大禮堂舉辦「地方創生工作坊」，大學的博士專家或機構顧問會來帶領大家盤點地方DNA。由於現場來了許多利害關係人，便開放大家各抒己見、暢談「需求」，讓現場頓時猶如「許願大會」。大夥兒暢所欲言想望，卻多半是從自身出發的需要，比如希望蓋一座活動中心、希望有一座停車場、希望道路拓寬等屬於硬體的需求，而非長期願景。無論如何，蒐集到地方的期待後，就由專家草擬一份事業提案，並扣合地方近年的預定建設目標，呈交國發會。雖然可以預期品質不會太好，但仍是因應地方創生的公私協力，打破了過去偏向地方政府完全主導地方發展的情形。

這樣的方式有其背後思量，但實務運作時似乎因過往不習慣合作，比較偏向委任關係，成效不甚顯著。第二期起，啟動了民間可自提的「多元徵案」模式，確實打開了更多的可能性，但某種程度也與過去許多中央補助、獎勵甚至標案計畫一樣繞過了地方自治體。

共同追求地方好的信念無庸置疑，但在兩者之間找到平衡點，讓地方發展具備一定彈性，又能促成公部門與私部門之間真正的合作可說相當重要，畢竟兩者的角度不同。

在日本，「公民連攜」是一個相當重要的議題。地方自治體內部不僅常設專責窗口負責推動相關業務，民間也有組織倡議並教導行動方法，主力側重於公部門所屬的空間資產能否透過與民間合作經營，創造出更大的共利共益價值？

大家會想，這不就是台灣正推動的促參（ＰＰＰ）嗎？確實，但是日本在公私協力上嘗試推動小型專案，比如活化公園與公有地，引入更多民間活力與創意，讓閒置空間創造出再利用的嶄新價值，市民最終能享用高品質服務，業者也能從中獲取收益。街區改造也是經常投入的範疇。

我認為相對於日本，台灣的公私部門之間的關係更沒有界線，但如何在追求公共利益極大化的前提下，不怕「圖利」廠商，勇於且習慣與不同利害關係人合作，是面對未來消退時代更應具備的態度與行動。心態轉換也相當重要，守著管理的思維？還是願意開放嘗試？也有必要給予適度的「有利可圖」，才是地方經營長久之道。

對策方案

●公部門

①保持開放與信任態度，在政策方案制定前多多徵詢與聆聽在地利害關係人的想法。

②與其閒置，不如開放。鼓勵使用與活化。盡可能鼓勵，不輕易駁回的態度。

③在公共性的前提之下接受多元模式，但不忘了私部門應有的利益，如此才會長久。

●私部門＆個人

①如果對於經營有想法可以主動寫成企畫書，向政府單位提案。

②有任何的發展推進藍圖不見得一開始就要合作，但請不吝於與公部門分享。

③投入在地事業追求的是共利共益關係、地方關係，保有平衡感很重要。

宣傳推廣

——地方創生關鍵詞12

表裏觀點

表——我們有優質產品、魅力景點，還有人情味的人們，只是缺乏行銷推廣而已，所以要加大力道，想辦法引來名人造訪或是重金聘請網紅與KOL協助曝光，還要引動遊客打卡留言，或者上主流媒體宣傳曝光。只要能打開知名度，引起外界好奇，只要被看見、高曝光，大家保證會愛上這裡。

裏——宣傳手段的背後，期待的是更多人能與此地產生深度「連結」。刺激「消費」藉以創造「財源」確實重要，但建構多層次的人地新關係才是重中之重。採取哪一種手段確實會影響最終結果，宣傳很花錢，得花在刀口上，足夠的資源才能成事，是否願意賭一把以帶來改變呢？

課題討論

我曾經前往某知名風景區周邊的產業協會帶領體驗設計工作坊，休息時間一位很有心的夥伴說：「老師，我們的地方很美，物產很有特色，又有人情味，我認為我們只是缺行銷而已。只要有百萬網紅甚至大媒體來報導，我們這裡一定前途無量。」

雖然不是第一次聽到這類說法，我還是詢問他指的是行銷還是宣傳？確認是宣傳後讓我陷入了思考。

和過往相比，目前的自媒體時代應該是史上最不缺宣傳的年代了。網路社群的發達讓每一個人都可說是一個電台或電視台，某種程度確實也弭平了所謂的城鄉差距。過往大家都認為要在大都市的舞台才會獲得關注，地方只能等待關愛的眼神，如今，要說「能見度」，只要有好的內容，再透過好的管道，有可能於一瞬間傳送到全球任一角落。所以真的欠缺宣傳嗎？缺少具知名度的平台或媒體的報導？

事實上，從公眾媒體、各式平台到自媒體，「素材」才是王道。只要有好的內容、引人注目的話題、有意思的議題，最好還有從未被發現的祕境，那麼無論多遠，縱使天涯海角都有人願意前往取材並大肆報導，能賺流量紅利啊！

所以回過頭來說，如果地方那麼好，再加上已經如此有名，怎麼可能沒有報導？關鍵應該還是內容品質。縱使團隊有決心要訓練出足具影響力的地方網紅，有好的內容足堪分享才是根本要件。

「宣傳推廣」確實是地方創生範疇的關鍵要件，但交流與互動的「流動性」則是我認為有別於過往政策的特點。如何創造更多的分享與溝通契機呢？當然還是內容。所以地方有什麼，我們就聊什麼。

如果地方什麼都沒有呢？一個經典的日本案例是隸屬於島根縣隱岐群島的海士町。海士町曾是一座瀕臨破產的小島，因著勇於任事的町長與有才的規畫公司彼此合作，現在堪稱是最有活力與希望的魅力島嶼，讓人很難想像當地的人也曾認為「這裡什麼都沒有」，一如台灣許多偏鄉長輩習於向外人說自己是「歹所在」。

不難理解脫口而出的「這裡什麼都沒有」源於在地人的自謙和自卑，自認偏鄉沒有拿得上檯面的好東西，因此透過企畫手法與新鮮的眼光挖掘在地魅力更顯重要。

一旦確認了「真的什麼都沒有」，又如何以此為梗呢？海士町推出了「ないものはない」（什麼都沒有）的謙稱企畫。

如今一抵達海士町的菱浦港，甫下船就會看到寫著「ないものはない」的海報相迎，這句具有雙重意涵的話語現在既是海士町的象徵LOGO，也代表了他們的非典型自信。

「什麼都沒有」，這裡確實沒有便利商店、沒有紅綠燈，但反過來也「什麼都有」，擁有城市不具備的豐富物產、開放心胸及無限可能。

一個聳動的標題卻蘊藏了真正想說的，引發人們的好奇，也吸引了媒體目光，讓真正想說的話能傳播出去，進而對內凝聚共識、對外謙讓地表達自信，是絕佳的宣傳。箇中重點在於清晰地知道，我是誰，我們有什麼。

過去幾年我大半日子在全台走跳，也造訪多處地方鄉鎮，許多鄉鎮相繼依賴並信任鄰近大學的USR師生進行盤點實作，得到結果卻是「你們就是一般農村，沒有什麼太特別」。能否以嶄新眼光挖掘地方魅力，並運用創造力進行轉譯，詮釋在地精彩，清楚理解想溝通的對象、欲採用的素材，最終才能有效地宣傳與推廣。

此外，盛行於日本，台灣也不遑多讓的可愛吉祥物亦然。舉大家最熟知的熊本熊（くまモン）為例，大多數人都知道熊本熊曾被官方任命為「熊本縣宣傳大使」，任務是透過牠的靈活、可愛與俏皮傳播熊本縣的魅力，讓大家渴望並期待造訪。除此之外，熊本熊還是「熊本縣幸福大使」，負責利用牠的形象與行動激勵熊本人有幸福快樂的美好生活，藉此創造凝聚力與在地認同。

除了實體活動與展演，虛擬世界也是一個大型戰場，「關係人口」已成必然。

不管如何，我認為重要的是地方是否足夠了解自己，能否透過企畫思維精準設定溝通對象，以及區域、組織或團隊在行動前，有沒有一個清晰或鮮明的世界觀與價值觀為基底，讓所有的宣傳推廣都能服膺於一個統合的調性，以便持續傳達，而非流於一次性的煙火。關係的經營、信任與認知的建立都需要時間熟成，創生需要連結、交陪，蓄積真實經驗。

對策方案

關於創生的宣傳推廣，從公私部門立場可以怎樣思考，又可以怎麼做？

●公部門

①公務預算雖以一年為期，仍以至少四年為期，思考地方宣傳推廣的層次。

②不要流於一次性的活動與短期促購，大不見得好，嘗試舉辦深度活動。

③信任專業的企畫團隊，活動是手段，沒有好的內容與企畫，活動只是煙火。

●私部門&個人

①長期蹲點的創生團隊需強化企畫能力並掌握在地內涵，從地域品牌的角度切入。

②在地域品牌不強的情況下，創造力工作者可以發展個人的地方品牌，嘗試拉動。

地方關係——地方創生關鍵詞13

脈絡，體察地方盤根錯節的人間關係。與關係人愈靠近通常愈無法好好做自己，人情世故會接踵而來。創生路上，連結與共好絕對必要，如何有點黏但不太黏，少一點包袱，多一位盟友呢？請先顧好自己，善用關係人口，有機會再擴散連結。沒有完美的關係，但有強壯的自己。

表裏觀點

表——在地方做事除了要向意見領袖與頭人拜碼頭，最好就是找他們合作。地方就那麼大，力氣分散很可惜，與其找外面的團隊不如找在地，親上加親。要多多與人為善，盡可能與利害關係人如××哥、××姐、××會、××組織都保持友好，該出席，該出錢，該出力，不可少。不要大頭症，不然日後行動絕對寸步難行。

裏——在地方行動需要停看聽，摸清底細與在地

課題討論

「你們的提案很不錯，有和××社區正在執行

的計畫相互串連嗎？」

「很不容易哪～有年輕人願意來這裡。你有先去向某某總幹事打聲招呼，拜碼頭嗎？」

參加過計畫審查提案的人，應該對於這類老資格評審委員會給予的提點不陌生。造訪地方時，我們往往記得向在地友人打聲招呼，不然往往招致抱怨，「人來了都沒有說一聲」，來到台北卻不覺得需要讓台北的朋友知道。這應該就是所謂地方的人情味吧！

地方的聚落如與城市相比確實不大，隨著少子化人也愈來愈少，但看似單純的人際關係反而因為人與人之間的緊密而顯得複雜。

舉離島澎湖與金馬為例，過去幾年因為深入投入在地陪伴，更加深刻理解在地團隊行動時經常感受到的窒息感，尤其是所謂的回鄉青年。身邊所及的父執輩看著你長大，背後存在的壓力與人際關係讓許多人每隔一段時間得逃離來台北「做自己」。不限離島，台灣非都會區的年輕人也相當類似，時不時得到都市透透氣，也是我倡議二地居的思考之一。

這告訴我們，看似充滿行動契機的地方其實並不容易，難怪日本總稱呼地方是「值得挑戰的舞台」，以喚醒大家前進地方的動力與熱情。

根本原因或許要回到「地方關係」上。

如何維繫或建構良好的在地關係呢？可能擁有一定社會與文化資本的返鄉青年也好，以全新之姿前來的來鄉者也好，一個因為夢想或帶有責任來到地方，準備熱血展開行動的人，真的需要像小媳婦或小學生一樣，事事處處向前輩或師長稟報嗎？

首先分析地方的特性與生態。與流動頻繁、人際關係疏離的城市相比，地方較為固態，人際關係相對緊密，家族與家族之間的情誼極可能超過百年。穩定的人口組成結構使然，在地方，信任感不是建立在你的職業或抬頭，而是你阿公是誰、你爸是誰，這樣的人際網絡差序格局，是依舊殘存的地方邏輯。

如是之故，進入相對較封閉的地域，「有關係」確實比較能被理解並接受，但信任仍需一段時間或契機，也是地方實踐前輩提醒後進拜碼頭的原因。尤其是地方上具實質影響力的關鍵人物，謙卑地登門拜訪請益，絕對有助於未來的在地行動，至少不會被視為「不速之客」。

一旦順利打通關取得門票，下一步是否趁勝追擊，尋求具體合作呢？

我建議「停看聽」。除非已經成為對方熟知的somebody，否則過早你儂我儂，將很快進入在地人際網絡，之後許多人情義理與在地生活邏輯就脫不了關係了。如果生性熱愛與人打成一片，當然很好，但長久考量還是建議保留些許距離，對彼此都比較好。

確實，做為一位新進實踐者，深刻了解地方、形成在地認同，絕對必要，但無論規模大小或型態，比較建議完全自主地展開你的行動目標，保有自由意志的行動無比重要，公共性則是需要放在心上的關鍵但書。

在地方展開行動時，與地方有形或無形、直接或間接的連結絕對不會少，也是考驗或說創造在地關係的絕佳時刻。盡可能不要與地方競爭資源，而是帶入資源，包含實質的金錢、知識與人脈，投入地方，利己建立於利他的基礎之上。任何被看見的舞台別忘了與地方關鍵人物「分享」，盡可能讓他們透過媒體、長官之口與行動表現來認識你，這是緩步但扎實的關係連結過程。

讓大家清楚了解，你不只有「年輕」這項特質，還有許多能夠帶給地方改變的專業，無論返鄉或來鄉皆然。如果是年輕團隊，還要避免與在地青年出現競爭關係，緩解其內心的憂慮，同時傳達行動投入背後的公共性，深信地方好，大家會好，最後你也會好。讓未來可能的合作都建立在彼此的互補與信任基礎上，以和為貴，但有為有守。

在地方工作與生活，尤其是沒有「地緣血緣親緣」的行動者，過程中絕對要加倍謹慎，否則一有風吹草動或出現不正確狀況，社會死於瞬間是常見的事。如同「愛著卡慘死」，對來鄉者來說這是一條不容易的路，尤其是投入異族群議題或身處其聚落更是激烈與明顯。一旦信任瞬間瓦解，沒有人會願意為你辯護。雖然文明開化，交流頻繁，面對源自非戰之罪的血統論不可不慎，也是我認為地方關係建構諸項範疇中最難克服的反撲之一。

對策方案

關於地方關係，從移居／來鄉者及在地利害關係人立場，甚至公部門，可以怎麼做？

●公部門

①利用地方的活動邀請所有地方實踐者前來交流，趁機建立連結。

②對移居／移鄉者給予必要的關懷，協助他們融入當地，感受在地溫暖。

●移居&來鄉者

①清楚知道自己的角色並積極為地方投入，讓影響力被地方人看見。

②讓地方更認識你，但也保有一定距離與自由，以持續地為地方投入心力。

●在地利害關係人

①主動接納有心有力的新銳，主動提供關懷但不過度干預。

②給予支持與信任，並珍惜這樣的力量，願意協助其與在地溝通，守護他們。

地創團隊——地方創生關鍵詞14

表裏觀點

表——算是近年以「地方創生」為名、各式政府或民間相關個人與團隊的自稱，來源不可考，群體間對於該詞充滿高度認同並形成取暖同溫層，通常在各種成果展、訓練講座與網路社群集結。認知中的地創團隊在台灣某地蹲點，投入有意義具公共性的行動，近期常被提醒勿忘商業模式，也被視為是受到政府資源圈養、一群不務正業的人。

裏——一種近年崛起的新工作分類。因對地方有所依戀，關注該地議題，又不想因循過往工作與生活的慣性模式，期盼走一條非典型之路。創生的關鍵在於活化，城鄉不是重點，蹲點有其必要。補助金挹注是決心催化劑，多工且不確定是初期必然，找到可行的可持續營運模式是邁向成熟團隊的關鍵指標。

課題討論

「老師，好久不見。最近從系上畢業多年的學姊得知有個台東的地創團隊正在找人，我很有興趣，畢業後想加入。如果方便的話，想聽聽您的看法。」

接到修過課的學生傳來的訊息，第一時間我相當驚訝。因為我似乎未曾在課堂上採用這個詞彙，「地創團隊」卻傳入了校園，並成為學生嚮往的新興職業選項。

首次聽聞「地創團隊」一詞約在三年前。乍聽還愣了一下，不解有團隊竟如此自稱。得知此詞源於「地方創生團隊」的簡稱，下一個問題來了，怎樣的團隊可以稱為「地方創生團隊」呢？望文生義的話是投入地方創生範疇與事務的人，但到底該如何界定或認定？

不論「地方創生」是否為日文舶來品，此詞在日本或台灣都是為了面對高齡少子及城鄉課題，以國家政策施行推動而創造出來的專有名詞。嚴格來說，地方創生政策涉及層面相當廣泛，從國土、產業、文化到照護福利，應有盡有，換句話說有點像是地方或區域治理之總和解方。因此我認為，不如視地方創生為面對未來的方向更貼切，會隨著政策推動，透過計畫與方案往下落實。

目前國發會的推動涉及至少十個部會，每個部會皆提供資源，下放給從中央到地方政府、鄉鎮市公所、民間公司，以及各類型ＮＰＯ組織，最後還有個人，期盼透過由上而下投入硬體、由下而上補足軟體，尋得突破與契機。

與地方創生概念密切相關的關鍵字如地域復興、地方活化、社會實踐、設計翻轉、品牌創價、文化轉譯、共生社區、永續城鄉、體驗創價、循環經濟、文資再利用等，可清楚看出皆與注入社會力、找回主體性、認同共同體等價值創造有關，期盼引動更多由下而上的自主行動，尤其是透過參與式行動補足社會、區域或社區的衰退與失能。

上述關鍵字更讓「地創團隊」呼之欲出。也就是帶著上述行動與價值，在某個非都會區蹲點，自主性地展開行動的個人或微型組織，多半申請了近幾年文化部、教育部、農業部與經濟部等的補助型與獎勵型計畫。就我在第一線的觀察，約有一半以上個人或團隊確實是因政策資源與近年各式倡議，再加上可能參與過大學社會實踐計畫（USR）並深受感召，改變職涯而來。計畫的資金讓他們就此展開行動，新詞「地創團隊」則成了他們建構出來的存在共同體。

對於年輕族群，以及帶著專長嚮往地方而轉職的夥伴來說，地方工作確實有吸引力，但真正做下去才發現和想像的狀態相當不同。團隊小，第一線工作相當繁雜又多半需要立即處理，午夜夢迴經常懷疑是否做了正確的選擇。假若當地又沒有其他年輕夥伴，社群網絡的同溫層就成為非常重要的支持系統，「地創團隊」則成了彼此的認同符碼，相聚就是大聊地方工作的甘苦，最近舉辦了什麼活動、怎樣撰寫提案、產品或體驗的開發經驗。

這類行動者或團隊常被詬病是一群依賴補助金的人。但我想聲明，補助金的存在或出現從來不是問題，因為那是政策加速推動的催化劑，關鍵在於如何讓「對的人」獲取資源並用於推進公共性，為未來奠基。

走這個路線的地創團隊以補助金做為勇敢行動的定心丸，藉此嘗試透過行動來實驗，創造公私兼具的共有價值，也能好好地適應並投入地方工作，且隨著蹲點時間愈長、理解愈深，慢慢尋得未來的著力點。

當然，計畫絕對有終結的一刻，重點在於如何利用這樣的育成性發展出未來的方向。每年確實也有一定數量的團隊認為不需再申請，轉身投入更真槍實彈的地方工作，做個地方小生意，用設計點亮在地。我想沒有人會否認他們是創生團隊吧。

最後，「地創團隊」也最常被擔心「長不出商業模式」。連關係人都時常為其捏一把冷汗，會不會做到某一年不小心落了榜，斷了糧？這樣的團隊的確有，每年都在計畫的競爭大海中載浮載沉，雀屏中選狂喜，不幸落馬悲然，無人樂見。

儘管期待每一顆有心力在地方土壤發芽的種子都能為地方所用，現實遠非如此，如何有效解決此類發展困境，我想還是要回到個人或團隊的本質所學與專長，撇開純粹因為補助而創造的公共性行動，團隊還能創造什麼價值，尤其是價格的創造。

為了因應這類風險，團隊的型態、成員的組成、行動的模式，都應有更大膽且破壞式的創新，以目前而言，如果政府補助與團隊自營的資金收入之間更加均衡，自然會走向更健康的營運狀態。期待「地創團隊」成為翻轉地方命運的尖兵。

對策方案

●公部門

①除了提供競爭型補助資源供團隊申請，也加強團隊類型的分類並追蹤輔導。

②針對具有強烈公共性的類型及團隊提供必要的資源，長期投入畢竟不容易。

●公司組織

①在永續發展的課題之下，支持具有相同理念的組織或團隊行動，不求多求持續，期盼建立長期的合作夥伴關係。

②地方周邊的大學在社會實踐的行動上多與創生團隊合作，以補實務的不足，建立一共生生態系。

●創生團隊

①除了持續爭取相關計畫累積能量與實力，也應務實地針對團隊屬性與未來發展立定目標和發展策略，以降低行動風險。

②團隊的組織型態盡可能保持彈性與靈活，以成為變形蟲組織為目標。

政府計畫

——地方創生關鍵詞15

表裏觀點

表——為了有效推動並落實政策，讓全民有感，得給有心有力的年輕夥伴一個行動實踐的機會，政府用心設計並提供各式補助資源讓大家申請，期待有心有力者獲得這一桶金，更加心無旁騖地投入在地課題的實踐。既給資源，當然需要回報績效，成果有點虛但你我知就好。矛盾的是，為了大家好，又希望大家不要過度依賴資源。

裏——政府對於地方的無力感是多重的，畢竟課題盤根錯節，再加上地方政府要嘛叫不動，要嘛自顧不暇，補助金的下放因此有了「代行」之意，期盼有心有力的年輕人運用創意填補地方的軟性缺乏與不足，本質上屬於投資思維以及資源再分配。但與其統統有獎，不如「拔尖」引出標竿，台灣有經典案例的話，就不需要去日本走馬看花地學習。

課題討論

「補助金是毒藥！」這句強而有力的訴求來自

日本地方振興專家木下齊先生的提醒，源自他長年投入地域振興行動的經驗與觀察。

木下齊先生認為，一旦長期依賴政府補助金，多半會受到限制且抱持一次性的活動思維，缺乏成本效益概念。不僅如此，因補助而生的行動經常不自覺喪失主體性，最終被資源圈養，無法自主經營，某天團隊不幸沒有申請到資源，面臨斷炊，是否要繼續走下去？一切都是政府計畫的錯？

他認為有心想讓地方更好，應該跳脫補助思維，盡可能透過貸款或集資，民間才能完全主導，透過商業邏輯長出營運模式。這番過程相對欠缺安全感，也充滿風險與危機，但真實面對市場更有機會存活、創造應有的利益，也是他心中的成功地方創生模式。

這是木下齊先生針對日本數十年來補助金挹注政策成效不彰的批判。

從長期協力中央部會計畫審查的顧問立場出發，我相當肯定此番論點背後的觀察與拒絕補助金的氣魄，然而，要是地方創生政策的主軸是期待活化停滯甚至消退的地方，以此均衡城鄉，「誘因」絕對需要思考，所以我想嘗試從幾個不同的面向來談，帶出我對政府計畫的核心思考。

首先，政府以福國利民為目標，領導者提出施政願景，擬定政策並於後續推動，透過不同名目徵收的稅金則是運作所需的必要資本。因此，當「地方創生」於二〇一九年由主導國家發展規畫最高機構之國發會（隸屬於行政院）提出，期待以跨部會方式來落實，政策的推動就從公部門自主展開軟硬體的建置，到透過各式資源鼓勵民間自主力量的加入與響應。

畢竟要想有效扭轉城鄉之間的失衡，單單公部門自己做並不足夠。尤其在近年的參與式浪潮與開放政府賦權風氣下，若能借力使力，反向引動並擴大民間參與，才有可能達到公私協力的效果。

該怎麼做？如何讓關注的人願意化被動為主動，讓本來沒想行動的人因為資源挹注而願意嘗試？

補助金扮演了「催化劑」的角色。形式上有可能是標案、委任，或是過去十年各部會習於採用、彈性更大的獎勵金，總之都是讓團隊因為資金挹注嘗試多走一哩。據多年觀察，因為政策推動及各式獎勵資源，確實讓許多年輕人透過提案返鄉，放棄了城市裡的工作，也有許多早在家鄉工作的團隊，因著資源能投入更多公共性事務。

其實爭取資源並不容易，通常需要過關斬將，沒有所謂的保障名額，過程絕對是煞費苦心，很多團隊甚至是早已投入許久才來申請。

進入計畫後除了有獎助金，還有完整的輔育系統介入，陪伴團隊接下來的行動更踏實。這樣的模式適合從〇到一的過程，尤其適合具有不同藝文專長，或想嘗試解決各式社會議題者。關鍵也仍在投入的範疇是否具公共性，而非只是「做生意」，僅僅期待商業變現。

投入社會議題的目的是為了補足當下的失能或不足，是屬於機能性的或意義層次的，有青年或組織想投入，本質上的代行「意味」由政府來投資或協助，我認為天經地義。若有機會發展出具持續性的商業營利模式，比如社會企業或非營利組織，都相當正向，但不能隨便以會不會賺錢、能不能創造營收來衡量。

即便如此，限於資源、會計年度與審計制度，絕大多數計畫都是一年一審，扣除行政程序後多半只剩下半年左右。再加上計畫有獎助金，需要核銷，而這又對應到各自的質量化ＫＰＩ，「場次」和「人數」因此變成最容易衡量與核銷的數字，某種程度也引導了提案時的認列思考。

再者，由於無比看重績效，計畫一結束，為了核銷之便，常常需要認列因為計畫的投入而引動了多少返鄉人口、創造了多少產值。這類標準是後設指標的數字，往往揠苗助長，甚至是浮濫填寫的下有對策。我深知雙方各有難處。公部門得向上層長官交代，需擠出亮麗數字；申請者縱使不認同也懂虛與委蛇、給予承諾，最後結果落得了「務虛」。

沒有一項政策或機制是完美的，我過去十年參加了上百場從中央到地方審查會，看過少說上千個團隊，也陪伴了近百個團隊，敢說目前檯面上約九成五以上的團隊都接受過政府資源的挹注，而透過計畫來推動政策確實能達到預定目標。然而，機制能否更具彈性且務實地調整、對於行動認定能否有更大的寬容，尤其不要半年都還沒做完就講求績效？這一點，機制設計者政府責無旁貸。

此外，站在一位堪稱最接近團隊的業師立場，我認為補助金並非毒藥，而是一帖催化劑，讓團隊能勇敢嘗試，並且加速地方的改變，也沒有哪一支團隊以依賴政府為起心動念或目標。過程中，政府不應放生，要給錢但也給予要求，給予一定的養成期再回頭檢視，如此一來就不會只是一次性活動，而是可持續的行動。

因政策而來的補助資源確實能夠引動民間的公共性、創新性行動，不需污名化或給予刻板印象，應該更鼓勵有心有力的團隊積極爭取，給自己也給地方一個機會，才能成就台灣整體發展的正向循環。

對策方案

關於創生的政府計畫，從公私部門立場可以怎樣去因應並且思考？

● 公部門

①思考至少以三年為期的計畫才要求團隊建構可持續性的實踐運作模式。

②各部會計畫彼此高度重疊，需建立回報機制。

重點不是重複拿資源，而是有沒有在對的時間使用對的資源。

③嘗試以地方為中心進行團隊盤點，並以團隊為中心，建立各自的行動學習地圖，掌握不同階段所需要的資源與對應的部會，並建立時間與階段的退場機制。

●私部門&個人

①找一位專業且值得信賴的業師或顧問，維持長期的陪伴與合作關係，除了能在行動中給予指導，也能協助團隊思考補助金的比例與組織整體發展。

②正面看待政府計畫並善用補助金資源，善用計畫資源來提案、表達，並建立計畫相關團隊之間的夥伴關係。

案例學習

——地方創生關鍵詞16

表裏觀點

表——「地方創生」到底可以或該怎麼做？如果沒有經驗，那就向他山之石進行典範學習，好好看看創生先進國日本怎麼做！只要有相關媒體報導就一定要分享並學習，羨慕日本的話就找機會組團去現地參訪，不僅如此，現在全台團隊交流頻繁，多看看別人怎麼做，多交流就會進步。

裏——案例學習不應僅止於表面的交流互動與「受到刺激」，深入該行動的核心才是向標竿學習最必要的。真實理解對方如何做，才知道接下來能朝怎樣的方式走，不該如觀眾般停留在走馬看花，要有能力分析與解構，一如商學院的個案研究（Case Study），才有辦法從中學習，否則都是社交層次而已。

課題討論

身處資訊爆炸、知識取得低門檻的時代，過去三年，生成式AI如ChatGPT的普及化更讓知識與資訊得以超越語言的限制與藩籬，如何篩選資訊讓「學習」更精準有效，成了關鍵課題。

當高齡化、少子化等人地衰退，隔閡疏離之勢堪稱前所未有，是不假外求繼續沿用舊思維、舊路徑與模式，換個口號繼續做，還是嘗試突破框架，超越既有脈絡，注入並尋求全新解方？畢竟我們的主戰場不是人口稠密的城市，而是過疏之地。

具備一定程度的地方知識、盤點地方ＤＮＡ固然是絕對必要的基本功，然後呢？居民得自行發想，由下而上，而非哪位專家或博士或行政力量。因此，如何激發利害關係人們的創造力、危機感，引動可能的自發性行動，他山之石的「經驗學習」，引入活水，確實重要。藉由「案例學習」，深入他者的起心動念或行動脈絡，能夠激盪靈感、激發動能。這是台灣地方創生政策走到第六年，我篤定未來該走的路。

近來常聽到中介組織與地方團隊陸續反映「好忙！不想再上課了」的意見。進一步深究，團隊是真的太忙（知名團隊確實很忙沒錯）還是行動已經相當完美（許多團隊確實很有自信，早已雄霸一方）不再需要別人教，不需額外的學習與涵養，只要持續採用當下的工作方法就好？還是說，「不想上課」只是假議題？

根據我在地方第一線的了解，來到了第六年，許多先行團隊或正邁向事業化的團隊，需要的不是「一體適用的通論講演」，或是許多地方明星團隊之英雄式一小時「成功案例分享」。實際參訪也不再期待是一日數點，走馬看花，沾醬油似的「現地燦爛時光」走訪。

成功經驗確實人人愛聽、人人稱羨，失敗經驗雖不常見，也因反差而發人深省，但看多了、聽足了，除了相形自慚或私下慶幸，燃起有為者亦若是或趨吉避凶之心，真的能有所精進或強化，因而見賢思齊，將新方案落實在未來的行動中嗎？

受限於時間、空間及模式，現行的人才增能與培訓模式，無論是一場一小時卻安排兩至三位，一人約二十分鐘的跑馬燈式主題論壇，或是一天六小時前往多數踩點的見學之旅，或是有償約一小時的案例分享，內容多半流於去脈絡、短時數，片段的知識常令人感覺隔靴搔癢，見樹不見林。經常聽到以下對話。

「你覺得今天那一團如何？我覺得他們好厲害～」

「是不錯，但你聽到什麼？」

「創辦人很感性，活動舉辦得很盛大！」

「你認為哪一點值得我們學習？」

「我也不確定，也許可以跟他們一樣辦一場大活動。」

「為什麼？」

「沒有啊，就覺得這樣很不錯，很帥。」

「根本就是迷妹狀態。」

也就是比較著重在點火、引發關注與興趣，沒有追求深度、真正看見精髓的學習。因此國內參訪完畢，隨著疫情後國境重新連結，一波波日本見學潮再度展開，日本各類型講者也陸續來到台灣，給予蜻蜓點水式的短講。

這符合了國發會將於接下來四年推動的地方創生三．〇方針，也就是深化國際鏈結，企業／異業結盟。過去兩年許多台灣團隊自主前往日本，許多計畫也開始帶團隊前往日本交流。多交流、聯繫情誼固然是好事，但目的性呢？是蒐集案例，到頭來卻是沾醬油嗎？還是真的在短時間內、相隔語言之壁，瞬間掌握了對方多年投入的精髓？

日本地域振興專家木下齊先生多次提及相同的概念。日本和台灣一樣，在推動地方創生路上常因缺乏自信或熱愛學習，同樣熱中於參訪，讓某些知名的地方與團隊每天忙於接待，團隊日常工作飽受嚴重干擾，甚至為了因應特地成立導覽公司。美其名是向成功案例學習，實則到處聽故事、建立關係，或行觀光旅遊之實。也不是全然地不好，同樣也是促進交流、引動連結的地域振興手段，但若站在「個案深度學習」的立場，是否能務實地達到預期成效呢？真的學到典範團隊的行動精要了嗎？

二〇二四年是國發會推動地方創生政策的第六年，也就是說，有一定比例的團隊都擁有超過五年以上的實踐經驗，歷經了政府各式計畫的資源挹注，多半也已順利在地方擁有一定程度的蹲點實踐與發展。面對接下來的事業化發展，以及持續在區域之間創造影響力，並扮演社會實踐的母雞，確實需要足供參考的深度學習案例。

這時的案例，需要的不只是過往的走馬看花，而得好好檢視過去的軌跡，放眼未來的發展。如果能從第三方的角度，跳脫表層的成功與失敗，完整梳理組織發展的脈絡，洞察其發展梗概，分析每一個階段與步驟的行動與抉擇，如同商業界的個案研究，那些有生命力的草根創生案例便能透過縝密的分析與解構，形成可供學習與討論的教材，讓實務背後的決策、判斷與思考能夠被學習，也才能真正達到學習的成效。

對策方案

關於創生的案例學習，從公私部門立場可以怎樣整備，又可以怎麼做？

● 公部門

①鼓勵大學、法人、民間非營利基金會與研究機構積極投入創生個案研究，讓散落台灣各地的團隊案例能被學習，而不只停留在報導文學與學術研究裡。

②整理團隊歷年申請政府相關計畫的資料，建立電子化的團隊發展歷程，透過授權進行部分公布，讓其他團隊參考。

③鼓勵未來相關活動除了短時間的論壇與講座，

也安排長時間的個案研究與學習工作坊，提高學習的深度。

●團隊

①鼓勵團隊定期記錄行動歷程，積累足夠後提供給相關研究機構進行第三方視角的研究，也可在一段時間後自行撰述出版。

地方特色

——地方創生關鍵詞17

表裏觀點

表——講到地方特色直覺就是小吃與景點，真的沒有就用創造的，務必要獨具魅力才吸引人。從過去到現在，無論是一鄉一特色、農村再生、社區營造，不知已盤點過幾次人文地產景，雖然特色也是離鄉者的鄉愁，但關鍵仍在於吸引觀光客才能發大財，也別忘了大祕技：地方的人情味。

裏——沒有哪一個地方不具特色，都值得換個視角深度觀察。魅力通常不是來自外顯的物理表徵，而是來自內隱的文化底蘊。吃的、用的、看的固然是必要的存在，從中梳理出地方的自明性，讓在地人生出自信，才能演繹出屬於地方的美好。不需要模仿別人，做自己的樣子，就能吸引到欣賞的人。

課題討論

無論城市或地方，最初都是為了滿足當地居民的生活需求而存在，所謂的特色多半是發展到某個階段，隨著當地的自然、人文與風土特色而形成，卻往往不是當地人有辦法覺察的特點，因此才說旅遊就是「從他人的日常，感受你的非常」。

特色的發現確實來自於反差、來自於對比。對於當地居民來說，一切如此尋常且平凡，極難感受有何特色。若有人詢問，通常會從自身生活經驗出發，告訴你相對的極致點，比如最高的山、最老的廟、最好吃的食物、最美的風景、最溫暖的人情。

在地人在需求驅動下感受到並講得出來的特色，雖不中亦不遠矣。但若要探求真正的地方特色，最好換上一雙新鮮的眼睛，由內而外探尋。當然，對地方知識得有一定程度的了解，才有辦法從中爬梳，感受地方的真正精彩與美好。

物產是最尋常可及的特色，透過味蕾開展的五感體驗讓小吃成了台灣人認識地方的必要前哨站。再來是名勝古蹟，因其獨特性而成為大家深感好奇，以及地方上的認同標的，自然景觀和人文風情則代表了地方的過去、存在的特殊性。其次是因人而生的在地活動，祭典儀式、民俗習慣。過去與當代的各式文化活動都因為文化、語言、族群、習慣，造就了三里不同風，五里不同俗。差異的背後只要有脈絡、有故事、有典故，便足以成為地方的獨特魅力，可以透過文化觀光體驗來滿足他者的好奇與文化探究之心。

以上所指都是地方的ＤＮＡ，或說是在地風土經過數百年交會形成的獨特之處。先民的智慧與自然地力共同孕育的有形或無形資產或許平凡，或者早已被挖掘並大肆放大以創造價值，仍是在地的珍貴文化與社會資本，透過被旅人消費而創造當代的經濟資本。

當然，不是每個地方都有如此能力、如此幸運，許多地方仍然停留在表層，仍然無法突破並創造差異。擦亮的在地特色可以帶來創生時代期盼的新價值，甚至具有持續性，能讓地方成為一處在地人滿足、外地人嚮往之地，人口與前景雙雙獲得良好發展。最理想的法子是透過產品、服務與體驗來交換價值，尤其是深度體驗，儼然已是當代大眾的在地旅行模式。

假如特色不夠顯著呢？經常聽到「我們的物產沒有比隔壁鄉鎮好」、「我們不靠山不靠海沒佛寺」，沒有特色之地只能坐以待斃嗎？

大埔鄉以漂流木開創了在地特色「小提琴」，從製琴、拉琴到未來打造小提琴村。日本新富町為了打響小村的知名度，克服天氣障礙栽種荔枝。這類創新或說創造看似無厘頭，實則勇於突破。沒有一項特色是與生俱來的，都是因緣巧合下被引入並被創造。而想成功，裡應外合當然很重要。

仔細觀察在地風土，親炙在地文化，感受獨到特色，並試圖挖掘、轉譯、放大，或是擦亮詮釋。所謂的在地特色不全然是消費，也代表了認同感或象徵性。也許最後此特色不再如過往具有原真性，因此喪失了某些人的認同，但特色也會讓該地成為獨一無二的存在，顯得立體多元，有機會成為地方存活的力量，鏈結遊子、造訪過的關係人口，以及偶爾造訪的旅人與遊客。

也可視地方特色為一種競爭力，為地方創造更多被造訪、被依戀的理由。特色可以百花齊放，可以代表當地的底氣，善用之並創造全新的價值，讓地方因此復甦，同樣是地方創生重視的關鍵。所以國發會才要求大家好好盤點「地方ＤＮＡ」，以此做為起手式。

不論盤點前或後，關鍵永遠是用新鮮的眼光去看，甚至抓住核心梗概，用心但具創造力地新瓶裝舊酒，大刀闊斧地活用，創造全新的價值。

最後，到底「地方特色」所謂何事？單方面為了創造有價值的內容以交換金錢，還是為了讓地方更好，重新認識一次地方，從中獲得內外兩種層次的價值？我想後者才是為何需要窮究在地特色的絕對關鍵。

對策方案

「地方特色」是一地活化振興的核心，不只是對於旅人，對於關係人，甚至留鄉者也有不同層次的價值與意義，因此思考時不應止於拚經濟，得從人地關係、認同、人才移動等多重面向思考。希望青年返鄉，期待有創造力工作者二地居，甚至移居，如何激盪在地魅力讓特色成為黏人的沃土可說無比重要。特色不會無中生有，無論取得或創造皆有跡可循，想突破框架激發新的可能性，從公私部門的角度，可以或應該怎樣做？

● 公部門

①長期以來，基層公所每年都會針對轄內認定或選定的在地特色舉行各式推廣，目的多半是為了促進觀光，創造收益。能否有多元思維，讓地方特色不僅停留在搖錢樹、滿足旅客而已，公部門有必要擔任領頭羊。

②地方特色會隨著年代與潮流新陳代謝，公部門可以依照時令舉辦行銷活動，也可以與民間商議分進合擊，更加著重文化層次的倡議與推動。

● 私部門&個人

①特色不必然有魅力，需要持續運用創造力讓其有意義與價值，藉此讓地方因為此一存在更加鮮活、立體。特色是公共財，智財權方面需要特別小心，以確保權益。

②除了用新鮮的眼光持續挖掘地方之最，也不斷回顧與爬梳在地既有脈絡。特色都是比較級，使用上有策略，賦予更厚實的內涵、靈魂與世界觀，並且持續透過多重管道傳達，搭配事件行銷，將成為地方的絕佳戰略武器。

老屋活化

——地方創生關鍵詞18

好好使用將帶動城鎮的活力與發展，移撥後的維護管理與使用卻充滿了諸多限制。能夠妥善營運空間又兼顧文化與商業者不好找，如何建立彼此之間的夥伴關係，公私協力，處處都是挑戰。關鍵在於「要用」，不變成蚊子館，如何兼顧有形收益與無形意義因此無比重要。

表裏觀點

表——地方迎回了一處閒置已久的公共空間，接下來該怎麼用？是資產還是負債？自營還是讓民間發揮？規畫成文物館不賺錢，開設商場會被議論，最好能夠整合兩者取其平衡。關鍵在於讓老屋重新「活起來」，空間有歷史、有記憶、有故事，如何妥善「再脈絡」，讓公共空間找回魅力又具話題性，極其重要。

裏——老空間令人又愛又恨，多半位於市鎮中心，

課題討論

若說尋常房舍提供的是生活與居住機能，未隨

時空消逝存留至今的老屋能否創造獨一無二的意義與價值，關鍵仍在於有沒有人在乎、如何再脈絡。如果老空間沒有辦法與民眾的記憶鏈結、與觀覽者產生共鳴，再美的空間也只是拍照打卡而已。

老屋到底該怎麼用？如何用出價值？過去十年從官方到民間都很關心與投入，都亟於獲得解方。

保存時精神愉悅，整修時殷切期盼，幾年後終於完工那瞬間就進入某種又愛又怕受傷害的狀態，不知該找誰營運，條件如何開。尋找委任團隊的過程總是戰戰兢兢宛如嫁女兒，期待好歸宿又怕遇人不淑。或許不應該急著決定，先找一些可能合作的夥伴協作看看，試婚，先打開大家對於空間的想像再來思考未來的發展？

反向的情況也有。空間尚未有動靜，先提再利用，不過絕大部分都是前者。

還是那句老話，沒有好好使用將面對財務上的負債、實質上的閒置，好好使用則有機會創造包含有形的人流與營收、無形的地方影響力和認同感，也將引動停滯的地方前所未有的發展。正因如此，每當一個基地即將完工，便能感受到多方關注，引領企盼空間的下一步。

在公有空間活化的範疇下，「公私協力」確實最兩全其美。許多地方求好心切，或是找不到合適的營運者，最後變成了公部門代管，往往流於開創性不足。以中部某紅磚市場為例，由公所自營，就算不提空攤率，周圍多處可運用的場所由於管理人員的消極不作為，即便想承租也不容易。

假若找到好的經營者，公部門不僅能成事，還更輕鬆寫意。雖然不是搖身變成包租公，但能卸下營運責任，交託給更擅長經營與企畫的民間團隊，退居第二線，從其他面向扮演好支持系統的最佳後援投手，守護公共性，連結多方關係。

這幾年日本推動的公民連攜行動就不乏這類高協作性的老屋活化案例，他們深切體認到唯有合作，才能成事。

切合時下政策推動與發展態勢，在地方創生主導的年代，如何透過吸引青年返鄉、鼓勵年輕家庭移居，引動更多創造力工作者在城鄉之間流動，除了提供居住與生活支持系統，地方是否是一片足堪挑戰的新藍海呢？如果是重新整建後的歷史建物或空間，不正是極佳舞台？

備受期待的青年陸續到來，地方絕對會如見到救世主般寄予厚望。「鄉內中正路旁那棟房子快整修好了，未來想開放民間經營，你有沒有興趣？到時候會ＯＴ喔！」這些年不下五個團隊向我詢問或找我討論這類來自公部門的召喚。地方莫不期待有為青年扮演地方復興的領頭羊，扛起活化城鎮中心地帶，讓歷史建物再現風華的責任。

應該接招嗎？

從理性面思考，與現代建築空間相比，老屋的空間、機能、尺度與限制說有多難用就有多難用。但一處充滿歷史記憶的文化場景，價值永遠不在多老，而是存在了多少故事將穿越時空成為價值。

想做的話真的是不容易，必須有深厚的文化敏銳度與知覺力，並對空間擁有十足的想像力。我總認為這是一門無誠勿試的未來工作。無論從拯救蚊子館的角度來想，或趁著時代潮流所趨創新意義，讓場所重新迎回逝去已久的關注，也連帶活化沉寂許久的老街。

所以，街區空間活化是一門好生意嗎？截至目前似乎並非如此，需要投入的各式資本都不是一筆小數目。關鍵依舊是如何衡量這番投入所引動的漣漪與化學效應。

最後，一個好的歷史場域活化有人流、有消費、有追憶、有記憶、有意義，若缺少文化、歷史與故事，只是一處復古風商場；若沒有消費、活動與創新，就是一處不夠完整的博物館。在商業與文化、過去與未來之間取得微妙的平衡確實不容易。

老建築極具魅力，但一定要是大資本、大投資的文創園區經營模式嗎？還是也可以小而美、溫馨精緻的街區呢？屬於老屋活化的經營才剛開始，讓人期待未來全台各地的遍地開花。

對策方案

如何有效活化老屋空間，讓空間修護後不流於低度使用甚至淪為蚊子館？保留給在地居民日常使用，還是透過促參等模式交給民間商業經營？公部門與私部門之間可以有何種思考？

●公部門

①需要適時適地的評估與設定，也要更大膽嘗試不同的做法。原則是維持應有的公共性，回應地方的特色與發展目標，也對應城市的發展區位策略與願景。

②無論是提供給居民使用或交給企業組織營運，規畫為現金流周轉快速的餐飲服務或商業價值較低的文化事業，各有利弊，關鍵仍在決策者的看見與決心，選定方向就貫徹到底。

③與委任廠商之間建立夥伴關係，擁有共同目標，互相合作，維持應有的平衡。

●私部門&個人

①對於文化歷史的依戀與情懷固然重要，如何兼顧營運、讓事業持續發展，依舊是老屋能否活化再生的關鍵。莫忘，沒有商業，活不下去；沒有文化，平庸而已。

②與時俱進創造出獨一無二的內涵。即便是日治時期的老屋，能否不僅再脈絡且跳過日本風情，創造出融合當地DNA的全新內容。

③多數老屋活化都以服務觀光客為主，有明顯的平假日之別，可思考如何因應，或有別於一般商業營運的其他做法。

二地居住

——地方創生關鍵詞19

城鄉之間，展開了異花授粉宛如蜜蜂般的生活，透過移動或遊牧為自己也為地方創造一個相互理解及認識的機會，不僅能擴大分眾的類型，也藉此創造人地間的新關係與機制，緩解地方創造力人口不足的困境，是一具有開創性的人口移入的策略模式。

表裏觀點

表——近年最有創意的說法與模式非「二地居」莫屬。搬到南部然後偶爾回台北看家人應該也是二地居，可以有城鄉之間的工作與生活超棒，還打破了過往社造年代被認為打不進去地方工作的困境，應該也是年輕人嚮往的生活型態吧。不僅如此，還可以向家人朋友好好解釋為什麼總是趴趴走。

裏——二地居確實是對於當代生活型態自然演進後的覺察與定義，指出有一群人透過流動於

課題討論

隨著地方創生政策在全台如火如荼展開，再加上近年生活型態與城鄉條件翻轉，直接或間接影響

了大家對職涯與人生的選擇，成為自由工作者，甚至展開移動式生活。疫情過後，work from home 成了許多組織的新常態，居住在城市或地方也成為複選題，響亮的「二地居」概念大約是我在二〇二〇年，觀察社會趨勢脈絡與創生的現況後提出的，期待當更多人展開二地居新生活，將有效打破區域之間的閉鎖，讓流動引動出更多的新的人地連結，也讓帶來的創造力人口乘數效應能夠緩解地方對於人口不足的焦慮。

真正的創生成功，人口是絕對的必要條件。對於人口的想像卻不僅止於定住人口，還包含了關係人口與二地居或兼業者之間能成就一個以地方為中心、由不同狀態的人所組成的地方支持系統網絡。透過這樣多元的模式，創造出人地關係的層次性，讓不同的人選擇自己最舒服的方式與地方展開交往，唯有如此，最終目標「移住」才有可能成為多數人心中的選項。

提出「二地居」論述後，剛開始一片譁然，認為太有想像力、不切實際，想做地方一定要苦幹實幹蹲點，拜好碼頭，從基層做起，沾醬油對地方哪有幫助！形成地方取代怎麼辦？人雖然來了，但對地方真有幫助嗎？

經過兩年疫情，長時間的被迫隔離、依賴與應用數位工具，在在讓人看到了移動工作的未來。愛地方、想為地方做事，不見得必須長期不間斷地留下來，大可隨先進的支持系統展開更多元有層次的做法。這樣的模式更切合現代人的求新求變，也是具專長的自由工作者喜愛的工作型態，長遠來說創造出來的價值往往超乎原本的想像，還能清晰界定二地居是別於過往社區總體營造的不同模式、行動方法與可能性。

一切都因打開而起。以人而言，不用大改變也能與地方緊密連結，因而獲得前所未有的機會與經驗。過往很難想像，原來城市裡的專業可以在地方應用、可以為地方做點什麼。另一方面，科技也讓城市工作可以帶到地方來做。對地方而言，隨著人們固定、頻繁且快速的造訪，有機會帶出地方脈絡背後的魅力、模式與精彩。

如此實驗性、關鍵的人地關係養成與建立，開啟了另一扇窗，並因流動弭平了過往想像中的落差。透過頻繁有規律的長期互動，建構起雙城、甚至多點的工作與生活型態，不僅滿足了現代人的期待與想望，也讓地方不致落入死寂，不會在二〇四〇年與預測中的日本八百九十六個市町村一起成為可能消失的地方。

關於二地居的定義，簡單說就是在兩個城市生活與工作。常見模式是在家鄉與新居之間流動，一城市一鄉村，一快一慢，一是熟悉的原鄉，一是長大後因機能或喜好選擇的新緣之地。總之，因為落差與不同，人們得在兩地之間切換，同時把自身能量、經驗與人脈帶往另一處更需要投入但當下弱勢之境。

有人可能會說，地方有合適的工作嗎？一開始也許不容易，但透過頻繁如候鳥般的造訪與停留，在當地生活，建立互動後，就有機會對於地方風土、社會狀態與產業特色有更深的了解。尤其人際網絡慢慢建立，信任感加深後，就有可能出現合作機會。這時撥出一點時間一點力量，與地方攜手，透過專業，連結人脈，邁向共好，可謂自然而然。

但確實，許多人不滿足於兩點一線或認為過於緊密，不想要有那麼深的在地承諾，嚮往更多元的人地關係，「多點居」因此成為另一延伸方案。日本宛如雨後春筍般出現了許多針對該族群的機能性服務，日益增加的自由工作者、頂客族甚至創意工作者，就此展開居無定所，每一地都有一獨特生活，以季節、專案檔期、個人轉型而開展的人地關係新模式。

這些新穎的做法看似適合年輕世代，但實際觀察下來，許多50^{+}的頂級世代（premium age）進入空巢期、準退休狀態，甚至準備展開第三人生，開始描繪第二曲線時，回饋家鄉或緣分之地，產生更緊密互動，同為思考要點。

二地居是一相當可行、具創意，可為地方帶來實質助益、關係及影響力的模式，藉此放下壁壘，牽起雙手，期待透過新思維下的模式，有效振興在地。唯有方法更彈性，讓更多有創造力的人才與地方互動並連結，衰退的地方未來才會有希望，得以見到新曙光。

對策方案

定義「二地居」與倡議至今，媒體報導不少，許多人也用這觀念自我標榜，但在實際的落實及推動上，首推嘉義市，不僅把概念落實於施政的中長期十大旗艦計畫之青年磁吸、世代移居的政策，二○二四年初更與民間合力推動，企圖打造嘉義成為南台灣的宜／移居城市。在民間，包含花蓮、高雄與屏東的團隊都曾透過企畫來實驗二地居模式，從過程中獲得不少啟發，也打開了人地關係。

我相信這些零星投入只不過是開始，放眼未來，包含全台上百處由國發會提供資源成立的青年培力工作站，以及青年署、經濟部甚至民間企業的ESG合作，都有機會善用二地居策略引動人流和能量，引入各式資源。

●公部門

①持續大力倡議政策與溝通，讓民間知道地方創生的推動、青年返鄉的促進，以及城鄉未來的想像需有多元模式，不只是鼓勵團隊創業、開餐廳、賣伴手禮。

②透過資金鼓勵鄉鎮公所，甚至青年培力工作站，以多元居住為目標設計不同機制。

③獎勵企業前往地方設置第二辦公室，並獎勵企

業讓員工有多元上班模式。

④鼓勵公務人員依照業務型態展開二地居等多元的移動可能性。

●私部門&個人

①創造力工作者，可自主展開二地或多點的工作型態，從中摸索並建構屬於自己的邏輯，並透過社群分享倡議，鼓勵更多團隊展開二地居的合作模式。

②組織可以鼓勵員工實施二地居，建立移動且多元的工作模式，以符合當代年輕員工對於工作的期待。

③思考二地或多點居工作者會需要的機能與服務，滿足其需求。

地方創生

——地方創生關鍵詞20

如說是面對人口減少、發展衰退等不可逆情況時採行的創新思維、嶄新模式、行動方向與積極解方。期盼創造安居樂業的未來，經濟發展很重要，但文化是地方的根基，穩固人地關係，力行教育，人才回得來。透過創造力行動打破慣性，力行開放與合作，讓韌性與魅力形塑地方未來。

表裏觀點

表——地方創生？其實都一樣啦，就是想辦法讓地方能發展，人就不需要離鄉、就會回來。其實過去也做了很多，現在就繼續推動，真要說有何不同，應該是用了更多創新手法把質感做得更好，並運用新科技。另外就是努力吸引年輕人願意回來，地方要有好的產品、服務與體驗，並多強調在地性。無論如何，賺到錢才是真的。

裏——與其說地方創生是政策、領域或新業種，不

課題討論

眾說紛紜的「地方創生」到底是什麼？是推廣

地方產業發展，地方物產很賣，還是觀光促進，風景區人潮洶湧？餐廳和小吃店都爆滿？創造人潮和錢潮將一片榮景，有利可圖使得最終離鄉者返鄉創業，集體發大財？是這樣子嗎？

如同許多地方協會幹部或長期配合的產業顧問口中「又不是第一天認識政府，就是換一個口號來發資源給地方，攏總同款啦！」，或是「就來提需求啊！好多計畫在等你們，告訴委員你們社區想要什麼？簡單說就是要發展、要建設，統統大聲說出來～」，還是「有爭取，有資源，多去看看別人，然後跟上。不僅要做，咱有氣魄，要做更大」。

以前的發展邏輯大致如此。加法、雷同、複製、同款，最後全台灣差不多同一個模樣，而且似乎一點都沒有解決問題，創造地方新價值，就這樣年復一年日復一日地重複推廣市集、小旅行、DIY等。

過往一二十年，農村投入上千億力求再生活躍，社區投入多期營造計畫凝聚眾人關係，文化透過參與轉譯村落美好內涵，文創職人透過聚落化尋求發展，經濟也投入轉型升級輔導，教育則透過青年大無畏行動倡議進行擴散，還有城鎮之心的街區空間硬體改造，如此方方面面，地方理應早就無限美好，為什麼需要高舉另一面「地方創生」大旗，到底有什麼不一樣？何必另起門派，說要展開一段全新的行動，為地方努力？

為什麼要推出「地方創生」？會不會換湯不換藥？過去哪裡做得不夠周到才需要如此補位嗎？還是看到了、意識到了什麼？

二〇一四年日本的地方消滅論指出，日本人口減少，高齡化、少子化與城鄉過疏現象讓決策者驚覺，過往做了那麼多，地方還是即將走入衰退。是地方產業有問題？是文化認同的問題？還是生活品質的問題？或是城鄉競爭的關係？不求全然逆轉，但求能為地方的未來多爭取一點時間，保留多一點發展契機。

台灣政府端的推動由國發會主導。從二〇一七年示範計畫，二〇一九年定為創生元年，接著二〇一九的一．〇，二〇二一年的二．〇，再到二〇二五年進入第二個四年期三．〇，透過一年十二億左右的資金，期待達到地方振興的成效。雖然開始採用些許有別於以往的新觀念並做為績效衡量指標，比如引動多少關係人口、創造多少青年回鄉，相對的關鍵指標依舊落在「創業家數」與「產值」這兩個可以計量的指標。關係人口的衡量依舊偏向自由心證，頗為可惜。其實明明有相當清晰的定義，但可能沒有好好交付，造成了各自表述。人口回流亦然，多半只計畫當下回來的，未能從經營角度制定人地之間的關係策略，透過有層次的做法、連結與互動，一步步讓人口因為持續投入而真正回流。

回過頭也得問，目前的推動策略與戰術，真能有效引動地方走向創生嗎？從日本的經驗來看，打造安居樂業的地方需要花一段很長的時間投入並醞釀，成效絕對不可能飛快顯現。目前的事業化推展模式鼓勵青年返鄉創業，卻沒有支持系統的完整配套，會不會因為無法滿足就醫就學等需求，空有就業，最後還是必須告別地方呢？

此外，地方發展絕非單一面向，在地團隊若無法與地方執政團隊合作，缺乏地方長期發展的整體藍圖——如日本地方自治體的定期設定總合發展計畫，很難真正看到在地方生活的願景。在地方生活，能否具備扶老攜幼的支持力量相當重要，尤其台灣生育率不到一，想鼓勵生育、鼓勵回鄉養老，強化周邊機能讓地方成為一處真正愉快生活之地，無比重要。

最後，如果我們清楚意識到推動地方創生的主要目的是為了消滅地方創生而來，明瞭關鍵絕對不在產業單一面向——若是，事情無比單純——正因為不是，更該思考在單一因素之外，如何讓大家想回鄉，如何投入外地人才會深受吸引並願意停留，無疑是地方治理、風土環境、區域自明、文化認同、生活環境等。

當城鄉差距已被科技和交通等因素弭平，我認為屬於地方的時代才要來臨，無論稱為地域振興或地方創生，都是迎向未來的進行式，都在這急遽消退的年代扮演一帖不容易，但充滿了機會與希望的解方。

對策方案

如何持續推動「地方創生」政策發展呢？雖不至於成為大哉問，我想還是要回到核心問題，如何讓人願意移居？當移居不容易，有沒有可能先從流動、認識、互動、依戀，最後形成認同開始？此外，持續打造在地生活的支持系統刻不容緩，面對盤根錯節諸多面向，我的建議對策分別如下。

● 公部門

①除了持續投入資金，鼓勵地方政府、地方團隊，甚至青年展開在地行動，尋找機會，也應扮演資訊整合、綜合調查、發展研究等上位支持系統。務必讓團隊和地方具有方向性，朝著短期三年、中期到二〇三〇年、長期到二〇四〇年的目標，切勿瞎子摸象，只能投入一年又一年的行動迴圈。

②持續協助搭設溝通協調與資源串接的平台，鏈結行政端與地方系統端，以促進未來的合作和推動可持續性的方案。地方畢竟是一群人的集合體，一開始各自作戰，最終還是得走向協作，才能成就一完整支持系統。

③地方政府建構地方生活支持系統應該更完備，不然就是建立區域之間的資源平台，讓有意定居的宜居者與多元連結方式的夥伴找到相對應的資源。

●私部門&個人

①地方團隊請持續發揮所長與對地方的想像，持續投入在地行動，並視需要爭取對應的政府資源，以加大公共性行動的投入。盡可能兼顧公共性與組織營利性的平衡。

②提出新的構想與策畫模式，並與地方自治體、相關利害關係人，甚至關係人口合作，扮演地方的創意智庫，讓地方充滿活力與魅力。

③從事地方工作需具備一定的學習、認識、特質，可從行動中找到緣分之地，並以持續投入三年為目標，試圖從中鍛鍊自己的多面向能力、適合的戰鬥位置，以及與地方間的關係，為將來成為一地方經理人才而努力。

PART 3

為地方而戰的提案思維

- 提案思維
- 思維強化
- 提案計畫書
- 5W3H提案思考框架
- 5W3H提案思考框架延伸連結
- TAKESHI 提案企畫書邏輯撰寫法

提案思維

「提案」是一種將自己的想法有效傳播以爭取對方認同並支持的行動，「地方創生」成為國家重要政策後，為了引動大家由下而上展開行動，每年都會舉行不同類型的徵件計畫。

過去十年因緣際會，我一年需要協助十個以上從中央到地方的計畫，或擔任評委或擔任業師，議題橫跨文化保存、教育創新、社會實踐、服務創新、青年創生與社區共生，時常因為任務得讓自己成為「準公器」。

書審或面審過程聽著團隊五花八門的提案、評選後成為業師或顧問近身陪伴，我始終認為最重要的不是能力而是心念，正確的想法不僅能提供中選率，路也可以走得更長。如何懷抱好的心念與態度面對「提案」，我認為是每一位有可能透過「提案」對外溝通的人應有的認知與了解。

畢竟除了提案技巧與方法，擁有相對正確與健康的心態與心念將建構出正向的態度，支撐其後的則是清晰明朗的價值觀與世界觀，再透過文字與口語表達出來，絕對更具說服力與感染力，成為一有力量、有態度的精彩提案。

常有落選團隊問我為什麼內容得不到委員的青睞，明明做得不錯也投入了好久，問題出在哪裡？每次碰到都讓我覺得很可惜。

無論是規模、金額或投入範疇，提案都是向他人展示自身的行動規畫與世界觀，通常經由書面與口頭方式呈現。撰寫計畫書或製作簡報是相當根本但無比重要的基礎訓練，背後包含了問題覺察、行動構思、資源整合與創造構想，可說結合了當代社會對於年輕人綜合能力的期待，且與本職學能關聯不大，而是可以透過有意識的訓練培養。

以下是我認為的關鍵提案思維。

文字平實但帶有感情與熱情，簡報自信但不卑不亢

到底要用什麼樣的態度與形式來面對提案？無論是老手或新手應該都時常苦惱吧。我始終認為文如其人，計畫書的寫作風格與現場的簡報表達如能呈現一體感，也就是三位一體，應是最佳狀態。

首先，一份平實、聰明但不失熱情的計畫書最能打動人心，請把你真實的看見與感受，以及爬梳龐雜資訊後形成的獨到見解，還有對未來的行動想像，巧妙地透過文字清楚傳達。當然，行文中表露出熱情和當責感同樣重要。撰寫計畫書最重要的關鍵在於讓評審委員被你的文字「感動」。感動不見得是感性面，也可以是「震懾」。

其次，簡報或口語表達時，是要開誠布公說我們村莊人很少、人很老，請無論如何同情和支持我們，打所謂的悲情牌，甚至不忘帶長輩出場？還是創意無限地帶上全村男女老少高歌一曲，營造溫馨感與記憶點，甚至一搭一唱唱雙簧把場面弄得搞笑又有趣，意圖出奇制勝？

提案現場是限時溝通平台，得掌握「時間」這個最珍貴的資源，好好讓讀過計畫書但不可能比你了解的專家們感受你的動機、熱情、行動思維與個

人潛力，請務必展現「誠懇自信」與「不卑不亢」的態度，隱約帶著「微熱情」或熟悉度也絕對重要。

被問到常見的情境題比如「如果計畫沒拿到還做嗎？」時，與其給出漂亮的標準答案，不如說出內心的想法，好比「我想趁還年輕時奮不顧身先投入三年，失敗了再做其他打算」，會比「無論有沒有拿到計畫都會努力一輩子」這種給予大承諾以尋求支持的煽情答案，更容易因為真誠而獲得評審的青睞。

資源不是救命錢，是鼓勵大膽實踐的槓桿

我經常被問政府計畫到底支持哪一種類型（心態或狀態）的團隊。視計畫資源為浮木？在困頓時溫暖扶一把？面臨轉折時給予嘗試的勇敢？已經下定決心但少了點資源，添柴火助燃？

請大家想想，如果你是評審，你會傾向支持哪一種類型的團隊？雪中送炭還是錦上添花？我告訴大家，多半是後者。

前者的風險在於，某天支援斷了，團隊很可能也不存在。當然有可能因為這筆錢而站起來，但是政府資源的投入屬於「投資」思維，資源挹注的初心是讓你做你本來想做的事、減輕你的負擔並把餅做大。

那剛入門的團隊不就沒依靠、沒支持？我會建議先讓自己站穩第一隻腳，再來思考政府資源。講白一點，資源不是讓你拿來支付日常營運開銷或養活自己，而是為潛力團隊增添柴火，行槓桿效應，好讓團隊更有力氣、更勇於嘗試，大無畏地去闖，縱使失敗也有政府和你一起扛，成功了則大大恭喜，讓能量帶動更多公共性效益。如何把此番態度展現於經費預算表、提案內容與簡報報告，極其重要。

請視政府為天使投資人或股東

我經常開玩笑「江湖在走，乾爹要有」，投入具公共性的社會實踐相關行動，尤其是前期，穩定的資源提供方無比重要。透過提案向公部門爭取資源時，應如何看待資源提供方，又應保有何種關係呢？視為捐獻金主還是計畫委任方？還是天使投資人或公司的股東？

毫無疑問，政府是資源的提供者，是團隊經過好幾輪激烈競爭後獲得的資源。然而，計畫執行期間免不了許多流程，管考環節更讓人感覺變成委任關係，得核銷、得定期交報告。若碰到承辦窗口的態度總是上對下，業師又給予諸多限制，很可能瞬間澆熄熱情，心裡想著不如歸去較能好好維持初心。

我通常勸勉團隊，無論組織的大小，都把自己視為一投入社會實踐領域的新創團隊，是為了讓行動更有力、為了創造影響力，所以參加 pitch，期待用內容爭取投資人（評審委員）的認同，並邀請他們加入你、支持你，與你同行。

讓人意外的是，過去上百場評審經驗中，我較少碰到團隊如此「感召」評審團，多數更像來做期中報告或參與重要考試（雖然的確也是）。我由衷建議以「建立夥伴關係」、不卑不亢的商談態度進行對等的洽談，而非請託或情緒勒索。

計畫支持下可勇敢大步向前，實驗新模式

把資源視為一種加速槓桿，來挑戰並實驗，當然要展開一個計畫，如何鑑往知來，有沒有清晰的問題意識，田野的掌握程度，有沒有一個清晰的目的及願景，這都是基本盤，接下來該怎樣做？

近年因相關資源的增加，團隊可說如雨後春筍般形成，這確實是好事，但也從中可看到一些現象，諸如彼此間的相互學習及模仿。尤其原民部落或非六都地區，一年到頭各部會的資源下，數百組

各式團隊在地方展開各自行動，常見形式如小旅行、市集、繪本、桌遊、餐桌等，可說屢見不爽，而在這樣的既有模式下，能否持續推陳出新並符合客群的需求，甚至善用新技術嘗試，也是審查時常會被問到的「亮點」。還是那句話，當我們知道用舊方法到不了新地點，那如何突破，創造團隊存在的意義與價值？

回過頭來，資深團隊若碰到瓶頸，建議除了尋求與新型態團隊建立夥伴關係之外，有沒有可能讓客群更聚焦呢？比如有二十年以上行動經驗的團隊，組成分子的年紀可能趨向於50^{+}的壯年到銀髮，或許可以針對該群體提供他們期待的服務，而這時的創新與實驗，就會是如何提升內容的價值與價格，也頗值得透過實作大膽去嘗試並學習。

對於議題或地方有長期深耕的覺悟，但不忘自身成長

毋庸置疑，有心有力投入社會實踐的夥伴相對有「利他性格」，對於社會議題與公共事務更願意投入實踐並期待帶來改變。然而，長期或過度投入的後遺症是，一面臨誤解或挫折，容易引發抱怨或產生怨懟。我曾碰過好幾位因此產生身心疾病，甚至人際關係出現很大的障礙。

當我們的境界與宗教家還有一段距離，回到人性本質，我不建議把「利他」擺第一，而是回到「利己利他」。多麼深愛某個地方、有再大的責任心或奉獻之情，還是先回到自己，先把自己照顧好，先考量自己的成長與基本利益，再思考地方或議題。你若不好，地方或議題也不會好，社會實踐行動是一條漫漫長路，急行軍確實能突破，但需要有節奏地持續往前走。人不好，地方不會好，縱使地方先好了，若人不好，理念也走不遠。

何況相對於人的流動，地方一直存在著。我始終認為年輕的實踐者須對地方有所承諾，但不需給予命定的束縛，人地之間的關係可以有階段性，並非一定是非誰不可。三、五年的行動會讓你成為「某某地之顏」，比如想到苑里會想到誰、想到三峽就是誰，那確實是一種很棒的成就與恭維，但人生路漫漫，有許多的可能性與意外。起碼給自己與地方三年承諾，好好闖蕩，時間快到了再思考 what is your next。

想停下來、想離開，都不見得是壞事，想趁勝追擊繼續投入也是很棒的命定，只要好好努力過，不論是離開成為關係人口，或是留下來用力、好好生活，提案行動才更具意義與價值。

承繼前人經驗，對未來懷抱夢想，慢慢來比較快

一如我認為創生必須建構在社造基礎之上，每一個行動與投入都是立基於無數先行者努力奮鬥的延伸，所以縱使你的行動模式無比創新並獨樹一格，都別忘了好好掌握地方性知識，彎下腰向土地學習，意識到田野調查的絕對重要性。

另一方面，重點不在於調查，而是共感，掌握內隱經驗與知識以思索未來的願景，掌握在地脈絡以趨吉避凶，在核心資源下借力使力。身為後進得時時保持謙卑，專注於自身行動，且不忘因著屬性扮演改變的行動觸媒。

在你的信念、居民的盼望與大趨勢改變之間找到三者的平衡與交集，把單一事務或目標化為共同之事。這固然是你的提案，裡頭有你對地方的期盼和改變的具體想法，但在這之外，能否隱約帶入相關利害關係人的期待或盼望做為支持力量呢？

最後，在地行動絕對是慢慢來比較快。雖然計畫通常是以一年為期，但要看見地方的改變，沒有三五年以上是不可能的，請大膽提出你的三年、五

年、七年願景，好比二〇三〇年你的地方將看見？然後再回頭逆算你或其他夥伴可以在哪個範疇投入心力，用宏觀且全面的思考看待地方，讓願景驅動具象化的規畫。

以上是我認為的六點關鍵提案思維，期待大家融會貫通，內化成為提案ＤＮＡ。

思維強化

日本廣告人日下慶太的著作《迷路的廣告人》中有許多觀念與我在日常教學提到的觀念可謂異曲同工，對於建構提案思維大有助益。

啟動行動參與的關鍵心念

大家是否聽膩了「一位在地方長大的年輕人放棄百萬高薪，決議返鄉好好『奉獻』地方」這類媒體常見的返鄉青年報導，期待透過「英雄公式」製造戲劇化反差以強化敘事。

若深入理解或多接觸青年返鄉案例，這類確實有，卻絕非大宗。是否每個人都帶著滿滿的故鄉愛，意圖拯救家鄉，期待犧牲小我完成大我，同樣令人持保留態度。既具宗教情懷又有行動家的熱情，如此完美的人物設定，提案時將獲得高度正向肯定還是令人起疑呢？

試想，人若果真如此華麗轉身，某天高尚情操在一次次試驗般的行動中被磨平，不斷地付出卻始終得不到預期成果，信任他人卻反獲猜忌，甚至出現「你是玩票」的冷言冷語，最後深感被掏空、被背叛。誤會、重傷、失落後，接踵而來的情緒反彈，身心俱疲一股腦爆發，想像不到的失衡與失控，肯定開始懷疑人生。近年媒體的大肆報導與吹捧往往是兩面刃，可以讓人名利雙收，也可能讓人執著地認為得與地方共存亡。

「成功案例」大家都愛聽，地方的故事又特別有脈絡與韻味。在親日的台灣，一日本案例被報導，同溫層絕對一陣瘋傳，那個誰誰好厲害啊，東西好帥！某個露營地好酷一定要去！充滿了粉紅泡泡的崇拜感。下一步就是「其實我們也可以來做喔！」，根本沒有考慮主客觀條件的差距。

誠如日前一位朋友所說，台灣和日本都有櫻花，但是襯底「背景」不同。這點出了關鍵問題所在：我們總期待英雄式的手段解決沉痾已久的結構性問題，過程時而悲愴、時而英雄主義，或者城鄉之間總是充滿了強烈的剝奪感。

怎樣找到行動與意念之間的平衡，讓在地實踐之路走得更平穩更長久？

我認為，大膽地從「利己」面向出發會是良好的起手式。「何必曰利」的儒家想法讓人覺得圖利自己是不合理的罪惡，投入公共性事務不就該全然奉獻自己，不談名不談利？但這是否只是不斷積累心中怨懟呢？

換個角度思考，如果你的投入只是為了地方好，對自己無所助益，難道就真的沒有問題嗎？公共性的背後不就是體現了從一個人、一個家庭到一群人的同心圓擴散所形成的脈絡？這也是我經常跟有心返鄉的青年朋友談的，公共性很重要，但別忘了在行動中多多思索個人成長與發展設定，讓人地都能並進，才是最平衡也最好的結果。

返鄉所為何事？回來照顧家人、回來自己熟悉的地方、回來生活，這應是大多數人背後的純粹理由。喜歡回來、積累故鄉愛同樣合理，但真的有辦法使命必達，把地方扛在肩膀上死命前進，不管喜不喜歡都義氣地為地方衝一波，明明你的主業根本不是民意代表？

老實說不容易，但如果先撇開高帽子，純粹做過去擅長或現在喜歡的事，用雙手與智慧為熟悉與深愛的地方創造耳目一新的行動改變，我想會比百萬年薪的竹科新貴更有價值，即使你本來只是一位每天工時超過十二小時的北漂小編。

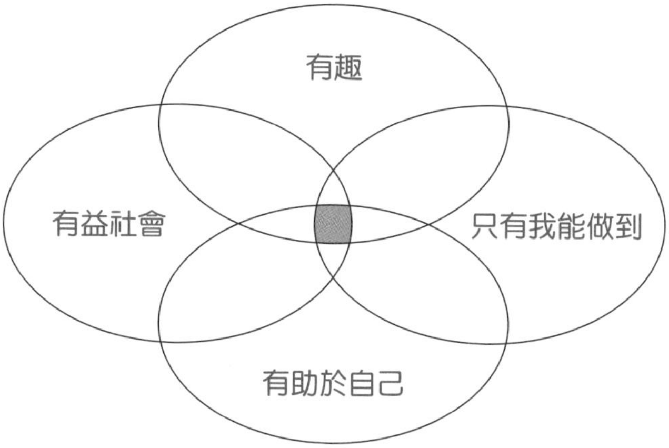

社會實踐的絕妙平衡

透過行動創造出自身的價值，將讓你在地方找到屬於自己的位置，那是一個你可以做也有趣的事，並且能在過程中有所發揮。最後，當這件事情將對社區或社會帶來前所未有的利益，那就再完美不過。

「行動永遠從利己入手，接著思考什麼事情自己擅長、做得比別人好。當然也要有趣。最後，行動若能利他甚至創造多方共益，那就完美了。」

有本事活絡或改變地方的人是誰？

有本事活絡或改變地方的人是誰？「當然是優秀的返鄉在地人。」

可能是年輕有為的二代政治人物、返鄉接班的企業少主，以及地方組織的年輕幹部，他們擁有社會、經濟與文化資本，可謂完美的天選之人，總之絕對不是沾醬油的外來者。

這是大家心中的答案嗎？幾年前的日劇《搶救拿破崙之村》卻告訴我們，翻轉在地的是一位外來的年輕公務人員。

這個問題其實不容易回答，背後的變數無比複雜，但日本有以下說法：能夠活絡甚至改變一地需要三種人，年輕人、蠢人與外人。年約五十歲，從東京都調任邊緣村落的公務人員淺井榮治，就是如此。

●年輕人：地方需要具有創造力、鬥志與熱情的人

你可能會問，淺井是中年人吧？哪裡年輕了？

雖然國家定義應該是三十五歲，近年頂多延長到四十五歲，但在高齡化的村落裡，五十歲的確算年輕。而且這裡「年輕」指的不是年紀，而是心態、行動力與熱情。

大家說年輕就是本錢、是優勢，但也常見年紀輕輕狀態卻相當委靡的人。刻板印象中，年輕人由於正處於學習階段，且有更多時間進行探索，活動力也強，數位能力高，加上對社會普遍存在不滿，綜合起來往往具有較高的創造力。不過正因如此，無論台灣或日本，政府思考計畫補助時往往把年輕人擺在第一位，期待他們扮演催化劑或發動機，為停滯不前的地方帶來新的突破與價值。

但這仍是相對而言，而非絕對，與其看年紀，不如從人的熱情、動能與勇於突破的創造力來評斷。

●蠢人：地方需要有堅毅，可持續性推動的人

地方岌岌可危，找專家都來不及，找笨蛋？有沒有搞錯？

這裡的「蠢」用日文解讀將更精準。「バカ」在日文的語義裡比較類似執著於某些看似不可能之

事，同時帶有點任性、對事情充滿傻勁，好比唐吉軻德或阿甘。

我常在公開場合被問「投入地域振興行動之前，應該如何評估？」，每次都捏一把冷汗。憑良心說，從單純事業發展的角度來說，投入地方創生不是一個即刻可見報酬的好生意。目前無論台灣或日本，走上這條路的人多半高度依戀地方、故鄉，或議題，或農村，之所以投入並非單純營利或事業考量。假如傾向以營利或事業維度來思考，我會勸對方不要走這一遭，這不是一個聰明選擇之下的職涯，而是附著了許多看得見或看不見的意義。

與此同時，老實說，奮不顧身、只為了自己多一點的故鄉愛、熱愛地方的人，才是地方創生的要角。地方要能被有效轉動起來，需要的是時間與憨膽，這條路是留給有愛或特殊感情的人。

我尊敬的好朋友，日本一平集團村岡浩司社長，幾年前出版了《九州傻瓜的在地創生創業論》，就是一位對自己的家鄉九州愛到卡慘死的人，願意花時間與精力改變地方、為地方帶來活水，放棄了外界看好的其他大好機會。

地方要能振興，需要的不是一群投報精準的人，而是一群大智若愚但內心無比堅定的人。地方缺的是笨蛋——只想讓地方更強更好的真正笨蛋。

●外人：地方需要沒有包袱，勇於突破的人

過往社區營造最忌諱有外地人介入，經常高喊「自己的家鄉自己救，外地人懂什麼？有什麼立場出手？」，許多地方人士甚至認為外面來的人想來一定別有所圖，高材生一定是回來接家業，不然就是來選舉；專業人士可能就是來找資源或與地方競爭。

地方築起了一道防火牆，對於外頭充滿恐懼。如此情況下，當我們期待了解在地魅力，或一起思考地方的未來發展，經常出現充滿戲劇性的兩極。

一邊是強調地方什麼都好的全然愛鄉主義者。一邊是極度自卑者，可能因為過於熟悉在地，始終看不出地方的優點或潛力，時常錯過許多美好的發展機會。

有自信是美德，但有可能看不到自身問題。一邊

如何解開地方的框架與限制，讓新的改變有可能發生呢？我想到的是引入更多專業人士，如同前述「創生風土人」。

這時代除了不能故步自封，也不能無限膨脹，得樂觀且堅定，外地人既沒有在地包袱，也因若即若離的關係，有機會從另一個視角看待地方，因此有可能成為邁向未來創生的關鍵角色。

年輕人、蠢人和外人可視為屬性，有可能發生在同一個人的身上，也可能分散在許多人之間，因此無論是外人或在地人、老人或年輕人，只要具備這三種特質，就有機會成為協力在地，反轉地方命運的救世主。

投入社會實踐行動應抱持的態度

最後想談談行動過程中應該抱持的心態。

長期陪伴許多青年團隊因為計畫的資源牽引而踏上歸鄉之路，讓我不斷思考，提供資源是否真正幫助了這些人、進而助益地方？還是反而害了他們，地方也兩敗俱傷？

無論計畫如何友善，獎金制也好，ＫＰＩ很鬆也好，來自政府的資源還是會有一定的要求。一旦拿了政府資源，要把錢投注於哪裡，一旦錢與事之間產生了對價關係，你得做的就不完全是你想要的，其中不免有些不得不。

當初的確是自提，但因為競爭關係，一年很可能是兩千萬分給四十個團隊，所有人為了爭取進入安全名額，自然想讓提案更完整、更貼近計畫的期待。一旦有了框架，為了奪標也為了更加貼近框架，不免期待具體展現成果。

成果如何最顯著呢？舉辦活動。

因此計畫開始朝向「活動」為核心，舉辦講座、舉辦展覽、舉辦餐會，舉辦一些看得見的活動、一次性的人群聚集。這樣不好嗎？不見得，重點是每個活動有沒有給予設定，加總起來到底期待成就什麼？

有時候我反而認為，有沒有可能自己先做點什麼呢？投入一點資源、時間、經歷與資金，做一點自己喜歡的實踐態樣。既是自己的資源，相對純粹，也能從中探索並累積，而且這些經驗將化成養分，讓你醞釀更大的氣力來爭取資源。

其次，做一些可持續性的事情。投注地方絕對不是一、兩年，累積相當重要，讓一年一年的行動有層次、是自己可以全然掌握的，如此將更能伸展，真正達到「盡其在我」的境界。它也確實是個寶貴的心法，能讓人在展開行動的過程中時時不忘思索，勿忘初心，唯有好玩，唯有自在發揮，才能在地域實踐之路持續邁進。

關於行動的態度，我想用這句話來總結。

「有趣的事情要自己創造，並要投入可存續的事情。自己的舞台自己打造，沒有人可以對我的行為指指點點。」

所以說，該如何取得平衡點呢？完全做自己覺得爽的事情就好嗎？

社會是眾人的集合體，過程中以自己與你在乎的他人出發，而後連結並拓展到同樣對這些事物有興趣與熱情的人。確實沒有哪一件事情能讓所有人都滿意，需要集結、同心。連結有共同想法的人一起走是在行動路上得時時懷抱的思維，也是關於提案思維的最後一個提醒。

提案計畫書

提案計畫書是為了爭取認同

計畫書？那是什麼？我又沒有打算申請政府計畫，不需要讀這一節，對吧？

不僅需要，而且是相當必要。無論工作、事業或志業，只要你會與人接觸，尤其對外溝通，並且牽涉到多重利害關係人之間的互動，提案計畫書的撰寫就是無法跳過的修行項目，特別是具公共性、重行動與實踐性時。

撰寫計畫書不僅能完成一份可傳達意圖的文本，過程也很有價值，能徹底梳理自己的思考，不僅能檢視自己的過往行動、對事物的洞察，也能培養縝密的邏輯思考能力，整體而言是一次軟實力的檢視與建構，也是一次自我成長的極佳投資。

近年政府相關資源的變革頗大，為了便民並符合申請者的期待，不僅簡化格式，改成獎勵金，便於核銷，更時常提供額外資源以加大輔導效益，以此鼓勵有心有力的行動者來爭取資源，期許讓公資源效益極大化。

假若你深信「補助金是毒藥」，想直球對決資本市場做生意、經營事業，尋找創投天使或股東的加入，或是爭取企業ＥＳＧ或ＣＳＲ相關資源，計畫書絕對是一份在正式溝通時建立夥伴關係與信任感的必要文件。

全名「提案計畫書」，為首的「提案」兩字就是為了爭取認同而來。試想，多數人通常不具備通靈能力，也沒有機會由你口傳心授，提供一份說理分明、邏輯清晰的文件，透過文字脈絡溝通，就是我們該做的事情。

撰寫計畫書與作文能力無關

一份動輒百頁（現在很少需寫到如此複雜），少則幾十頁的提案計畫書，到底該怎麼寫呢？撰寫一份提案計畫書到底是困難，還是容易？

我常在臉書看到不少團隊總是提案前幾天才上演「絕地大反攻」，可能是太忙，但多半是逃避，最後火燒屁股才硬著頭皮動筆。

有些人確實有潛力，姑且不論品質，熬夜個一兩晚迅速完稿，更多人只能望著時間流走寫不出來，最後抱怨公部門欺負人，欺負從小就不太會寫作文的人。

「撰寫計畫書與作文能力有關嗎？」我不甚同意。

與其說是文筆的問題，我更認為是思考力。寫不出來說是筆拙，表達力不好，不如說是沒有想法或者還沒有想清楚。想提升計畫書的品質，關鍵終究在於是否想清楚，再好好透過文字表達願景、目標、策略與戰術。

如果一個團隊不幸因為資訊落差，直到收件截止前三天才開始動筆，假如團隊已經投入，我不相信寫不出來。

也想補充，我不時聽到實踐者類型（動手型）的人大言不慚「我很會做，只是不會寫」。每回聽到都讓我納悶，尤其是在評審台時。除非是百煉成鋼的匠師——但匠師也有自己的筆記或手抄本，不透過書寫來思考或計畫真的做得成嗎？特別是缺乏實績時？

後來我逐漸明白，在地方，有許多人是「瞎子摸象型」。倒也不是完全沒方向，撇開某些直覺力超強的人，多數人都是所謂的「做中學」，也就是從自身有興趣、方便主義或自立角度來執行。這樣做不見得不好，實踐路途上不時充滿驚喜，也許就此摸出了一條生路。

只不過想把要做的事情拿來提案或對外溝通時，如此模式的說服力就差了些，或是讓人有炒短線之感。

你可能說，有時候光活下去就不容易了，哪可能想那麼多。可以理解，但當我們深刻體會改變往往不是一天兩天，也會對這類提案深感疑慮。

另外還有一種我稱為「過河卒子型」。通常是使命感驅動之下，為了搶救或抵擋而來，許多運動派、保存派都是這一類，因為時勢所逼所以必須立刻採取行動。對他們而言，由於隨時面臨「可能沒有明天」的可能性，往往難以靜下心來好好計畫。但即便是這一類，評審委員仍然期待聽到「搶救下來以後的下一步」，才能放心交托資源。

讓計畫書成為你的定心丸

撇開上述兩種，不管你已經投入三年或五年，還是剛開始投入或仍在門口猶豫，只要想成為一位實踐者、想走這一條路，請不要視計畫書為畏途，反而更要勇敢面對，務必練好提案能力，讓撰寫計畫書成為你走向社會實踐之路的第一哩。在我眼裡，計畫書不純粹是為了爭取資源，而是透過書寫讓你的內心更清明、更堅定，並在展開行動後成為你穩定軍心，甚至與其他利害關係人溝通時的最高指導藍圖。

根據我的經驗，若能好好完成計畫書，多半頭過身就過，有很大機會通過書審，進入決審。決審通常是口試，也就是面對評審分享你的計畫，用熱情與專業感召評審的支持。我遇過不少實戰型的提案者，深知許多戰將口條極佳，感召力無比強大，卻往往書審就陣亡，相當可惜。

當然，任何競賽，乃至於評審都有所謂的運氣，但我一年參與十五場以上中央審查，總共要看超過千份的簡報，這裡斬釘截鐵告訴大家，「專家效度」確實存在。也就是說，提案通常沒有太多僥倖。如果主題正好對了某個評審的胃口，另當別論，但能進入決審，絕對都有基本功。假如行動已有多年積累，印象成績確實會加分。

初審與書審的基本功

有機會擔任中央計畫的審查委員雖有領域之別，年齡不同，來自學界或實務界，通常都具備相當的經驗。審查絕大多數採共識決，假如七位評審委員過半以上同意，或者有一定成績如八十分，便可進入第二輪。規定固然不同，但通常都是競爭性的，得經過初審（資格審）、複審（書審）和決審（面審）三個階段。

第一關初審（資格審）考驗你是否會犯「低級錯誤」。現在的機關承辦都很好心，在可補救的範圍內都會提點申請人，因此絕大多數都能進入複審（書審），評審將從數以百計的書審資料中擇優進入決審。由此可知，如何讓你的計畫書脫穎而出，贏得過半評審肯定，無比關鍵。

撰寫計畫書時，大家往往參考提案作業要點的「評審基準」，通常涵蓋四到六個項目，每一項約占總分之十五到二十五分不等，舉凡問題意識掌握、內容創新性、計畫可行性、預期效益切合度、社會影響力等。

大家看到上述項目不要太緊張，不要反而綁手綁腳，我想大膽地對大家說「看看就好」，不幸忘記也剛好，因為多數評審，尤其是審查經驗豐富者不會看，更不可能一五一十照著打分數，通常只有剛出道或若干超嚴謹的評審會這樣做。

那評審委員多半看什麼呢？

「切題，切題，切題」，因為很重要所以說三遍。這一點都不誇張，評選時經常遇到「跑錯棚」的計畫書，明明是社會創新卻寫社區小事件，明明是青銀合作卻寫單邊，明明是社區參與行動卻寫愛地球與環保。每回評選我都會遇到十%到二十%明顯文不對題的計畫書，再文思泉湧也一點都沒用，頗大比例是「一稿多投」！

團隊寫好了投A部會的A案，不幸沒通過，伺機轉投另一計畫。並非不明白如此做法與心態，特別是長期深耕一地的團隊，想做且該做的事就是那些，本來就會持續爭取，也沒有明文規定不能爭取。關鍵在於有沒有好好確認，「全文照登」。

我目前沒有看過兩支一模一樣的計畫，即使屬性類似，由於分屬不同部會，甚至同部會不同組，內容多少有差異。

所以提案要點要不要看？當然要，且要細讀，這都是基本功。年齡符合嗎？執行期程呢？評選的基準流程也要多讀多看，搞清楚。

因此，安全起見，送件前請好好進行必要的修改，如果內容不差，卻因屬性在書審就陣亡，豈不冤枉。俗話說得好，「小細節大關鍵」，仔細讀一讀說明書，尤其是初次提案。看不懂？現在的承辦人員都很親切，可以打電話詢問。

如果有舉辦說明會，我也鼓勵大家參與。第一，有機會與承辦或科長直接接觸，他們通常是最熟悉計畫的人；再來，有可能認識競爭者或學長姊，雖然彼此競爭，但大家通常都不會那麼小氣，可以現場交流資訊甚至組成共學團，相互督促完成計畫書。說明會中詳細的計畫說明也可以聽一聽，或許也將安排業師教大家寫計畫書，雖然通常時間有限只能講皮毛，仍是學習的機會。

5W3H 提案思考框架

該如何開始撰寫提案計畫書？

有經驗的人可能按部就班，依樣畫葫蘆就可以完成，但沒經驗加上尚未突破內心障礙者往往卡關。策略要怎麼寫啊？質量化效益寫什麼才合理？從腦筋到檔案統統停留在空白。

此外，除非本身自律甚高，警覺心滿滿，不然面對提案計畫書，拖延症很容易發作！主要原因不外乎會馬上被「要寫好多喔！」的刻板印象框限。其實一定要寫長文嗎？如何寫出該寫的內容終究才是關鍵，但多數人在時間與競爭壓力下不會想那麼多，只會不斷自認寫不好，而後自顧自地消極逃避。本來還緩緩前進，寫到某部分卡住就開始憂鬱。

「如何快速生出二十頁的完整內容呢？我很清楚知道自己想做什麼，但就是寫不出來，還是找人捉刀？對了，某某某很有經驗，找他當代筆好了……」

勸大家勿走投機之路，縱使有可能在他人助拳之下僥倖通過書審，面審很容易一槍斃命。老老實實，行動不是一時的，往往需要長時間投入，自己的信念與行動都很難逃避，請務必誠實面對。

另外，提案計畫書固然是要寫給「他者」看的，但真正含義是為了自己而寫。透過文字的書寫，幫助你釐清腦海裡的紛雜思考，同時堅定實踐的意識。

本節將分享一個極好用的提案思維架構工具，讓大家藉此進行思維暖身，熟練之後，下一節將傳授從我多年陪伴團隊的經驗整合出來的提案邏輯撰寫法。

從5W1H到5W3H

我想應該所有人都聽過「5W1H」，這個淺顯易懂的思考框架不僅簡單且好用，舉凡撰寫企畫書、進行場域分析或狀態盤點，皆可使用，被廣泛運用於商業界，尤其是顧問業。根據我的經驗，只要能活用5W1H，寫一份具邏輯的簡要提案書可說輕而易舉。

我輔導的團隊屬性包含了社會創新、社區營造、地方創生、公共服務或體驗創新，每每面對提案考驗，我通常建議大家找一張A4紙張，在紙上畫兩橫一豎，三條線，然後寫上5W1H，先從這個架構開始思考，從中理出頭緒。手邊有便利貼的話，當然更便利。

W（WHY）	W（WHO）
W（WHAT）	W（WHEN）
H（HOW）	W（WHERE）

但用久了突然發現，5W1H少了「資源限制」，應該再加上兩個H，也就是「How many」

和「How much」。如此一來，以5W3H為主軸的提案企畫書思考架構就完成了，如圖。

不論是隨手取得的A4紙張或是A3、A0、A1的白報紙，有沒有配合便利貼，5W3H可以是一人的自問自答，但若是團隊，通常我更建議由兩位捉對廝殺，透過一問一答的對話加以釐清，效果更佳。尤其許多領導人都具有做比寫、想比說強的實務特質，5W3H非常適合用來做為討論與撰寫的思考與實作框架，簡單又便利，是極佳的提案起手式。

Why 為什麼要展開計畫	**How** 計畫預定如何執行	**When** 計畫的行動歷程	**How many** 計畫創造的影響力
What 計畫執行目標為何	**Who** 計畫利害關係人有誰	**Where** 計畫預定在哪執行	**How much** 需要花費多少資源

這八個格子該怎麼填寫？彼此之間是否存在關係與次序？還有，到底該怎麼寫、寫多少？

5W3H確實有順序性，不同的人、不同範疇，邏輯上可能也會有些不同，但在真正提筆撰寫之前這階段，我個人建議不要拘泥先後，先靜下心來，用眼睛掃過每一格，想一遍，把可以寫的先填起來。

特別建議使用大張白報紙並搭配便利貼，因為便利貼的尺寸會限制能夠填入的字數，恰好符合此階段的重點不在於完整脈絡，而是用短脈絡、關鍵字先把「輪廓」打出來。

不求完整，但求全貌，反正過程中絕對會改改寫寫，調整是必然。包含八大構面的內容，彼此間的相關性，數字也好，項目也好，內涵也好，都可以隨時累加，裝填進去，建構全貌。

先聚焦於核心的2W1H

●步驟一「WHY」

撰寫企畫、計畫書或提案，永遠是從起心動念，問題意識的建構開始，也就是「Why」。

自問為什麼要寫這份計畫？是否有屬於你的夢想、願望、追求的價值？期待實踐什麼？

對許多人而言或許只是一股熱情或想做事的衝動，想做，動機不見得非常縝密。我常開玩笑說，念頭可能很天真，但也很純粹。通常愈天真的，往下深思就會卡住，開始自我懷疑到底該不該做。

一旦腦海裡有了抽象的夢想（念頭）和具象的願景（目的），接著就是回顧過往，找尋理由，梳理脈絡。不見得可以一次到位，但「起心動念」絕對是一份計畫書裡頭猶如靈魂般的存在。

評審委員將無比關切你與計畫之間的關聯性，畢竟他完全不認識你，總得找到你與計畫之間的關係。為了把握這一點，我建議大家不斷思考自己的投入理由、初心、為什麼那麼有心。真誠的表述與真實則是感動人的關鍵。

「我回鄉五年了，對家鄉有了更多了解，很期待與鄉親一起把家鄉打造成一處台灣最自然舒服的療癒村莊，這是我的夢想。我的起心動念來自於某次前往峇里島旅行，感受到當地的美好，引發我回過頭來思考好山好水的家鄉因為沒有開發，保留了許多原始風貌，似乎有機會創造出全新的可能。」

上述舉例就是起心動念。讓人想到金恩博士一九

Why 為什麼要展開計畫	**How** 計畫預定如何執行	**When** 計畫的行動歷程	**How many** 計畫創造的影響力
What 計畫執行目標為何	**Who** 計畫利害關係人有誰	**Where** 計畫預定在哪執行	**How much** 需要花費多少資源

六三年在華盛頓特區集會那場知名演說〈我有一個夢想〉，侃侃而談他對「一個沒有種族隔離的世界」的願景與期待。

●步驟二「WHAT」

那麼，如何讓未來成為一個沒有種族隔離的世界（目的）呢？需要定好目標，一步步前進，因此得讓「WHAT」接力。

如果「WHY」是透過抽象的夢想與願景勾引出連結的起心動念與核心關懷，「WHAT」就是理出為了抵達目的而存在的路徑，讓事情能夠持續推動的策略。

這一步不太容易，卻是個相當重要，連結抽象與具象的銜接點。

根據我的長期觀察，對於行動者而言，最清晰的就是「我想做什麼」。該行動當然不會是空穴來風，背後絕對有他的想像與看見。然而，由於往往無法好好扣合兩端，因此經常面臨提案才開始思索「如何讓想做的事情擁有正當性與好理由」。行動很清晰，目標很骨感。

這時得思考的是「想達成目的需要透過什麼策略」，這個階段比較不是「做什麼」，反而是期待「達到什麼」或「獲得什麼」，設定一個清晰的、可衡量的、可確認的目標。具體化的指標才是本階段的重點。以下舉例說明。

> 「我有一個抽象但想完成的夢想，但我的目的很清晰，我期待能用十年的時間，打造家鄉成為頂尖療癒村莊。為了達到目的，我立下了三個目標。第一個希望能提供頂級療癒體驗服務，第二個希望成為國際旅客心中的台灣療癒第一聖地，最後一個是希望能融入在地的山海元素。」

以上三個目標都是清晰、可衡量且具檢核性的具體目標，當然也是達成目的的策略。

●步驟三「HOW」

從抽象模糊的夢想背後挖掘出核心目的，也擬定具方向性、相對具象的策略目標後，再來就是有效落實，展開築夢踏實的行動，也是實踐者們最擅長、最常掛在口中的，畢竟看得見、摸得到、可行動，所以最為人熟知。

然而，如果從這裡出發，經常落入「從行動手段回推計畫目的」的誤區，也是絕大多數團隊很容易犯的毛病。

如果願景是成為療癒村莊，「因為擅長做豆花所以想在社區開一家豆花店」與社區發展的關係何在？

「因為覺得地方很有故事所以想籌畫小旅行」與社區未來發展有關嗎？

這些外顯的模式方法，現在稱為行動方案，也可視為是一種達到目的的必要「手段」，我會在後面章節說明。

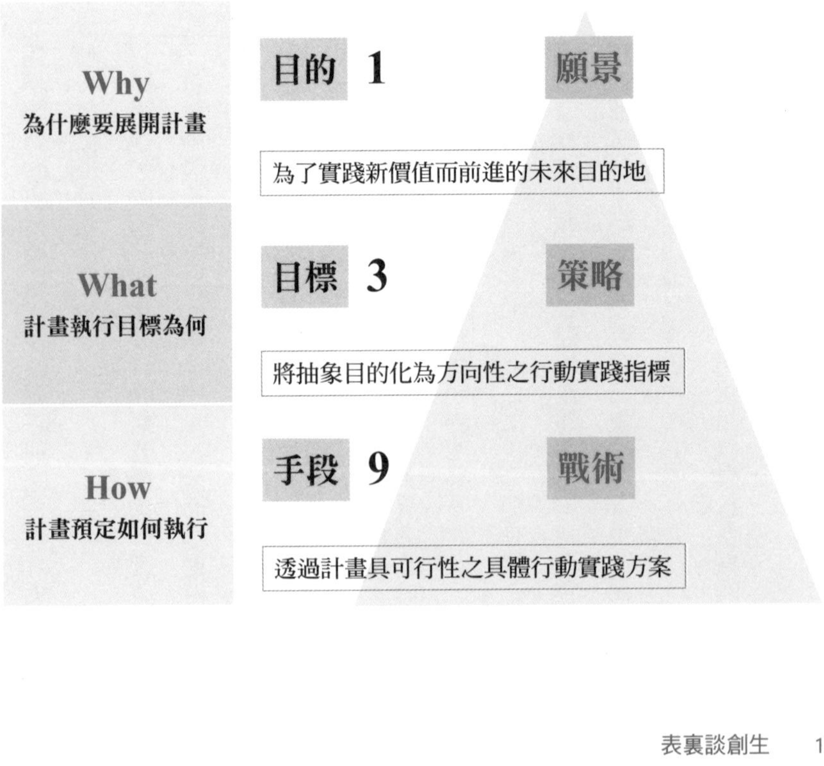

總之，如果一個願景目的會帶出三個策略目標，那將合理出現九個達成手段，亦即每個策略由三個手段支撐。由於每個手段都是具體的獨立行動，會順勢帶出人、事、時、地、物，甚至人、物、境、互動、活動等系統構面，所以「HOW」、「WHO」、「WHEN」、「WHERE」四個項目應該一起看，形成一個具有「聯集性」、經過策畫組織的完整內容。

每一個手段帶出的群集內容就是一個完整的行動專案，也是我們常常在地方現場看到的所謂「活動」。假如依序讓九個手段都依樣畫葫蘆，將交織出一片相當有攻擊性、殺傷力的綿密火網，共同推進三大策略，才有機會真正成就願景與夢想。

「為了打造家鄉成為頂尖療癒村，所以在三個目標下展開九大戰術。如果要有效成就第一個目標『提供頂級療癒服務』，可能需要以五年的時間執行三大戰術。首先，我將在二〇二四年底前，前往印度五家頂級 villa 考察學習，並挖角五位最強的芳香療癒師來台擔任初期核心幹部。其次，我要用三年時間打造療癒村，包含硬體建置、人員培訓與氛圍。最後，二〇二七年下半年，我們會與國內頂級SPA策略聯盟合作，讓他們的客人來體驗，以他們的具體回饋和半年時間調整成最佳狀態，這樣二〇二九年才有可能正式營業。」

上述舉例就是戰術展現。

● 步驟四「WHO」、「WHEN」、「WHERE」

由於每一個戰術都是一個行動方案企畫，需要具體、可執行地完成內容情境的設計與發想，因此當「HOW」確立後，就可以從「WHO」、「WHEN」與「WHERE」接續展開。這三項雖然略有次序性，從「WHO」開始，但構成是一個完整的情境，所以彼此會交叉。

首先是「WHO」。誰會涉入其中、相關利害關係人是哪些，潛在客戶為何？關係人口呢？最重要的是主要想服務的客戶是？以及需要哪些專業人士才能提供服務？如此一步步盤點，清楚畫分，就能確立內容複雜度與涉及規模。

人確定後，就是時間「WHEN」與地點「WHERE」。

時間包含了內容籌備的期程規畫、施行的時間安排、從計畫到完成需要多少時間、每個互動階段該怎樣規畫。

另一方面，安排在哪個場域或空間好？

較佳方式是讓時間與空間不僅具象化還立體化，彷如3D動畫般烙印在腦海中。為了讓內容更周全，此時內容已逐步建構，資源盤點，串連配搭，通常還需要同步進行田野，讓心中劇本更了然於胸，也因此特別有必要建構戰術的可視性與完整規畫。

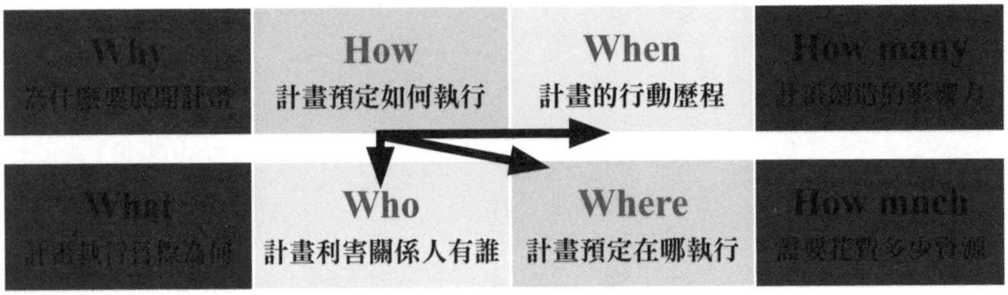

●步驟五「HOW MANY」、「HOW MUCH」

走完5W1H後，對於計畫的執行大致已有完整的架構理解，但最後還需要再加入兩項「HOW MANY」和「HOW MUCH」。它們有什麼差別、用在哪裡，又該如何解釋呢？

「HOW MANY」可以丈量方案所創造的任何成果或影響力，無論有形或無形、直接有效或間接影響，都必須在計畫或行動尚未展開前有辦法估計或可預期，質量化效益、KPI關鍵績效指標，也是我們現在最常見的衡量及溝通模式。

「HOW MUCH」比較偏向衡量資源，好比計畫的預算書內容為何、需要多少科目、編列方式又如何，將資源攤開並配置資源，當然還有與工作項目之間的對應。

一旦真實演練過「5W3H提案思維框架」，往往感覺「牽一髮動全身」，畢竟除了提供完整框架整合思考，連動性確實也是5W3H存在的意義與價值。

[redacted]	[redacted]	[redacted]	**How many** 計畫創造的影響力
[redacted]	[redacted]	[redacted]	**How much** 需要花費多少資源

另外，5W3H固然是提案絕佳工具，具邏輯性，簡單好入門，適用性高，內容可大可小。但好用不代表萬用，一體適用的難度極高，再完美的工具都需要持續演練，才能真正提升提案力。

我建議大家即刻騰出一兩個小時，並且不要從方法而是從問題開始，選擇一個地點或事件，燃起初心，而後尋找目的、方法、時間、地點、模式到資源。可以先一個人練習，然後再找夥伴或一群夥伴一起動腦，透過工作坊的模式，強化整體提案能力、培養極高的問題意識。

5W3H 提案思考框架延伸連結

「5W3H提案思維框架」能讓大家完整構思心中的想法，透過八個構面的填答實作讓提案邏輯更清晰、企畫書更有整體感。更進階的「5W3H提案思考框架延伸連結」則將5W3H再次收斂，讓內容更加聚焦，掌握構面背後的核心思考，並藉此銜接後面連接的思路引導關鍵，然後就可以順勢長驅直入，撰寫計畫書。

Why 為什麼要展開計畫	**How** 計畫預定如何執行	**When** 計畫的行動歷程	**How many** 計畫創造的影響力
What 計畫執行目標為何	**Who** 計畫利害關係人有誰	**Where** 計畫預定在哪執行	**How much** 需要花費多少資源

企畫書思考構面可進行相互串連

Why 起心動念	**How** 模式手段	**When** 時間期程	**How many** 效益影響
What 願景策略	**Who** 相關對象	**Where** 場域地點	**How much** 資源規模

提案思考元素	延伸連結	思路引導關鍵
WHY **為什麼要展開計畫**	陳述計畫的「起心動念」。初心為何？目的為何？	1. 受什麼現象感召？ 2. 看見自己什麼責任？ 3. 夢想為何？追求何等價值？ 4. 迎向抽象的未來的目的？
WHAT **計畫執行目標為何**	陳述計畫的「願景課題」。期待達成什麼目標？採行何種策略？	1. 期待創造什麼影響力？ 2. 梳理出的課題與尋求解方？ 3. 採行什麼方向性策略？
HOW **計畫預定如何執行**	陳述計畫實施的「模式手段」。怎樣切入、用什麼方法、戰術，並用企畫思維來思考每一個專案。	1. 短中長期戰術方法與手段？ 2. 戰術的實施方法內容細節？ 3. 對於企畫內容的掌握熟悉？
WHO **計畫利害關係人有誰**	陳述計畫的「相關利害關係人」。從內部到外部，以同心圓概念由內至外。	1. 團隊的組成結構與職能？ 2. 主要影響及創造價值的人？ 3. 誰是使用者與顧客？ 4. 是真實經驗還是想像人設？
WHEN **計畫的行動歷程**	陳述計畫實施的「時間期程」。時程安排、節奏邏輯、節序邏輯等。	1. 計畫的整體規畫實施期間？ 2. 計畫及方案運作模式節奏？ 3. 計畫的策略戰術時間規畫？
WHERE **計畫預定在哪執行**	陳述計畫執行的「場域地點」。在哪個區域、場域、環境、空間等相關執行訊息與規畫邏輯。	1. 計畫實施的空間場域地點？ 2. 空間具備有無形價值氛圍？ 3. 配置規畫的思考邏輯關係？
HOW MANY **計畫創造的影響力**	陳述計畫的「效益影響」、有形、無形、質化、量化、短中長，預估方式的思考邏輯。	1. 可被計算的連結影響效益？ 2. 可感受到但無法衡量價值？ 3. 與可持續性的價值間關係？
HOW MUCH **需要花費多少資源**	陳述計畫的「資源規模」。投入的人力、物力，不同模式的資本配置與流動。	1. 計畫需要的相關有形資源？ 2. 計畫的工作組成內容要項？

TAKESHI 提案企畫書邏輯撰寫法

以上所提及的是思維架構，到此階段，透過便利貼與白報紙上的八宮格，你可能已經完成一個小旅行或簡單的提案練習，接下來如何把內容有效轉化成能與公私部門溝通的「提案企畫書」呢？

整合過往擔任中央相關競爭型計畫審查委員，以及長期輔導全台不同類型團隊執行計畫，再加上曾經擔任大型政府計畫的策略規畫擬定者等經驗，我統整出萬用的提案企畫書撰寫模式與邏輯，取名「TAKESHI 提案企畫書邏輯撰寫法」。

企畫書具有一定的邏輯與模式，可細部拆解為十二個段落，恰恰呼應絕大多數計畫書所設定的格式。依序從計畫緣起開始、問題意識到計畫目的、發展現況及願景，而後計畫概念、執行策略、實施戰術到執行步驟、質量化效益評估，最後是資源盤點。完整梳理提案架構之外，操作時只要理解標題含義，依樣畫葫蘆寫好寫滿，就會是一份具邏輯、內容、說理清晰的計畫書。

十二分項可再細分為四大類，並與5W3H互有對應。以下針對四個部分來說明。

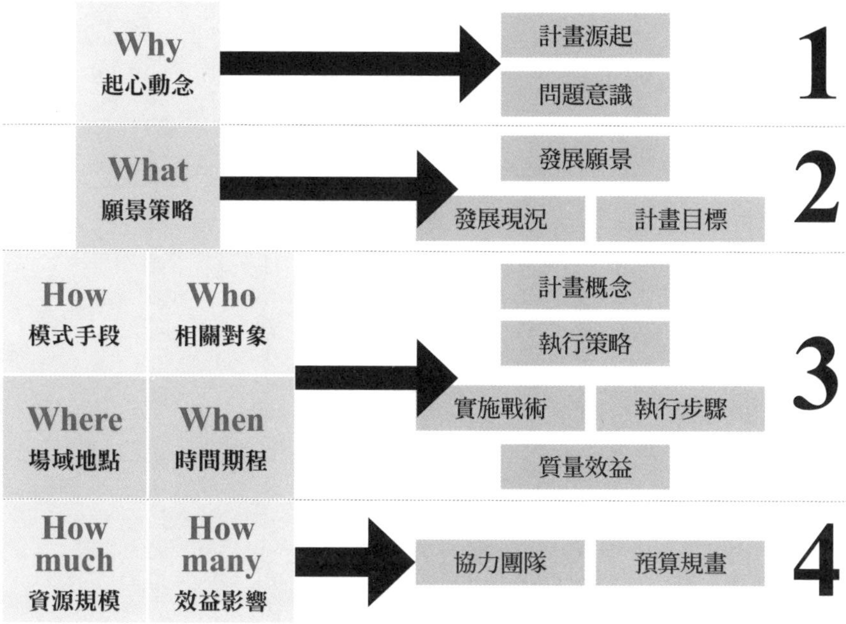

第一階段：計畫緣起，問題意識

第一階段對應於5W3H的「WHY」。「WHY」（為什麼要展開計畫）的關鍵在於陳述計畫展開的「起心動念」。

●「計畫緣起」

每個「計畫緣起」通常都來自一個純粹的念頭，某次造訪、偶然遭遇某現象後的直覺性觸發，認為應該做些什麼。

由於並非每個計畫都很偉大、具體、公共性飽滿，表達時建議讓脈絡緊扣起心動念，起手式最好有切身感，或許是覺察某現象後的反思，緣起自然終於初心，放入自我對話。

「計畫緣起」建議說故事，用一到兩段文字陳述，避免兩三句話帶過。畢竟是計畫書最前面，評選委員通常比較有興致閱讀，務必好好把握，透過與計畫之間的切身描述引發關注。這也是計畫書第一個關鍵接觸點。

●「問題意識」

從觀察到現象、意識到問題之後，接著進入「問題意識」。

問題意識是從表象中沉澱過後，內心產生的意識與心得。為什麼會這樣？現象背後代表什麼？感受到了什麼？形成問題意識的同時，內心往往也會產生假設，怎樣驗證呢？實踐就是一個方式。

當然，問題意識的引動絕對來自於某些「看見」，因此論述前可以提出對區域發展的長遠願景（vision），或許是個需花費相當多時間力氣才能達到的未來夢想。

好比這幾年只要是與地方有關的提案，多半會提到高齡化、少子化。這確實是關鍵訴求，地方也的確危急，但這是普遍狀態還是極少數呢？全台都相同的話，到底是問題還是現象？

我認為是現象，也就是目前的狀態。既然如此，下一步就是繼續深掘現象背後的脈絡，例如和他地的不同。銀髮族同樣很多，而你觀察到了什麼。唯有透過比較，才會找到地方的獨特。解構細節中的線索才有助於後端策略、方案，甚至提出執行目的。

撰寫「問題意識」時應該用分析的角度梳理現象，形成觀點與洞見，經由客觀分析與主觀詮釋，理性中帶點感性，將更具說服力。建議條列式列舉假設，每個概念都有支撐。

最後，不論是「計畫緣起」或「問題意識」，建議字數八百字到一千字，約略是一面到一面半A4篇幅。議題不見得要很新，只要切入角度有新意，撰述生動有力，就造成深刻的第一印象。讓評審委員繼續往下看，是第一階段的努力方向。

第二階段：發展願景、發展現況、計畫目標

帶出計畫與申請者的關聯，了解問題意識、現象分析與問題解構後，接下來就進入第二階段的「發展願景」、「發展現況」與「計畫目標」三連星。

第二階段對應5W3H的「WHAT」。「WHAT」（計畫執行的目標為何）是陳述計畫的「願景課題」，期待能夠如何、想達成什麼。

第二階段的屬性是「承」，尚屬計畫開端，距離執行還有一段，主要考驗問題的爬梳能力、如何拉長軸線，同時兼顧層次性地對應問題或議題。

不少人會在無意間漏掉這個部分，也許想著申請到手後再補，許多也都需要投入田野才能更清晰問題現況。如是之故，這也考驗了申請者是否提前開跑或早已投入。硬底子功夫通常就是體現在內容掌握度的細節中。

●「發展願景」

絕大多數申請者都有意無意地忽略了願景，有些評審委員不是很在乎，但我認為很重要，是對地方或議題的承諾。計畫多半一年為期，儘管現在有些計畫期待申請者提兩年，但無論如何都是短期，造就了大家的不重視。這幾年永續議題如SDGs蔚為主流，環境追求永續，人文、創生、社會實踐何嘗不應有更長遠的承諾？

所以我主張「願景逆算法思維」，尤其是有心投入社會實踐或公共服務創新的團隊。實踐是一條漫漫長路，提案只能對應其中一個階段，總的來看，提個二〇三〇年計畫一點都不為過。一旦描繪出願景，才有機會多年後回看、檢視並精進。

我建議同時提「目標」與「願景」。有把握三年內達成的可視為目標，五年至十年以上的不見得達得到就稱「願景」。

此外，要是有「發展現況」的客觀資訊做支

撐，更可以大膽提出長期願景。同樣舉人口問題為例，高齡少子預料將持續惡化，能否做二〇三一年的十年預知？一旦進行逆算，就可以思考接下來該如何努力。不僅如此，隨著願景的提出，更能讓人清楚意識到未來的可能性，申請者便可展現企圖心與承諾，以此爭取支持。

●「發展現況」

想理解發展現況除了親自投入，文獻回顧和田野調查都有必要，有助於深刻了解問題和在地脈絡的真實情況。延續性的計畫這方面通常比較沒有問題，頭一年要申請或投入的計畫的準備多半不夠完備。

無論是次級資料或第一手資料都是基本功，考驗你對於議題的當責性（accountability）。千萬不要心存僥倖，務必在申請計畫前下一番苦工，包含了掌握利害關係人、回顧相關文獻、碩博士論文與報導等。該跑的田野，該做的功課，如果沒有這些當基底，或是東抄西抄，絕對只是泛泛之論。碰到熟悉該議題的評審委員恐怕凶多吉少。

也因為是基本功，只要認真用功都能掌握到重點。計畫申請期間不需詳細完成，但至少要掌握三成。還是那句老話，不要等申請到資源才開始動作，每個評審委員都期待支持一百公尺已經提前開跑二三十公尺的人，沒有資源你都奮力衝了，資源挹注肯定能創造更大的綜效。請大家務必記住這件事。

●「計畫目標」

顧名思義，「目標」就是做這件事期待達到的方向，獲取的若干成效。也就是提出看似遙不可及的夢想後能否往下一階思考「可以怎樣達到」。

原則我想大家都很清楚，但要改善什麼？創造什麼？增進什麼？就是屬於翻轉的追求了。想特別強調的是，如果資源來自公部門，那就別忘了公共性，資源即便來自民間，同樣也會要求許多的利他性。

可以說，縱使投入後將對你自己的事業產生實質利益，撰寫提案計畫書仍別忘了緊靠公共性。建議從公共寫到個人，比如復育在地紅藜產業對於部落、台東，乃至於生態各具有何種層次的利益與效益，最終才提到你如何關注，因著使命感的驅動所以願意承擔，持續投入。

「計畫目標」很重要，等於形成「發展願景」與「問題意識」後，轉換到行動執行前的重要確認點。

而從內容結構來看，第二階段的三個項目與其談建議字數，不如說「發展願景」宜富想像力，大膽提出兼具理性與感性的願景；「發展現況」建議詳實清晰，不堆疊文獻而是精要梳理，讓評審委員感受到你的接地氣、深深共感；「計畫目標」最好具備方向邏輯，讓人感覺洞察與同理，且依循上述的脈絡貼近目標。

第三階段：計畫概念、執行策略、實施戰術、執行步驟、質量效益

如果說第一階段是為了「引起閱覽者的好奇心」，第二階段是展現「客觀理解與主觀分析」議題的能力，接下來不囉唆，自然是對症下藥，期待一擊必中，展示接下來自己打算怎麼做。在服膺於人本設計概念下，由問題意識主導，透過企畫思維，展開一個能夠全面深入解決問題的策略、戰略與方法。

第三階段可說是整份計畫書的重中之重，是所謂的內容主軸（main body），對應的是5W3H的「HOW」、「WHO」、「WHEN」和「WHERE」。以下先拆解5W3H中的3W1H，最後再對應回來。需預先說明的是，3W1H在此沒有明顯的次

序，而是透過「HOW」、「WHO」、「WHEN」和「WHERE」四個構面的同步展開，建構出針對未來的實踐行動。

●HOW（計畫預定如何執行）

「HOW」陳述計畫的「戰術與手段」如何實施，怎樣切入，怎樣達成目標。

「將如何做」是內容閱覽者最關心的。畢竟提出一份計畫書或提案就是為了溝通、為了說服，以爭取認知或換取資源。

「願景」提出的概念或方向多半是十年、五年或三年，雖然也有計畫為求便民並考量延續性採取一加一模式，可通常是一年為期，大多數的實際執行期只有半年至多九個月。因此我都建議大家先忘掉短期計畫，直接提中長期願景，採用「策略，戰略，戰術」三段模式來回應「HOW」。

畢竟從地方的角度而言，想對一地造成影響，少說也要三五年，怎麼可能一年就成功？果真成功的話也算某種機會主義者了。這類計畫不易看到願景與策略，常見是短線操作的活動。

所謂三段式，簡單說就是「策略是源於願景的方向性軸線，戰略是成就策略的作戰模式，戰術則是達成目標的攻城掠地方法」。從願景、到策略、到戰略，最後到戰術，有邏輯具層次的展開，計畫書將顯得節奏感十足，具有高度可讀性。審查的分數絕對不會太低之外，這類計畫的「可執行率或達成率」通常都是水準之上。

●WHO（計畫利害關係人有誰）

「WHO」陳述計畫展開的「相關對象」，涵蓋對內到對外。

「計畫裡有誰？」，人必然是左右計畫成功與否的關鍵，也攸關計畫牽涉的層面與範疇。

雖然常說規畫都是預估的，唯有執行是真的，現場是動態沒人有把握，但老實說，有經驗的評審委員或嫻熟於執行範疇脈絡的人，仍能從計畫書提及的人脈判斷撰寫者掌握了多少在地脈絡、社會與文化資本。即便一切確實「誠屬動態」，仍應盡力盤點利害關係人，無法真正掌握也要有能力預擬規畫與安排。

地方關鍵人士、田野報導者、計畫協力者、團隊核心成員等，人是計畫推動的關鍵資源，也經常扮演成敗關鍵，請盡力展現你對於在地脈絡的掌握。如同社區營造常常提到的人文地產景，「人」被擺在首位，我自己帶領地方ＤＮＡ盤點工作坊亦然，特別關注以人為主體資源的盤查，內外皆具，有其必要。

●WHEN（計畫的行動歷程）

「WHEN」陳述計畫的「時間期程」，如時程安排、節奏邏輯等。計畫期程？就畫一張甘特圖，依序按表操課列妥囉！甘特圖確實是一種好用的專案管理工具，不過重點在於如何為需執行的工作項目排序，並且有節序地一一完成——我覺得後者尤為箇中關鍵。

通常我不建議一開始就用甘特圖，而是先把計畫好好思考一遍，弄懂策略和戰略，戰術落地化成的行動方案將產生哪些工作項目，實際執行時經常是很多條線一起，彼此之間是否有次序性。

相較於計畫執行前期較偏向籌備與規畫層面，調查、溝通、訓練、共識等，計畫中後段偏向執行面。執行非常依靠經驗，前期老實說不見得需要抓得如此精準，但還是不能太過粗糙，讓精明的評審委員覺得是沒有常識的規畫。

因此，有邏輯地排妥工作項目，然後順著線性邏輯依著時間走，這件事即使是撰寫計畫書的階段都絕對必要。

●WHERE（計畫預定在哪執行）

「WHERE」陳述計畫執行的「場域地點」，在哪個區域或環境進行。

完成了「HOW」、「WHO」和「WHEN」，第三階段只剩下相對單純的「WHERE」（在哪裡）。或許你直覺地認為，不就在那裡？有啥疑問嗎？

沒錯，確實如此，但場域與地點依然值得思考。

先從限制條件來思考，有沒有足夠大的場地非常現實。合理性、適切性，也不忘考量創意，以及地點的綜效與代表意義，都是可能影響因子，當中其實有許多屬於地緣政治範疇。此外，可以單純租借也可以透過地點表現出態度、關係、企圖。

總之，地點可以很簡單也可以很複雜，要辨在最友好的A地或選擇有些疏離但須建立關係的B地，自有不同層面的考量，值得在每次判斷與抉擇時多多深思。

還是那句話，建議將四個構面加乘來看，視為一個完整的未來實踐行動方案，然後就可以對應「TAKESHI 提案企畫書邏輯撰寫法」，將發現依序是計畫概念、執行策略、實施戰術、執行步驟，最後是質量效益。

●「計畫概念」

若說第二階段最後一項「發展願景」是為了拉開計畫的長期縱深或大夢，第三階段第一項「計畫概念」就是在說明接下來應該怎麼做、核心思考為何、想帶來什麼改變、如何鑑往知來。從回顧中評點、從現況解析以後，提出獨到觀點，同時給予行動明確的定位，是在願景之下的展開，並且提出當下的發展行動方針。

想用一句話來說明的話，「發展願景是全貌的 zoom out，計畫概念是具象的 zoom in」。

●「執行策略」

執行策略可以和戰略一併整合來看，簡單說就是用簡要清楚的句子表達行動方針。

舉例來說，當台北市喊出「東西區軸線翻轉」的策略口號，如此具有方向性，接下來所有行動方案可謂一清二楚。

每一個計畫在推行時都可以採用同樣的概念，提出一則到三則不等的策略口號，訂定得愈精準，接下來的戰略與戰術愈能依循此一基調，計畫的層次感將更有邏輯性。

●「實施戰術」

戰術到底是什麼？無非是為了讓策略可以往下執行的工具與方法，相當於執行面的步兵戰。

舉例而言，假如認為軸線翻轉的關鍵是引入年輕人潮，戰術就是該用哪些活動把人吸引過來、炒熱整個氣氛。

從策略到戰術之間還有一個分類稱為戰略。簡單地說，戰略是「實踐模式」，有別於戰術為「實踐方法」。

延續前面的例子，當「西區翻轉」是讓台北市均衡發展的關鍵「策略」，吸引人潮就是關鍵「戰略」，打破慣例改至西區舉辦台北燈會則是實踐的「戰術」之一。

「實施戰術」通常融合了戰略與戰術，戰術再往下則對應到計畫書的工作要項，例如舉辦市集、燈會和講座。不同且零散的工作項目之上有模式與目標，戰術與戰略自然而然互相融合絕對是最佳寫法。此外，相對於策略，針對戰術多所著墨可以讓委員更清楚你的執行規畫與思考。

●「執行步驟」

談完理念方向與工作項目，接下來就是「執行步驟」，通常會直接放一張甘特圖，但我更建議先用文字說明整個工作項目，再放圖表。把為期半年、九個月或更長的工作期程依照不同屬性與節序分段後，假如第一段為調查研究，就說明這段期間將執行的工作項目。這樣的書寫模式可以讓人更詳盡完整地掌握計畫的內容。

「質量效益」

既然想投入心力在某一件事情，代表我們預期行動的展開將產生相當的影響力，無論是看得見或看不見，凡走過必留下痕跡。因此，效益評估同樣再自然不過，清楚的質量化效益就像是自評。

量化效益基本上不會太難掌握，出席人數、出席率、販售金額和滿意度，任何可供衡量的指標都可以算入。想提醒的是，要提供什麼數據有時候也可以思量。以目前來說，活動的參與人數或問卷滿意度並不是評審委員關注或感興趣的，反而是活動能夠創造出什麼影響？範圍多大？影響力多深入或深刻？才是被看重的量化數據。

不僅如此，有鑑於過往太重視「量」，這幾年已逐步降低對於量化數據的重視，也成為另一個值得關注的趨勢。

什麼是質化效益？直白說就是影響力。你問影響力怎樣評估？企業界已逐漸發展出若干指標，但計畫想強調的是因為執行行動產生的質變而帶來實質的翻轉，認同感的增加、居民向心力的提升，可能反映在相關活動的出席率，也可能表現在你與關鍵幹部接觸時的態度。

質化效益固然可以條列，但是透過文字表現出溫度、進展，以及影響力的提升將顯得更為關鍵。

最後是到底要寫幾項。其實沒有一個說得準，多少與計畫規模和內容相互對應，我建議盡量平均，假如量化有五項數據，質化也盡量有五項，維持平衡感。

第四階段：協力團隊、預算規畫

隨著計畫書進入尾聲的第四階段，對應的是5W3H的「HOW MANY」（計畫創造的影響力）和「HOW MUCH」（需要花費多少資源）。以下一起說明。

「HOW MANY」是陳述計畫的「效益影響」，有形無形，質化量化。主要著重在因為執行計畫所能創造的影響力。這部分有許多會反映在第三階段的「質量效益」，有部分會呈現在第四階段的「協力團隊」陣容。總之，無論是競爭型計畫或補助型計畫，爭取時都請盡可能凸顯計畫的迫切性、重要性與獨特性，盡可能彰顯其重要。唯有如此，資源才會挹注。這點除了落實於內容，也是關鍵心態。

「HOW MUCH」是陳述計畫的「資源規模」，投入的人力、物力與資本。也就是需要多少錢、錢會如何花？人事費可以編列多少比例、業務費用要抓多少、活動費用該怎樣抓、預算如何清楚編列等。

老實說，因為直接連動核銷，不同計畫有不同的偏重與邏輯，尤其是補助型計畫與標案型，有時候甚至與業務屬性有關。撰寫計畫書時要寫到多細，我建議直接詢問承辦人員，他們會給出更好的建議。一個大原則，照實編列，同時盡可能不要寫死，畢竟牽扯到錢，更需謹慎處理。

●「協力團隊」

計畫執行的利害關係人名單，附上資歷與在計畫中扮演的角色，如能取得MOU會更具公信力。

●「預算規畫」

爭取最大空間，但每個單項都需注意合理性，也符合主辦單位的規範。關於預算書科目的粗細尺度，以主辦單位的規定為主。

最後再次提醒，計畫書不是寫作文，寫多寫少不是重點，何況現在許多計畫為了便民都嚴格限制頁數。但無論如何精簡，前述各構面都相當關鍵。從十萬元以下的小計畫到七位數的大計畫，只要順著前述四個階段，都能完成一份完整的企畫書。

祝福大家提案順利，早日把 TAKESHI 提案企畫書邏輯撰寫法內化為自己的思考武器。

PART 4
二十八則活化行動與方法

當地方創生百花齊放，在台灣任何角落或周末的城市街角看得到各式各樣活動，看著從南到北的團隊在「活化地方」命題下展開各種行動方案，大家都怎麼想？又怎麼做呢？又到底期待創造什麼價值、期盼能為地方呈現或創造什麼？背後是不是都有一個或一個以上待完成的工作？

小旅行的背後對於服務提供者與服務接受者各自創造了不同的價值、感受或感動？獨立書店是獨孤求敗，還是背後有更深層、公共性、在地關懷的思考？

如何看待與理解這些被我歸類為「活化的行動或方法」，從表層現象與深層解構的兩極角度來梳理觀點呢？

當旅行不只是旅行，市集不只是市集，地方刊物不只是地方刊物；當這些常見方式與手段有所超越，成為活化行動的一帖方劑，地方創生才真正有機會。就此撥雲見日後，就能迎向我們期待的地方大未來。

地方小旅行——活化行動01

人們認識在地，在地建立自信與內容累積的起手式！

提到小旅行，想到的畫面都是一位識途老馬的地方長者，中氣十足地拿著麥克風，充滿自信且幽默地分享當地的豐功偉業與美好。若要舉出全台各地都能提供給外來者參與的活動，過去一二十年引動了許多人開始關注並理解在地的「地方小旅行」絕對是翹楚。

這股風潮是從哪時開始的呢？是三十年前推動社區總體營造帶動了社區與社區之間的交流？還是後續的農村再生由旅行策畫家們帶入的風潮？

設計與創造的用意源於為了外來者的參訪交流需求，就此遍地開花。不僅如此，諸多政府計畫甚至青年團隊的行動，小旅行絕對不會缺席。行動背後的價值與意義也不止於為地方若干人口帶來收益，還可從多重角度見證其多元價值。

表裏多重價值宇宙

表——

▲我期待每一位遊客來到我的家鄉時都能透過參與遊程、聆聽解説，增進對於在地人文風情與文化脈絡的深度了解，最好是愛上這裡。

▲我希望透過遊程讓在地的居民，尤其二度就業女性與退休族群有事情做，多少從中獲得一些收益。

▲社區交流互訪滿多的，特別是社區有點名氣後。都來了，雖然總覺得沒什麼太特殊，還是要帶大家走一走，感受一下也是好事。

裏——

▲居民透過導覽分享家鄉反而可以提升自信心，增加對於家鄉的光榮感，找資料與規畫的過程也會更認識地方。看起來是為了對外，其實是一種內造的工具。

▲靠遊程賺到足夠且穩定的收益並不是很容易，但透過參與和互動增進交流，產生刺激，甚至因此獲得回饋，也能有所反思且進步。

▲為了規畫會硬著頭皮展開串連，並把周邊環境整理起來。

當地方小旅行不只是小旅行

從遊程設計的專業角度來看，社區較難提供或創造一段高級體驗感的旅行，背後有太多因素如時間、天氣與參與者屬性等，也可能沒有足夠穩定的場次讓帶領者有更多演練契機。

就此斷定小旅行無用論，我不這樣認為。在我心中，小旅行是內造性很強的手法與工具，經由旅行的設計與擾動，反而能獲得許多意想不到的意義與價值，且為了介紹家鄉，往往盡心盡力準備，只求完美演出。準備、演練到展演就是一種再認識後的再詮釋，因此無論是規畫或實踐，對地方而言都是一種再收斂與再認識的開始。

所以對社區而言，到底什麼最重要呢？是透過嚴謹的遊程設計方法論所規畫設計的體驗服務嗎？

從過去多次的實務投入會發現，地方經常心有餘而力不足，不如先放下對於遊程的執著，不以單純的商業遊程角度衡量機制檢視績效，把小旅行視為一種能讓地方更好的地域活化手段，對內創造更深的意義與價值，「小旅行絕對不只是小旅行」就能突破表層，直指核心關鍵，這也才是地方團隊應該具備的思維與追求。

行動眉角

- 放棄「提供小旅行以做為營收」的認知與妄想，讓賺錢與積累經濟資本不再是主要目的，而是蓄積文化和社會資本的手段。如此一來，經過一段時間的開展、與時俱進的再盤點，設計將成必然。
- 視小旅行為一與外地連結的介面。外人的不定期造訪將產生更多互動，問題不是教什麼，而是多連結了什麼，讓他們統統成為地方關係人口。此外，透過遊程促進在地相互合作。
- 看似對外的小旅行，規畫時其實是對於地方的再梳理、再認識、在地ＤＮＡ挖掘，以及一連串的在地連結，是地方內部關係連結與再建構的具體手段，並藉此共同創造。為了讓地方被看見，善用企畫思維蒐集並整理在地知識，小旅行將成為積累地方內容的發動機。
- 遊程的參與者每一位都是地方的潛在關係人，小旅行結束後應保持聯繫並思考如何維繫緣分，目標是創造再訪，並使其成為地方的關係人口。
- 地方小旅行的重點從來不在傳遞知識、宣揚偉業，而是引發好奇，引動反思，可視情況採用單向導覽之外的多元做法，並視族群屬性調整。

創生市集——活化行動02

集結地方的文化與物產的美好滋味，完整展現地方DNA！

「市集」同樣是相當普遍的「集體性」地方活化行動，各式以文創、創生和永續為名的市集，從城到鄉，從著名景點到各大計畫成果展，若逢周末或節慶，就這樣全台接力上演。雖然市集與攤販之間的差別一直沒有明確定義，但是攤位美感、商品精緻度與企畫意義仍然清楚不同。我時常開玩笑要找創生團隊不難，年底他們通常每星期都會應計畫邀請在台北的華山擺攤。

為什麼一窩蜂地，或說有志一同地大肆舉辦市集呢？

因為這個臨時搭建的交易平台讓生產者與消費者有機會面對面，透過購買與解說相互認識，背後蘊藏了多元價值，不僅止於銷售或滿足飲食需求的表層目的。

市集的初心不脫以下兩種。一種是期待為地方團隊增加曝光、創造收入，多半選擇在人潮眾多之地「結市」舉辦，一種是搭配成果展，團隊都上來台北了，不如搭個舞台，讓長官有互動，來賓更具體驗感，團隊還能帶點業績回去。無論哪一種都充滿善意，希望地方更好。

表裏多重價值宇宙

表——

▲平常在地方努力生產，知道的人卻很少，利用這個機會把東西帶出來賣，讓都市人嘗鮮。拚現金，清庫存，當然也不錯。

▲被邀請且時間能配合的話就共襄盛舉，見見朋友們，也可與人群互動，滿好的。雖然常常很累，天氣又熱，也不見得賣得好。

▲遵守參與計畫的規定，也知道主辦方出於善意為團隊搭舞台，希望團隊在地方的努力能因為展示而更被看見。

裏——

▲到底要賣什麼？我的產品還不夠多，但先上場直接面對消費者可以從交易過程中得到不少真實且直接的回饋，是珍貴的實戰。

▲平常悶著頭自己做，市集攤友的產品與城市的氛圍會給予相當多刺激，激勵自己持續進步，下次會更好。

▲市集除了販售東西，也是快速打響知名度、建立影響力、連結好友與關係人口的好機會，歡迎大家來尋找，然後預約來訪。

▲不應放棄這個測試市場並進行壓力測試的好機會，每年都會持續開發新品項。雖然需要移動並做準備，但確實可以測試團隊的合作默契與服務量能。

當創生市集不只是市集

「參與創生市集賺得到錢嗎？」我相信具高知

名度且有拳頭商品的團隊也許可以，但多數可能沒有那麼幸運，而且團隊通常不會算入自身投入的時間成本與心力。此外，許多市集是搭著計畫或方案而來，並有人情羈絆，較無法全然用商業邏輯或營收來計算，「創生市集不只是市集」，它與坊間的流動攤販不同，背後承載了多重價值。

當然，如果回到人類有市集的最初是為了「交易」的需求，當代創生市集的脈絡多半源於某個善意，引動了集體行動，期盼在人群聚集時搭建一期一會的平台，既讓團隊銷售，也滿足市場的消費需求。

一種廣為流傳的說法指出，「市集是留給剛出道的菜鳥測試市場舞台用的，如果你的團隊已經五年以上，還在市集中討生活，可能要檢討是否成長得太慢。」

我認為市集確實是新團隊做市場測試的絕佳場所，透過短而密集且大量的測試，很快就能收到許多回饋，與消費者直接接觸的經驗更是可貴。然而，成熟團隊依舊能在市集中測試新產品，維繫客戶。

換言之，重點在「有知覺，有意識」地參與市集，在每次參與前想清楚這一次可以做什麼，甚至把這期間限定視為「飛地」，與更多消費者或關係人口產生更深的連結。

販售固然是市集存在的最初，或說是根本，但若進一步延伸，引入策展思維，讓市集不停留在銀貨兩訖，而能成為連結的重要接觸點，絕對更有意義。如此一來，交易的就不只是物質層面，還包含了具有後續連結性的內容與可能關係。

行動眉角

- 以「期間限定大使館」概念做每一次的市集內容規畫。除了既有商品，如何創造一次性接觸後可持續連結的可能性？好比「台東慢食節」，販售之外的主要目的就是吸引遊客後續前往台東旅行。

- 每一次市集都要創造驚喜，無論是推出新產品或嶄新的內涵，把市集當成一個聲量擴大較容易的舞台，並期待以此創造新的可能。
- 只要有邀約就出席相當耗損能量，除了計畫型的有參與義務，建議做好年度設定，比如一季一次，甚至一個月不要超過一次出攤為佳。保有新鮮感與準備妥當，更重要。
- 將市集視為一種組織，嘗試對外、連結、再創造的目標與里程碑，讓地方的美好透過這個平台被看見，把地方的價值透過這個舞台測試。每一次交會都是試煉，跳脫銷售之外的，才可貴。
- 由於市集的重點不止於販售，負責人能否出席更顯重要，可藉此實際接觸消費者，並且維繫與利害關係人之間的情意，還能維持現場感。市集的銷售營業額可說重要也不重要，關鍵在於能否從交易過程中有更多的看見與覺察，此外，藉此與攤友建立關係，以及透過交流獲得刺激與激勵也很重要。

手作DIY——活化行動03

動手或動口，人們深入認識在地美好的關鍵起手式！

「小旅行、市集與DIY」是我口中的「地方活化三寶」。

小旅行有點像是引子，透過在地人熟門熟路的指引，讓你對地方產生初步了解，市集則讓你經由舌尖和物件與在地人相遇，但若想真正深度感受或體會在地文化，手作DIY就是一個具有身體感而且更深度的體驗模式。也或許根本沒想那麼多，原本只是為了讓遊客有個可以殺時間、有理由停留、不無聊的活動。

表裏多重價值宇宙

表——

▲社區不大，故事不多，繞一圈很快，夏天又很熱，人都來了總得多安排一些有在地特色的事物，讓旅人多多感受，才能留下深刻印象。

▲我相信大家一定都想嘗試，做完又能讓他們帶

回「獨一無二」的紀念品，最有意義。

▲安排體驗活動可以讓地方上各式職人，乃至於社區媽媽們多一項事情做，有機會多賺錢，又有工作機會。

▲教大家現場做，讓大家感受製作過程的不容易，大家就會更想買師傅做的成品回家。

裏——

▲透過視覺與聽覺認識在地後，接下來換觸覺與味覺感受在地魅力。若能好好引導，將放大感受力。

▲創造屬於自己的東西確實令人驚喜，假若能化為實體或當成禮物，意義更深遠。

▲為當地創造工作機會的背後，更重要的是找回自信心與成就感。傳統能夠持續登上舞台充滿了深層意義。

▲文化是無形的，長在嘴上更有感，猶勝難以消化的長篇大論，也更能感受其背後的價值。

▲為了提供給旅人，反而讓傳統技藝得以保存。雖然ＤＩＹ多半是片斷，但也可視為文化復振與傳承的起手式，引發重視與討論。

當手作ＤＩＹ不只是動手體驗

「手作ＤＩＹ就是讓旅人玩玩、賓主盡歡」，我始終認為不僅止於此。

造訪大溪，在帶領下完成一件手工藝品，與你分享當年神桌輝煌的故事；走進客庄，酒足飯飽一頓後學習醃製一甕醬菜；來到漁村，除了整理魚線感受海人的辛勞，也動手創作魚鱗花，感受漁村再利用的智慧。

從過去到現在，各地無不絞盡腦汁創造嶄新的內容吸引遊客，並於多年後形成了ＤＩＹ遍布的榮景。「手弄髒，厚感情」確實是真理，願意動手嘗試，親身感受，感覺就會產生記憶，並形成難忘的感知與連結。

箇中關鍵在於手作ＤＩＹ不應僅止於做，應該進化到為什麼？在有形的互動堆疊出來的活動中，任一環節或動作都應充滿了典故與意義，演繹著在地的文化、無形但有感的生活片刻記憶，並因為創造、因為參與而產生了理解與共感。一個看似為了滿足旅人需求的服務，回過頭來也將成為該地、該族群之民間習俗與生活記憶的傳承，復刻與再現，成了無形文化資產展演的主舞台。

嘗試從文化眼光來梳理，從他者視角來感知，最終回到傳統、記憶與技藝，在內外和新舊的相互激盪下，醞釀未來許多新的可能。文化的存在就是在與時俱進的演化中找到機會與希望。

行動眉角

- 「手作ＤＩＹ」不應是吹冷氣休息有點事情做，或是填空檔的雞肋，反而因為經常是整趟體驗之旅的最後一站，務必用盡全力使其成為感受地方真實、深度與溫度的關鍵時刻（moment of truth）。
- 設計「手作ＤＩＹ」不是請地方媽媽或在地職人示範而已，要以體驗設計的思維與方法努力挖掘，再把內容解構、轉譯，最終以參與者的角度詮釋並創價。
- 建議一開始不要開太多戰線，先從傳統的來，從中賦予新意，基礎建立好後再循序漸進增加。開發與實作的過程中也能進行文化傳承。
- 體驗與互動深度得視不同群體的樣態與需求做調整，但質感與美感一定要立基於傳統，盡可能與時俱進，藉此創新價值。

桌遊卡牌——活化行動04

桌遊的完成是確立內容有好好梳理，準備擴大溝通的關鍵一哩！

隨著投身社會實踐的年輕夥伴在創生政策與補助金的挹注下如雨後春筍般出現，廣受年輕世代歡迎的桌遊與卡牌遊戲漸漸成了許多團隊採用的行動模式之一。

老實說，為什麼選擇桌遊與卡牌模式我百思不得其解。是自身喜愛的對應投射，還是確實以旅人思維為出發點呢？從過往不多的桌遊體驗來看，似乎並不容易帶來共感的手段。

先撇除遊戲設計功力不論，想讓一位初次造訪、對該地脈絡不甚熟悉的人從桌遊卡牌中感受，門檻相當高。縱使是能輕鬆掌握規則與邏輯的桌遊老手，也會感受到若干陌生資訊，產生難以全盤意會、盡興的卡關感。

然而，或許是屬性使然，桌遊卡牌被視為進步、突破、創新的象徵，成了地方內容轉譯的選項之一，目標直指年輕族群。

表裏多重價值宇宙

表——

▲我自己喜歡玩桌遊，所以想用這邊的故事製作成桌遊，想說吸引更多桌遊愛好者後，就會想來玩，從而更認識這裡。

▲思考能否有一個更結構式、互動性強的做法，更妥善地傳達關注的議題。

▲桌遊卡牌可以不限時空，更有效地將議題擴散出去，只要東西到哪裡，就可以理解與學習到哪裡。

裏——

▲桌遊流行於特定屬性年輕世代之間，他們在意遊戲精彩度大過於內容，如何讓遊戲順暢度高、好玩，會大過於故事是否在地、是否原創。

▲製作桌遊是考驗內容轉譯的大工程，是透過內容輸出再製的過程達到多方共創的效果。如何抓取平衡感很重要。

▲設定受眾時，是為了全然陌生的旅人？讓半生不熟的關係人口回味並追憶？還是熟悉當地的在地人？按照過去經驗，後兩者為佳。

▲桌遊確實是可以擴散的文創商品，但靠其創造營收相當困難。若從文化推廣角度而言，桌遊是絕佳的教具。若論及在地記憶重構，一群熟人共同參與不僅能找回許多熟悉的記憶與內涵，還能凝聚向心力，桌遊可謂最佳輔具。

當桌遊卡牌不只是一場遊戲

一旦純粹的導覽或「說故事」已經無法滿足我們對地方內容溝通傳播的需求，透過設計強化互動性就是下一個重要步驟。以遊戲化為核心的桌遊與卡牌確實已經成為地方內容轉譯的常見詮釋之一，困難則往往落在兩個極端，找到平衡不容易但仍需努力。

首先，別讓從地方萃取內容並經遊戲化開發的桌遊，最終只是一款披覆地方皮的通俗遊戲。故事講得再好，如果沒有好的遊戲設計、不易懂，最終多半曲高和寡，流於少數愛地方人士的蒐藏品。

反之，一旦設計得夠好玩且流暢，確實能吸引到許多習慣透過桌遊探索世界的玩家。但對他們而言，內容頂多是背景，沒有太重要。要鎖定桌遊玩家或是對地方有感的人，這是設計桌遊時需要考量的。最終甚至應跳脫開來，思考到底期待透過桌遊或卡牌達到何種效果？

我認為桌遊的特點是一群人玩，一群或許年代不同、記憶不同的人共玩將擦出許多火花或是後續討論。當一群人都對某地充滿好奇，透過遊戲中的互動相互學習、討論，形成一種共同文化下的共感，的確是把地方內容桌遊化最適切的設定與著力點。

當然，地方桌遊也可以是一種信物。當關係人口擴散開來，透過參與遊戲的機會來引導、介紹給陌生的或不同類型的夥伴，地方桌遊卡牌將更具意義與真切的實用性。而從這樣的角度思考，也將更能體認推廣的方向、所創造並傳遞的價值。

桌遊卡牌是教育傳承與文化溝通的工具，絕對不是給年輕人玩玩的互動遊戲而已。

行動眉角

- 不要一開始就做桌遊，應先花一段時間厚植地方的內容，透過田野調查、小旅行規畫、走讀體驗與相關文本積累。桌遊的主題應該選一個最足以代表在地的特色，假如帶有傳奇性、神祕性更佳，搭配地方ＩＰ的效果絕對更好。
- 桌遊屬於文創商品，製作成本很高，也絕對不好賣，所以定價重要也不重要，畢竟重點不在於銷售而是推廣文化。讓桌遊成為一個連結，引動在地知識與時代記憶，建構跨世代群體的互動。

- 桌遊的推廣以共創工作坊的形式為佳。分眾時代走到了盡頭，當今我們談「共生」，桌遊是可鏈結跨世代共同參與的工具，無論是青銀或父子，都可以在玩桌遊的過程中創造世代溝通，甚至藉此挖掘許多不為人知的在地知識。
- 開發桌遊絕對需要專業團隊的協助，委託之前請好好思考創造這套桌遊的真切目的與鎖定的客群，如何讓內容有極高的通用性，平衡教育與娛樂這兩個支點。明確訂定使用方法並培訓種子人員，有策略地運用，才能創造它存在的價值。

實境解謎——活化行動05

讓沉寂之地，因為創造力行動的引入，瞬間深受感動的一技！

包含實境解謎、密室逃脫、沉浸式體驗、劇本殺與角色扮演等一系列的互動新模式，都是期待讓大家來到地方後除了走走逛逛、體驗物產，也能獲得更多體悟與滋味。

好比想傳達數百年前的歷史事件或是述說一段扣人心弦的戀人故事，講者口才再好仍然難以讓聽者產生高度共感，尤其是在這專注力不超過五分鐘的時代，實境解謎因此成了許多年輕團隊投入的新嘗試。再加上許多具備相關技術能量的單位努力推廣，逐漸擴散，如今已落實於許多在地組織或團隊提供的特色服務項目。不過目前多半是因應大型活動或計畫來實踐，常態服務較少。

表裏多重價值宇宙

表——

▲傳統的單向導覽太無趣，靈魂一下就飄走了，

新模式不僅能提升參與感，還能主動加入戰局扮演某個角色，並約朋友一起，融入並改變歷史，增添許多樂趣。

▲不需導覽人員，透過科技裝置或體驗包就能隨時隨地依照時間與喜好觀覽，並保有參與的自主性，也很自在，滿足個人化旅行的需求。

▲因不同的選擇會出現不同的故事結果，參與者出於好奇，通常會多次參與。

▲製作成本很高而且需要大量人力，如果照價收費可能賣不出去。

裏——

▲能運用此一模式，代表團隊對於地方的故事有很精細的掌握與轉譯，才能形成劇本並透過高互動性的活動來詮釋。

▲參與者常因參與而入迷，將引發後續對於相關議題的好奇並持續探究，成為該地的關係人口。

▲透過新模式導人，提升科技運用能力，朝向無人導覽的目標邁進。科技載具如VR、AR不僅能彌補導覽人力不足的問題，也讓觀覽視角更多元、更主動。

▲製作成本很高，但可視為打響品牌、樹立組織能量的代表作。不適合當作常態活動，但適合結合特定節慶活動推出，成為一期一會的特色。

▲許多地方都有歷史建築或空間等有形文化資產，過往只能導覽，實境解謎則能活潑敘事，也可與商業活動結合，創新價值。

當實境解謎不只是大地遊戲

在體驗經濟的時代，人們追求互動與參與。資訊與知識網路上隨時可以取得，有機會造訪一陌生之地時能否有更特別的了解模式，無疑是實境解謎這類體驗可以提供與創造的價值。

對於該地的渴望程度因此成了門檻。體驗不僅有價，要價還可能不菲。扣除團隊提供的服務不提，就算因為政府相關計畫而減免費用或根本放送，願不願意花時間體驗，端看參與者的選擇。

遊戲化的過程中會有一個很強的故事線，搭配角色扮演，帶領觀覽者主動參與，從中獲得相當大的樂趣，甚至因而入迷。無論是一個人或多人共同參與，都將獲得不同程度的效果，或與歷史中的人物和場景對話，或是一群人共同用智慧解決問題。

這類活動多半搭配食物與飲料，讓參與者更加沉浸其中，屬於複合式感官體驗。無論是商業型的驚喜製造團隊創造的沉浸式體驗「微醺大飯店：一九八〇年代」，還是有山峸製作設計團隊設計、結合桌遊與互動戲劇的「天亮前的那卡西」，都是帶領觀覽者重返特定的歷史片刻，最終結果更與你的參與有關。因此，對地方或故事的認識往往是結束那一刻才開始，也因此創造了深度連結。

行動眉角

- 需要找到專業團隊來協助，但在那之前團隊也要有想法。最重要是哪幾個故事適合「再設計」，具備了代表性、團隊期待推動的議題等，也要從觀覽者視角多方思考，找到交集。
- 開發成本所費不貲，但對於文化資產與地方內容的轉譯詮釋能發揮實際效果，並具有一定公共性。建議透過相關補助或獎助計畫爭取資源，但要做就做好，否則也是浪費。
- 年輕世代通常有興趣參與體驗活動，可思考活動結束後立刻搭配小旅行，讓他們更加身歷其境，創造更好的效果。
- 科技應用是人口急速減少的地方需要思考的未來方向、早點導入不僅能緩解人力不足，也可以提升體驗品質，讓團隊的工作與時間分配更妥當。科技創造的想像力效應也能彌補過去觀覽模式的先天限制。

職人體驗——活化行動06

最能打破粉紅泡泡，見證地方人群真實的認真一試！

如果小旅行是旅人與地方的初次邂逅，DIY、實境解謎和桌遊是鏈結成為關係人口的手段，以上都僅止於「經過設計」的美好泡泡，想前進在地、成就真正的關係人口的話，「職人體驗」應是一重要項目。

宛如人類學的快速民族誌，一整天跟著在地職人一起生活一起工作，從中真實感受，並企圖突破介於外地與在地之間的閾限狀態（liminal），期待從中真實且深刻地感受何謂「在地生活」。

程度上也許僅能做到「類真實」，諸如「木曜4超玩」或「甘樂小村長」這類實境行腳節目。正因沒有鎂光燈，不會NG也沒人提詞，時間可能從半天到數天不等，只要有決心，對方願意帶上你這高齡實習生、少年學徒，來到海港，就和漁民一起出海，感受一下睡眠不足得摸黑出港，滿載而歸後得善後的緊湊生活；來到部落，就和族人原民一起上山，背著蜂箱上山找野蜂或彎腰下田，感受真實的地方生活。

過往的田野訓練及長期的顧問陪伴經驗讓我堅信，除了少數命定，「唯有手弄髒，積累真感情」，職人體驗是伸出橄欖枝，亦是對於彼此、對於土地的試驗，也才是真正的開始。

表裏多重價值宇宙

表——

▲地方缺工，有人想來試試看就讓他感受一下，希望不要嚇到他。如果能有戰力當然好，但通常不會期待，只希望他真實感受，有機會再加入成為在地的一分子，一起並肩作戰。

▲如果可以讓更多人知道我們工作的辛苦，他們就會更珍惜，買的時候就不會動不動説很貴。

▲想嘗試都很歡迎，但這是勞動工作，不是每一個人都做得來，願意試試看，都好。不過體驗過後應該不會想來投入了。

▲來體驗雖然對於日常工作多少有點打擾，但沒關係，當成是曝光與推廣，如果還有一些費用那就更好了。

裏——

▲與認真工作的職人一起共事，即使時間不長，也能從中感受到職人對於自身工作的專注，未來即便沒有投入也能因此更感佩服。

▲不僅讓人感受到職人的辛苦，也更知道職人工作的頂真與專業，不管有沒有未來，都會讓人著迷。一旦從體驗者成為關係人口，未來將透過不同方式支持與連結。

▲要讓參與者體驗真實，但也可以稍微設計一下，在短時間內就感受到一個完整循環。如此一來更不會造成誤判，無論是樂觀或悲觀。

▲地方的人不多，也不容易吸引人，唯一方法就是播下更多的種子，善待每一位感興趣的人，

讓他們嘗試、體驗、感受，無論有沒有留下來都將成為關心這裡的關係人。光這一點就值得投入心力。

當職人體驗不只是一場打工度假

目前在台灣，缺工是一個無論城鄉都共同面對的棘手問題，尤其地方，青中世代的比例嚴重傾斜，如何引入更多年輕外來人口絕對是一大重要課題。

過去這幾年地方相當積極且努力地提供了各式職人體驗，無論是偏向企畫整合類型的有支薪暑期實習，或是需要繳交一定學費的部落志工假期與農村裡各式農作班，總之都是廣開機緣，期待更多年輕人前來體驗，成為未來的新生力軍。

不僅如此，許多地方型工作也願意給予更多的彈性，有些是直接融入團隊，有些是提供專人協助，目的都是期待吸引有心有力的即戰力加入，為地方帶來實質貢獻。

那麼，參與時需要「下定決心」嗎？還是先別想太多，試看看？

我覺得至少應該跳過「體驗」，進入「類真實」。畢竟如此機制絕非變形的打工度假，而是朝著人才儲備的目標來設計的。帶領的職人絕對需要具備足夠的經驗，但也要懂得待人，因為他扮演的角色不僅是工作教導者，也是真實感受在地文化與生活的窗口，對體驗者來說，該職人甚至可以說是「地方の顏」，相當重要。

在地的青年組織與團隊也得扮演相當吃重的角色，並不是媒合完畢就全數丟給在地職人，過程中得扮演支持系統、創造安心感，但又不過度保護與干預，唯有如此，才能為地方的人才吸納真正開啟一扇門。當然，如何媒合、如何選定，也是一門學問，關鍵在於機制規畫對地方未來的想像。

行動眉角

- 地方團隊要具備企畫思維並扮演中介者。首先是把目的設定清楚，想吸引的是即戰力還是未來的種子，若想放長線又該如何經營互動關係，讓深度體驗的感受能轉為充滿依戀。
- 讓職人清楚知道參與者不是臨時工，也不是貴賓，而是未來可能的工作夥伴。
- 朝「類真實」的方向努力。不應過度保護，畢竟主要目的是要讓參與者真實理解並感受工作內容，從而思索是否符合自身期待。
- 地方上的工作類型相當多元，許多工作的組織規模又相當扁平，如何在不影響職人（工作者）的日常工作外加入些許引導，經常陷入兩難。就和進入設計公司的實習生想有所貢獻而不是想打雜有些異曲同工。另外，地方型產業的忙碌有週期性，通常是數個月一輪迴，如何拿捏，須在實務狀態中微調。

儀式感節慶——活化行動07

突破現有僵局，靈活也具動能，鴨子划水般的潛水艇！

推動了超過三十年的一鄉一特色（ＯＴＯＰ）鼓勵每個地方都提出當地特色，最能深刻體現在地風土特色的農特產品因此成了絕大多數地方的象徵與代表。然而，台灣面積不大，區域之間不僅關係緊密，風土亦相似。以著名米鄉池上與關山為例，雖然現今品牌的價值不同，但兩者無論是米種、環境和水質的差異不大。某一地搶先喊聲，鄰居通常尷尬不已，也可能出現不少仿效。

縱使如此，每一年還是得申請資源舉辦主題特色節慶活動，多半以年例方式舉辦。放眼台灣各地每年舉辦的文化節慶式活動，無論稱為節、季、祭，內容大同小異，有展銷、有表演、有餐桌、有市集，還有小旅行，是否營造出一期一會的儀式感，讓人如候鳥般年年回訪，達成了有效溝通呢？

有別於過往絕大多數是政府機構委由活動與公關公司舉辦的活動，近年風潮轉由民間團隊自發性舉辦，規模或許無法相比卻小巧精緻，不僅有記憶點，也令人感受到背後的意義。比如溪洲黑泥祭、苑里海風祭、古坑口木口木藝術節、雲林伏流祭、社頭髮勢三日節等，紛紛在過往被稱為文化沙漠的中部縣市橫空出世，透過宛如流星般的短期展會，不僅形塑在地風格，也擦亮地方魅力。

表裏多重價值宇宙

表——

▲由一群年輕人共同籌組的活動，邀請了許多在地有質感的攤商，音樂也邀請了相對在地的團體，主要是有好多人參與，雖然不是大明星，但整個活動很溫馨，讓人有點感動。

▲每年或隔幾年會舉辦，辦這個有賺錢嗎？聽說團隊拿了不少政府資源，不是很看得懂在做什麼，但好像很符合現在年輕人的喜好，由不少活動串連而成。

▲很嚴格，都不讓政治人物上台說幾句話，免費的東西不多，好像都要花錢，但是活動滿好玩的，而且明明活動沒很大卻來了不少外地年輕人，和以前舉辦的地方活動不太一樣。

▲活動會結合在地議題，讓人有共感，不純粹是賣東西，比較是談某種生活理念，覺得特別。

▲來參加活動的客人組成和平常市集見到的不太一樣，好像就是大家口中的文青，願意購買好東西，而且大家都有特別打扮。

▲在會場上看到好多人，不期而遇，好像許多都是來自全台各地與縣內的臉友，彷彿同學會，大家很親切地聊天敘舊，溫馨的場合。

裏——

▲通常由返鄉青年在返鄉後相互結集而組成，往往歷經一段時間的醞釀，期待一起做些什麼，由於能運用的資源不多，所以更需要打破同溫層展開多方溝通。活動只是一個手段，目的是

有話要說，期待能夠傳遞新的價值與理念，讓一期一會成為傳統。與其說賺錢，不如說希望賺一個改變的契機。

- ▲活動主要緊扣在地議題，透過各式內容的相互結集，傳達地方也可以過有質感的生活，並期待從而展開各式創作、結合這片土地的DNA，讓地方持續發生新的事物。
- ▲舉辦活動需要耗費龐大人力物力，籌備小組大家平日百工百業，靠著從中央爭取到獎勵資源與民間募資自發性舉辦，為的是在地方創造一些影響力，連結更多志同道合的朋友。
- ▲舉辦這樣的活動不是為了放煙火，而是期待播下更多改變的種子，讓更多在地人知道有一群年輕人想在家鄉做些不同的事，能夠藉此凝聚，更期待相互交流，最終成為夥伴，一起在地方好好生活。

當儀式感節慶不是一場放煙火的活動

新節慶的產生並創造多半不是因為覺得地方少一場活動，而是有某些理念、想法或價值觀沒有機會被好好訴說並溝通。舉辦這類活動的人通常是已經返鄉但心中充滿遺憾，有覺知、熱情與想改變的中青世代，在他們心中，故鄉不應只有工作與親情羈絆，還應該是一處值得驕傲、可以好好生活的地方，因此期待將這些看見化為軟性的文化活動，一步步改變並翻轉社會對家鄉的定位與想像。

儀式感的創造並不是一次就能解決，這也不是一場放煙火的活動，但也因此積少成多。由於不是機關標案，資源相當有限，常常需要進行在地勸募，卻也因此擁有更大的自由度、深厚的底氣，每一場都有個與家鄉關係緊密的主題。主題核心是創造美好的生活，並透過整合性的活動來營造，盡可能與在地議題、人、事、物互相結合，創造內容，處處體現出對於地方的真摯感情。

一期一會，因為資源都得靠自己努力從計畫或勸募來爭取，相當不容易，沒有人可以保證還有下一次，再加上籌備團隊往往是兼職力挺，龐大工作量帶來的疲憊也讓人卻步，是一場因為理念而為的戰役，過程中需要一次又一次的凝聚。

這種瞬時的存在，與其說是一場新節慶，不如說是一次具有整合性的軟性文化倡議，透過舉辦活動鏈結在地人與關係人，引發更多的關注與媒體報導。不確定性也成了令人期待的迷人特質。

對於地方團隊而言，這類活動能撼動的影響力是在地社會與文化資本的累積，長遠來看也彷彿地方團隊自身善盡的「在地社會責任」。

行動眉角

- 建議一開始不成立組織，由某位有理念且依舊帶點憤怒的熱血在地團隊領袖發起，先跑幾年再思考走向組織化的可能。初期需要單一組織挺身而出，扛起整合與溝通協調的核心任務，否則很容易在過程中遭遇挫折就夭折。
- 盡可能與地方自治體保持一定距離，以維持活動的主體性，資源可爭取中央獎勵行動計畫，部分透過多方集資勸募，讓資源的取得成為再一次的社會倡議與溝通。正因活動的背後有話要說，可以系列性地以某個主題拉出軸線，再化整為零為各式活動（內容）。
- 無論在哪裡舉辦，運作模式與內容風格應該盡可能塑造獨特的調性，也可設定獨一性的活動來營造儀式感。如何有效鏈結所欲倡議與連結的人群，可視需要尋求專業協助，但主軸內涵才是這類活動的特色。
- 建議一開始連續舉辦兩到三年，讓活動打響知名度後，再思考拉長舉辦時間，並可開始尋求企業或相關組織的資源挹注。

地方藝術祭

——活化行動08

透過龐大質優的創造力行動，為地方注入必須再訪的理由！

如何讓「地方」找到一個被認識甚至再訪的理由？

持續挖掘在地魅力，激盪在地DNA，再透過各式挖掘與轉譯，讓人們因好奇而前來。這是過去十年許多在地團隊前仆後繼投入的事情。

會不會只能影響到本來就對地方有所認識的人呢？確實。如果缺乏緣分或認識契機，所有的地方不過是地理名詞。

有方法能夠有效撼動嗎？那應該就是打破慣性活化模式的「地方藝術祭」了。

讓城市裡的美術館藝術品散落到村落四處，融入居民的生活領域，讓參與者不得不親臨地方、產生接觸。本來的目的是為了藝術品，但也接觸到了地方的一景一物，甚至自然地與在地人互動，體驗從未感受的一切。如此過程將引發好奇、反思與依戀，在地人則因外來者的造訪而受到刺激與激勵。

這是二十多年前知名策展人北川フラム在故鄉新潟縣自發性展開第一回合「越後妻有大地藝術祭」的發展脈絡。

當年開風氣之先，如今無論在日本或台灣都百花齊放，目的和理由無他：期待透過藝術作品為介質，集體創造強大的吸引力，帶給奄奄一息的地方一帖起死回生的良藥。與其說是一場大型展演，不如說是一次連續、密集、反差性、創造力注入的活化行動，期待有效翻轉地方，再造人地新關係。

表裏多重價值宇宙

表——

▲因為有知名藝術家的作品，地方瞬間來了許多慕名而來的民眾，大家看完藝術作品還會順便逛一下平常安靜無比的街區。有機會與遠道而來的旅人接觸，覺得很特別，小地方都有名了起來。

▲從來沒想過小地方可以引來那麼多民眾，大家竟然對我們的日常很感興趣，還有許多大媒體來報導，真的令人意想不到。原來我的家鄉不是什麼都沒有，突然覺得自己被激勵了。

▲居住在城市的我們過去從來不會主動想來這裡造訪，來了之後卻發現其實地方有那麼多有趣的事，讓我們對未來的生活有更多想法，說不定有機會可以移居。

▲因為藝術祭，第一次出國就來這裡，好像也成了我的日本印象。其實滿好的，很純樸，寧靜、舒服，透過藝術家的創作帶我認識並看見在地，這種經驗很新鮮，下一屆還要再來。

▲因為藝術創作來到這裡，緩慢、自然但有人情味，和在地人一起生活一起喝酒，再把我的感覺化為作品表現出來，這裡激發出我許多創作靈感，也許可以留下來一陣子。

裏——

▲藝術祭是要展覽精美的藝術創作還是透過創作詮釋在地？我想答案是後者。藉由藝術家的高知名度引流，經由他們為此地創作的作品來介紹在地。非傳統的模式吸引了許多過往不會前來的人，透過嶄新的方式認識當地並有所反思。

▲與其說是為了為地方創造錢潮、人潮，藝術祭更希望吸引非典型觀光客，用他們新鮮的眼光凝視在地。這樣的交流與互動對彼此都是刺激，也衍生了許多意想不到的化學效應。

▲作品重要也不重要，因為人來了以後就會被一景一物吸引。所以說到底什麼是作品？或許此地獨有的原風景更有吸引力，裝置藝術頂多是引路而已。

▲人與人交流的溫度是藝術祭能否有後續的關鍵。一旦當地人視活動如村內傳統祭典，即使語言不通、文化不同，表現出來的態度與溫度都將予人留下深刻印象，預約下一次的再相會。

▲藝術祭不是從展覽那一天才開始。藝術家進入村莊、團隊前來拜訪那一刻就已開始。擁有共同目標，充滿元氣的努力，雖然有明確展期，只要藝術作品留在當地，有人因感興趣前來，停滯不流動的地方就會有所改變。

當地方藝術祭不只是一場戶外藝術展覽

一處了無生氣的偏鄉地域想尋求復甦的契機，應該繼續投入過去持續做的事，利用傳統觀光思維或社造模式？還是死馬當活馬醫，引入全新思維與方法，期待突破框架，引入新的關係與人群，讓地方擁有別於過往的破壞式復甦契機？我想答案很清楚，無疑是後者。

因此，藝術品重要也不重要，或許就像個招引人前來的看板，第一次總是需要有個被吸引的理由。當人來到了當地，感受到前所未有的氛圍，對當地的風土人文有更多認識，散落各處的藝術作品將成為無聲的引路人，帶人進入一處又一處平常走不進去的街區。

透過作品為引，訴說地方故事，最後的關鍵並不是人與藝術家或作品，反而是遠道而來的人對地方產生的情感而形成的新人地關係。

要造就這樣的活動需要很長的醞釀，連結多方利害關係人，展期得拉長以便更有餘裕，留下更多空白讓人們有自由探詢訪問的契機。不論如何，關鍵都在於創造反差，製造一個造訪的理由，讓旅行的目的地不是尋常大城市或傳統城鎮，反而是想都想不到的地點。

當然，藝術家為了此地而創作的作品還是有獨特的意義，是個具有中介性的無聲引路人，帶出了樸質在地背後不為人知的故事。透過創造力為地方做工，藝術祭將成為地方一期一會有節奏有節序的新節慶，為地方的未來引入活水。

不同的規模將造就不同的效果，關鍵仍是多方利害關係人是否具有共同的集體參與意識，願意在自己的崗位上多付出一點心力。四年多前我在瀨戶內海藝術祭現場看到一位八十三歲的老爺爺自己拉了一張椅子坐到作品前面的轉角，自發性地指引大家，對他來說，這是他對故鄉的付出、對藝術祭的參與。一旦每個人都多做一點點，就能帶來希望。

最後，「藝術祭」與「儀式感節慶活動」最大的差別在於動能、形式與展期。藝術祭不是一次性的活動，而是希望透過搭配地景的作品，讓人自在遊走於衰退街區、出沒在聚落，無論是一個人或三五好友，都能在過程中引發出對於此地的情感，產生更多的反思與對話。

行動眉角

- 把「藝術祭」視為一種地方變革的活化行動代名詞，必須建立在一定問題意識下的心動。如果純粹想吸引人潮，興旺在地經濟，帶動觀光效應，不見得需要採取這樣的做法。
- 希望能從因地方危機感而展開的自發性開始，而不是一開始就尋求公部門全額資源挹注。不對等的權力關係將失去主體性。尋求更多民間自籌，納入不同面向的利害關係人。「以藝術祭為共同目標」從啟動的那一天起就很重要。
- 不需要有很大的活動吸引人潮，而是盡可能拉長展期，降低活動強度，讓人流可以分散。如何做好交通接駁與必要的現地資源因此特別重要，也牽涉到在地機能、作品與陳列地點。
- 需有具指標性的藝術家，但可邀請更多與在地有緣分的藝術家，甚至納入更多參與式的在地創作，讓創作成為一場歷史記憶與文化追尋的行動。這部分絕對需要一段時間的投入。
- 「藝術祭」的重點在於創造力行動的展開，每一個地方團隊都可依據擅長的模式、資源，做不同的投入。建議保有獨立性，從小規模開始嘗試，等到有一定的自信與掌握度再嘗試爭取資源或與公部門合作，創造活動更大的影響力。需避免成為到地方看展覽的典型形式。
- 活動舉辦完畢後得追蹤成效，因為目的是鏈結更多關係人口，而不是創造更多一次性造訪，只是來拍照打卡的遊客。

地方策展——活化行動09

把城市蛋黃區打造成地方的飛地，把人往地方引流，才能成就對流！

在地方努力有先天的侷限，這一點無論日本或台灣都相同。台灣雖是面積不大的島國，城鄉之間還是有資源落差，不過距離確實沒有想像中來得遙遠。基於這樣的前提，還有必要在城市宣傳嗎？還是有必要，因為人們的日常生活有基本的生活圈，約莫三十公里，半小時車程。此範圍之外，也許因為島國的緊密性，大家會耳聞但未能完全理解，由於半生不熟，更容易憑藉過往經驗產生碎片般的刻板印象。

「地方是什麼？」確實是個大哉問，每個人都能說出不一樣的答案，有的覺得地方什麼都沒有，有的認為地方是尚待挖掘的寶庫。面臨地方過疏的問題，關鍵在於讓更多人有意識地來認識地方，重新牽起或創造更多的連結與緣分，而「地方策展」就是一次集體協作。

在鄰近的城鎮或繁華的都會園區裡，透過企畫與整理過的展示手法呈現地方的美好，讓人眼睛一亮，宛如地方的飛地或期間限定的「地方大使館」。目的很簡單：讓更多住在城市裡的人有機會好好認識美好的地方，進而創造造訪的理由。

過去多年各個地方政府與民間團隊紛紛展開這類行動，雖然規模與形式因資源有別，但都是希望地方被看見。

表裏多重價值宇宙

表——

▲在城市裡具指標性的園區內設立一個期間限定展館，透過展示設計介紹我們來自哪裡、那邊有什麼，通常會搭配食物，讓大家能感受到地方的不同，留下印象。

▲邀請一群創造力工作者進行地方採集，最終從他們的視角輸出內容，無論是文字、刊物或現場布置。有觀點也有論述，帶領觀者好好了解地方是什麼。

▲要說的是地方故事，當然也要宣揚一下政績，畢竟沒有好的治理，地方也不會有如此改變。基本上尊重策展人，不會有太多政令文字，但可以讓施政重點化為展覽中的重點。

▲地方出身的人不見得對於地方非常認識，希望透過觀覽，重新認識熟悉又陌生的家鄉。

▲有企圖心的想營造一個新形象，希望透過嶄新手法打造地方的新形象，或至少能感覺到地方和自己想像的不一樣。當然有許多是刻意妝點，但更多是因政策推動而帶來的改變。

▲參與國家大型展會如文博會、設計展，搭乘人流便車讓城市裡的人看到縣市政府的改變，最重要的是吸引媒體報導。

裏——

▲從地方前進城市並在具代表性的據點設置一處展示空間，具有十足的代表性與象徵性，期待

能被更多都市裡的意見領袖看見，讓他們感受到地方的改變。

▲「地方是什麼？」連地方行政首長都無法一語道盡，邀請對地方有理解且具有企畫力與洞察力的專家清晰地梳理地方，是地方走向品牌化的必經之路。

▲過去地方的展覽多半是說明有形可見的特色，現在的展覽希望強調當地的人文風情與價值觀。改變中絕對有首長的支持，就能隱晦地帶出首長希望的結果。

▲城市或城鎮裡必然有許多地方的關係人，透過有形的展覽和無形的活動引動他們，產生印象的革新並創造更多連結，比再多觀光客都來得重要。地方策展希望傳達的是概念，不是引動觀光的旅展。

▲每一次展覽都是對於地方過往努力的再整理，在地DNA、地方的魅力，應可藉此形塑與收攏，也需要引入更多創造力。利用機會讓地方的夥伴感受站上大舞台，獲得更多肯定。

▲除了是象徵性的城鄉逆轉，地方可以逆輸出，地方團隊也能藉此獲得提升，並期待因此與都會區的專業團隊、媒體，或利害關係人有更多連結。

當地方策展不只是一場引人潮活動

「真的有心認識地方的話根本不遠，直接前往，讓地方的人招呼你，就能認識最原汁原味的在地。為什麼要透過非在地人的展覽公司還有他們請的大設計師？外地人的想法與說法根本不具代表性……」

舉辦地方展會時，這類質疑通常隨之而來，引發許多討論。姑不論展覽內容道不道地，我認為只要資訊沒有缺誤都可受公評。誠如前述，一個地方可以找到一百種、一千種詮釋，關鍵在於想和誰溝通，背後的目的、意義與期待的價值。

當代「策展」的核心思考源於整理與詮釋。藉由學有專精之人的經驗與專業，梳理龐雜豐富的地方內容，從他的觀點來詮釋，讓地方不再是一個概念而能更有脈絡。

因此，展覽的內容是把篩選過的資訊用有結構的模式呈現出來。面對一群對地方可能一無所知，或者有印象但沒認知的都市人或關係人，重點是快速搶占心占率，輕巧卻有力地溝通，讓人留下深刻印象。「未來的時代會消失的不是人少的地方，而是不被記憶的地方」，正是策展團隊的任務與挑戰。

地方策展追求的不應是單純帳面上的人次或人數，而是該來的人有沒有來。這檔展覽可以是一次地方關係人口的大閱兵，也可以是有企圖心地想傳達什麼，或是透過媒體、透過關鍵人讓地方的改變更清晰可見。如此具公共性的行動不分公部門或民間，只要是關心地方的一分子，都值得從不同的切角談論、定義你心中的地方是什麼。

地方隨時在變，需要更多的演繹與討論，只要地方活在更多人的心中，那不僅不會滅亡，反而會成為許多人心之所嚮，也就是地方創生政策的初心。

行動眉角

- 需要具備清晰的問題意識與溝通目的。為什麼要在城市裡宣傳地方？主要目的為何？為了引動青年返鄉還是鏈結關係人口，還是要向媒體傳達地方的改變？
- 花大錢或小資源各有不同做法。承租大空間、合作 pop up store、舉行一系列講座搭配展覽等，關鍵在於「可持續性」，無論是一年一會或三年一會，持續展開這類行動才能累積影響力。
- 城市或展覽據點是兵家必爭之地，資訊氾濫與爆炸程度經常超乎預期，所以敘事、宣傳與印象打造都要更精簡、更有特色才有可能被記住。社群媒體的事前醞釀與持續傳達因此更顯重要。

- 城市中的地方策展可視為團隊的影響力里程碑，代表已有足夠實力把地方帶出去。對地方有使命感的團隊務必把握這類機會。又因為極具整合性，大大考驗團隊的整體運作與溝通協調能力，過了這一關，就代表是個有獨立作戰能力的成熟地方團隊。

地方吉祥物

——活化行動10

希望創造一個有魅力的個體，代表地方與人群持續交流！

不分城鄉或黨派，台灣政治人物為了爭取選民認同，有重要活動必到，身上也一定穿著辨識度極高、寫有自己名字的背心。社群媒體當然也不會少，就更別提縣長推薦農產品的捷運看板，可說平常就把自己活得彷彿地方吉祥物。

憑良心說，如此綜合表現絕對是稱職的地方代言人，還有必要大費周章創造地方吉祥物嗎？

或許是熊本熊過去十年從九州到全日本，再到台灣，甚至放眼全世界的高知名度讓大家心動，期許如法炮製。也可能單純認為一群穿姓名背心的人排排站有點無聊，想有個詼諧的角色讓活動更歡樂。但若真是如此，我並不建議創造吉祥物。到時花錢、花心思創造出來頂多是個活動背板。

真正期待能夠全然傳遞在地魅力的大使，讓其可以去中心化好好扮演代言人的話，應該是加倍用心企畫與打造，使其大鳴大放，完成輸出地方魅力的任務，讓地方不再是一個抽象概念，而是有稜有角、有風格、有內容的載體。先具備正確的認知與認識，地方吉祥物才能發揮功能。

表裏多重價值宇宙

表——

▲想辦法創造一隻可愛角色的目的就是有公開活動時可以出來動一動，吸引目光，讓畫面柔和些，也可以與小朋友互動。這樣政治人物出場前比較不會太乾。

▲去外地參加展銷活動時比較熱鬧，不然日本都有，我們都沒有，這樣感覺不對等，所以就做一隻出來。

▲算一算是很便宜的投資，做一件偶裝，需要時再請工讀生來扮演，一年花不了太多錢，但能創造好形象。

▲可以趁機讓大家來命名並票選，創造參與感，之後就會產生認同。

裏——

▲創造角色，可愛不是重點，而是如何設定獨立人格，如此才能被記住，否則只是跑龍套而已。角色的重點是經營，不是活動道具。

▲角色的造型確實會成為目光焦點，但不能說話也可以展現個性，從而被認識、被記住。好好設定很重要。

▲別於每次活動再投入資源即可的活動思維，品牌思維思考的是如何透過多元管道經營形象、如何在沒活動時持續透過社群媒體或其他形式引發關注，才能扣回對地方的關注與認識。

▲能夠引發關注並讓利害關係人參與都是好事，關鍵在於主事者是否想清楚，期待吉祥物完成什麼工作。有願景才能朝目標邁進。

當地方吉祥物不只是人形立牌

回顧過去十多年日本的地域吉祥物經驗，撇開熊本熊，仍有不少創造出聲量與實質影響力的角色。探求其成功要素，我認為是「真實性」。可不可愛固然影響吸引力，卻是排在後頭的極次要條件，遠遠不及「個性鮮明」。

想擁有足以代表地方的吉祥物的起心動念，日本和台灣大致相同。不外乎希望地方被認識、被記住，能有引發注目的代言人。

日本之所以有如此傳統，除了和日本神道教相信萬物皆有靈有關，也因為日本政治人物從事公務時多半一板一眼，不具魅力，得找外力協助。於是，能因應需要來開創獨立人格，用熱情與生命力傳遞在地特色的角色雀屏中選，從命名、造型、動作到人物設定，都是再一次的地方魅力梳理。另一關鍵是任務，以熊本熊為例，曾先後被任命為幸福大使與營業大使，前者對內，要讓熊本縣民感到幸福；後者對外，要讓粉絲們愛上熊本。

吉祥物是一個地域品牌的具體呈現，不是人型看板，應從角色ＩＰ體驗經濟來思考，透過可持續性、多元模式營造，讓吉祥物經由「養育」的過程，茁壯成大明星。吉祥物的關鍵要務不是有活動才露臉的活動咖，而是透過多元模式讓有個性的牠活在人們的心裡。

地方吉祥物的呈現方式有平面、立體到虛擬實境，同樣應從用途與使命出發，回頭思考形式與方法。根據日本的經驗，有不少是官方版，但有更多由地方團隊或不同團體提出，核心關鍵都是因為被記住、被認識而傳遞在地的美好，讓地方被看見。這才是身為地方大使，所能創造被大家珍視的價值。

行動眉角

- 隨著活動的舉辦，地方團隊多半會有自己的品牌識別，甚至代言人，建議一開始就妥善思考。地方吉祥物可從剛開始的平面2D，隨著實際需要變成小玩偶、偶裝，甚至數位化。創造初期應盡可能讓角色人設顯得清晰。

- 隨著角色獲得認同、更有知名度，將出現許多授權需求，因此建議第二階段應在角色的應用面尚未全部打開之前，清楚設定「設計規範」以便保持初始設定，保護角色原真性。
- 地方團隊的主要領導人通常最被大家認識，勇於做事的人在地方不免毀譽參半，融合地方形象與團隊期待的地方吉祥物將有效地柔化團隊形象，不僅可以創造更具公共性的溝通可能性，團隊在地方也能維持好的形象與影響力。
- 有個性的地方吉祥物能讓地方與團隊擁有更高的辨識度，未來無論在哪裡或出國交流，都是很不錯的品牌印象對外呈現。

自有商品——活化行動11

透過設計創造足以代表團隊的象徵物，能有更踏實的存在感！

無論稱為文化商品、文創產品、個性商品、周邊商品，或者「地方團隊獨立開發的自有商品」，多半是地方團隊在地方發展到某階段，在無形的動態講座或活動持續進行之外，開始期待透過創造有形的商品，讓眾人留下更深厚的印象。

這個過程可看成團體品牌化的發展必經歷程，而且需求常常是由外而內，在外在需求的驅動下思索該做什麼周邊商品。

舉例，如果是專注於食魚教育的團隊，魚類抱枕、教具與貼紙應該是首選。一開始因為客製化且數量不多，開發成本往往很高，也可能從一開始的自用，因為深受歡迎轉成常態商品。

如果是經營街區導覽的團隊，街區常見的圖騰可能就會成為可運用的內容，明信片、轉印布包和筆記本也許就是打算發展的商品。透過自有商品的開發來確立團隊的品牌形象、能有自己的原創物與其他團隊交換等等，多半就是團隊創造自有商品的濫觴，並從中更加確立團隊的位置、獲得更多自明性與真實的存在感。

表裏多重價值宇宙

表——

▲一直想做能代表團隊的小物，想說以後可以送給來訪朋友與貴賓。

▲聽朋友說做周邊可以賺錢，每次被邀請去市集又好像沒什麼可以賣，不如利用計畫的工作項目來做。

▲很喜歡你們團隊的理念，如果有周邊商品一定支持購買，也會買來送人。

▲希望品牌能慢慢被看見，透過定期創造周邊商品傳遞品牌的調性，也方便擴散。

▲既可以幫助農友，也可以創造一個我們團隊喜歡、也讓我們的粉絲購買的產品。

▲因為募資需要有回饋品，就想來做點周邊商品。可以做讓自己開心的當然更好。

裏——

▲對於在地方投入軟性行動的團隊而言，有一個看得見的商品是被在地認識的重要起點，妥善創造第一樣商品因此無比關鍵。要考慮是拿來送或拿來賣，無論前者或後者，質感很重要，畢竟代表了品牌。假如要賣需多多考量市場性，以及押上品牌後能否創新價值。

▲周邊商品好不好賺得看數量與定價策略。自由商品的創造，攸關品牌過往累積的價值與消費族群的認知，如有足夠市場性，確實有機會爆紅。

▲周邊商品的選擇多半與主事者有關，文具類、產品類、文字類，各有吸引力，但都得融入團隊與地方DNA，才有辦法創造獨一無二的自由商品。

▲如果將自有商品定位成一種通路，與周邊利害關係人之間的競合關係就得多加考量，否則在定價上比較難有區隔。

▲自有商品的定位不應以販售營利為優先目標，而以展現品牌風格與價值為優先考量，如想協助在地銷售，建議另創專屬品牌，以避免利益糾葛。

當自有商品不只代表團隊

我擔任計畫委員訪視地方團隊時，經常收到社區或地方團隊出於禮貌而餽贈的自有商品。隨著收到的禮物種類愈來愈多，我不免思考，如果自有商品某種程度代表了團隊，何種品項較佳，畢竟沒人喜歡自己辛苦創造出來的東西被視為無用之物，僅止於蒐藏，禮物的交換在人類學領域也有許多討論。而回到現實面，團隊該如何決定應該開發又合適的商品呢？

這攸關團隊期待呈現的個性與綜合品牌形象，要以既有的企業識別（CI）延伸發展嗎？還是獨立再開一個新系統？選擇與創造的起心動念又是什麼？

一開始多半從主事者的個人心念展開，求好心切，不計成本客製一小批來分享，隨著陸續有人詢問，思考是否加量製作，甚至延伸為系列。隨著團隊的行動展開或演進，多元發展，甚至逐步商業化。

這是地方物產品牌的走向。初心多半是為地方一級產業解決問題，試圖透過二級加工品的研發與生產，同時連著後端的行銷通路一起進行——比如從食魚教育品牌到販售冷凍宅配漁獲，比如地方文化轉譯品牌因應節令開發零食產品——期待讓地方魅力透過產品化的過程被感受與看見。

創造自有商品的核心目的與意義，理應是在單純的銷售之外，用有形物質來代表、來對品牌權益產生加乘作用，並且讓地方魅力依附於上以進行有效的傳播，讓地方能獲得更深厚的認識。乘載品牌的個性、傳遞地方的魅力，這是自有商品存在且被創造的使命，如果不符合這兩項條件，那就只是平凡的地方名產、沒有靈魂的文創商品。

行動眉角

- 想製作自有商品時請先停下來想想「為什麼」、主要用途為何？再思考如何結合品牌調性與地方特色。
- 自有商品的創造邏輯與產品定位與一般大眾商品明顯不同，應優先釐清與確立朝哪個方向。若是自有商品，那就更重視價值與意義對應性；若是大眾商品，應回歸市場邏輯。
- 商品創造的企畫是絕對核心，固然可依循負責人的志趣與喜好，但表現出多方共益性同樣是關鍵。
- 自有商品的創造是展現團隊影響力並朝向事業經營的前哨戰。提供服務之外，也可藉此測試未來操作產品內容的可能性，並能藉此建立與關鍵利害關係人、品牌和關係人口之間的緊密連結。
- 因為是體現品牌內涵的「代表物」，質感相當重要，創造時務必符合團隊品牌的風格與調性，才不會萌生違和感。

地誌繪本

——活化行動12

> 文本的產生有助於傳播與教學，研發歷程步步都是扎實的訓練！

出版品很難創造實質營收，但許多以蹲點實作投入在地實踐的地方團隊前仆後繼投入了地方誌。最令人感佩的是，他們過往多半沒有編採經驗，全是土法煉鋼，在熱情驅動與後天學習下，從最初的企畫構思、內容取材、編輯製作與出版發行，一條龍式完成了艱鉅的挑戰。

節省預算是主要理由，但審查計畫時不乏有團隊以此為題。「為什麼你們想出地方誌？」，是因為對於紙本出版的熱情呢？還是有其他的思考與企圖心？

娓娓道來中，地方誌可能只是手段，是為了培養團隊，挖掘轉譯與詮釋的能力，同時透過公器的創造與在地建立關係並打造倡議平台。這是典型目標導向的行動實踐，過程中將鏈結相當多的利害關係人，也確實是一名地方工作者需要具備的基本功。

繪本常見於母語教學與族群文化傳承，透過文本轉譯達到教學之用，同樣需要敘事能力、編輯技術、挖掘故事，也需要針對群體作易用性測試。

上述兩項看似單純的紙本創作背後都蘊藏著深厚的底蘊。為什麼不是專業出版社或編輯來引動？原因很簡單，無利可圖。從公共性的角度來說，地方工作者義無反顧，縱使困難，還是願意投入。

表裏多重價值宇宙

表——

▲透過定期刊物的出版傳播地方的美好細膩，鏈結地方粉絲與關係人口。

▲繪本能讓部落的族語傳承更順利，學校也獲得好的教材。

▲刊物的取材過程讓地方團隊因此厚植人脈，盤點在地魅力。

▲在地方製作刊物與繪本能讓更多圖文自由工作者獲得工作機會。

▲取材過程讓在地耆老與職人獲得被報導的機會，不僅增加收入，也強化自信與在地認同。

裏——

▲地方誌與繪本都能在挖掘過程中深掘在地脈絡、累積地方知識、還原歷史記憶，讓地方的過往與史料因而被記錄下來、傳播出去，藉此練就田野調查基本功。

▲地方不缺文史專家，但缺乏轉譯的專業者。透過定期發行能培養素材的運用能力，讓地方的精彩不斷被萃取，有益於後續多重應用。建議建立內容資料庫。

▲當出版是手段而非目的，最彌足珍貴的是過程中的積累。製作刊物與持續發行是在地團隊實現社會責任的方式之一，並能從中累積影響力。

▲由於地方不大，內容可能不多，如此限制將更

能練就團隊強大的主題策畫、取材與選題能力，扎實鍛鍊真本領。

▲刊物是平台也是橋樑，搭起地方上人與人、世代與世代之間的連結，是很重要的活跳跳地方知識寶庫。

當地誌繪本不只是地方文本

當地方蔚為顯學，每位關心地方的人都開始回頭找尋各自的地方ＤＮＡ，可能是眾人如雷貫耳的特色名產與景點，也可能是因為過於熟悉或被時代淹沒的歷史記憶。

透過方法論的扎實挖掘、策畫之眼的轉譯，地方的魅力與新發現將在紙上以圖文呈現，其關鍵用途不只是為了積累，而是透過互動的過程找回文化自信，並讓內容可以相互激盪，加速地方的流動，並能適時地賦予新意，建構新視角，最終創造嶄新的價值。

基本功永遠來自於扎實的田野現場歷練。有了精準的目標為靶，接下來就是有秩序有紀律地按表操課，扎扎實實走過每一個必要歷程，就算每次都壓底線穿越，對於地方團隊仍是絕對需要的養成。建議團隊把刊物或內容載體的累積視為是前提的投入項目，再視實際情況調整。

繪本其實能讓三代有效共創。長者說故事，青中時代實際運作，兒童受惠。文本創造的過程就是一次族群文化回溯，過程中將有許多討論，激盪出意想不到的漣漪。我總認為，最精彩的發生在繪本誕生之後。看似為了學習族語的繪本將變成多世代之間彼此溝通的話題，從而讓祖先的故事不斷流傳，甚至引發滾雪球效應，超越文本，產生超越期待的價值與累積。

行動眉角

- 正因地方田野採集的門檻不高，且能隨時隨地，更應該設定目標。有魅力的文本出版是很棒的里程碑，定期出刊的雜誌尤然。規律地挖掘地方內容並不容易，適合有志深耕在地的團隊階段目標。

- 雖然說一條龍運作下來學更多，但目前地方有許多具備相關專業的自由工作者，適合採取合作的方式來相互協力，讓整個運作更順暢，同樣能學習與練功。
- 企畫與策展的能力養成是編採工作的核心，而如何訓練就從這樣養成開始，這也是透過模式訓練所能獲得的能力提升，建議在刊物行動之後，往後進行延伸策畫。
- 「紙本出版品還有人看嗎？」是經常聽到的質疑。紙本仍然具有獨特意義，建議依照實際能量調配刊物的張數與份數，畢竟能夠定期出版，更具成效。

獨立書店——活化行動13

在地方工作，文化與教育是絕對基本功，獨立書店則是最佳集合！

過去幾年的台灣出現一耐人尋味的現象：紙本出版與書籍銷售隨著學習管道多元與網路社群發達而持續探底，全台獨立書店總數卻逆勢上漲。

根據我的觀察，此現象與全台蹲點團隊宛如雨後春筍，疫情引動許多青中世代轉換身分返鄉或於城鄉之間流動有著絕對必然的關係。但有那麼多事情可以做，為什麼是獨立書店？

開書店的門檻的確不高，書籍時效性較弱，空間即使做為書店仍可多元使用。從國發會、文化部、經濟部到教育部，眾計畫有志一同，統統期待著青年返鄉設立據點，使得全台各地多了許多以青年輔導創育為目的的基地空間，期待成為地方青年的據點，在此進行輔導諮詢、課程培力，甚至成為他們平日逗留、相互串連，外地青年想進入了解的中介場所。

這樣的空間若是複合式書店，老實說一點都不違和，書本乘載著知識與經驗，相當適合擺放在聚會場所。過往許多青年團隊習於擺上幾本富含知識與理念認同的書籍，如今只需要予以擴充並強化選書，強化書店的功能。

你可能會問，開書店不賺錢怎麼辦，這個空間本來就有人群交流的設定，不賺錢確實沒有盡到營運責任，但也讓知識的傳播更在地深化，或許這就是許多團隊選擇獨立書店的理由。

表裏多重價值宇宙

表——

▲在地方開一家獨立書店，當地的學童或人們想買書不需要再跑到大城市。

▲獨立書店通常都會舉辦與在地相關的活動，地方的大家就可以共學，而且往往很適合親子。

▲獨立書店的特點就是主題選書，通常會切合在地的人文風土並販售在地相關書籍，讓遠道而來的旅人從這裡更認識在地。

▲獨立書店的店主通常是很有想法的人或異於常人的人。書店讓旅人又多了一個好理由，也是很好的問路店。

▲獨立書店經常扮演地方選物店，可以買到店長推薦的與在地特色產品。

裏——

▲地方人群關係緊密，雖有許多閒置空間，但除了便利商店，鮮少有提供人群流動、遊逛或停留的中介空間。獨立書店滿足了不具目的性的「逛」的需求。

▲書店是本地人與外地人有機會同時逗留、遊逛並交流的空間，舉辦活動更能讓不同族群、不同年齡的人互相認識，扮演著地方第三空間的角色。

▲雖然販售的書籍有數量限制，但也扮演了地方知識的燈塔，是一處可學習、思考，具文化象

徵性的平台與據點。

▲遠道而來的外地人通常會在此獲得許多人與地方的相關情報，店主通常是斜槓青年，除了開書店還有許多文化相關的才藝，也提供許多意想不到的服務，如計畫諮詢、文字企畫、活動舉辦、文案撰寫、平面設計等。

當獨立書店不只是一個賣書的地方

我想獨立書店經營者應該都有覺悟，那就是絕對不能只是一間賣書的店，必須多元經營，創造被需要的理由，當然也要好好選書、企畫與陳列，把書店基本功做好做足。除此之外則得延伸思考，以讀者為中心，以在地人潛在需求為念，並以在地文化據點為使命，「書店」兩字只是大家熟悉的商店分類，在這個字眼的背後還可以多做些什麼？更需要思考如何養活自己，讓書店「永續」，以便持續成為地方軟性需求的支持系統。

回到地方的角度來看，這樣一處塞滿了知識與資訊的空間除了舉辦讀書會、講座，偶爾可安親並提供諮詢，甚至成為大家閒來沒事的據點，或許也可以是一處無數可逃時收納人心的樹洞，因書而療癒，其空間中介件讓人能在窒息之前擁有些許舒緩，心靈逃離。

當多數地方工作者，對於文化、教育與在地議題有超乎常人的關切之情，以獨立書店的姿態在社區被認識也是理所當然，書店的存在將讓這裡有著相對濃厚的人文氣息。

行動眉角

- 開一家書店絕對是投入地方工作、經營據點的選項之一。別認為只要找友善書業把書訂一訂、放上書架就好，書店基本功還是要做好，才不愧於「獨立書店」。店主對於某類知識有獨到興趣，透過陳列或選薦來推廣也很重要。

- 嘗試打造書店成為社區共生客廳，透過活動與氛圍讓不同類型的族群自在地交會。
- 位於社區聚落之間的書店必然得肩負一定的公共性，兼顧居民與旅人的需求，衍生相關服務。包含了販售在地優良產品，協助居民訂書，以及臨時性的好鄰居服務或是提供諮詢。店主也可依照實際需求找尋文化部等相關資源，讓書店財務更健全。
- 經營獨立書店的目標是盡可能不賠錢，並透過企畫與服務讓其發揮超越現實利益的價值，如此一來才有存在的必要。

定期小聚——活化行動14

雖然大家彼此都很熟，但定期相聚聊聊才有機會一起聯手！

「城鄉差距」宛如口頭禪，在談論城鄉議題時經常溜出嘴邊，但若硬要說一項城鄉大不同，我認為是人際網絡的緊密程度。

在外島投入社會實踐工作的團隊不只一次提到，在地方做事處處要小心，一有風吹草動，消息就會馬上傳到他父母親那一頭，「你女兒最近和×××走很近，要小心他走偏」、「我認識×××因為我們是國中同學」。如此現象的肇因正是關係緊密與不流動，讓年輕世代莫名感受一股窒息感，需要短暫脫逃到大城市換換氣，感受一下自由自在的空氣。

如此氛圍，某天有人建議舉辦定期聚會，當下立刻會被否決。畢竟大家都那麼熟了，不過幾個人，有問題再聯繫就好了。無意中忽略了地方緊密人際網絡、穩固關係背後仍有許多漏網之魚，也因此有了地方很封閉，外來者很難打進去的說法。

另一頭則是「雖然大家彼此認識，但不見得知道彼此在做什麼」。無論是沿襲過往的同行不交流或其他原因，碰巧遇到頂多話家常，要讓大夥聚在一起共事時常感覺少了點什麼。

「地方小聚」就是突破。

最經典的例子在日本溫泉聖地熱海。十多年前，某位青年打算返鄉，但離鄉多年誰也不熟，更不用談輕易打入緊密的人際網絡關係，嘗試透過熟人引薦也感受到諸多顧忌。於是青年在一年內舉辦了超過兩百場活動，試圖打破隔閡，促進人際流動。一開始身邊朋友都勸他省省，來的人應該就是認識的那些，但活動一場場辦下去，卻意外引動了許多潛藏的能人異士。隨著大家一位位浮上檯面，發現大家對地方的未來都有許多想法。

看似不必要，實則可結集並凝聚新的力量，一同投入相關事務的開端，無疑是「聚」的體現。

表裏多重價值宇宙

表——

▲平常大家都各自忙碌，能定期聚會也不錯，可以相互更新狀態，一起學習如何參與公共事務，討論看看能做些什麼。

▲趁著聚會共學，日子才不會流水帳似地忙與盲，很珍惜一起接觸新知的學習機會。

▲雖然也會碰到不對盤的人，但要學習不喜歡也要相處，因為大家就在這裡，難免有摩擦。

▲每次舉辦都有新朋友加入，可能因為議題或剛好，可以認識新朋友很不錯，看到地方有新血也很不錯。

▲在地方生活常常是兩點一線，也就是家裡和工作場所，有些甚至根本同一處，生活單純又重複，有地方透透氣不錯。

裏——

▲打破既有認知，建立慣性與儀式感，並營造一

處去中心化的第三空間，創造大家願意交流、分享、學習與討論的氛圍，不僅止於話家常。

- ▲透過不同議題與不同形式的活動，才能引出不同類型的人。不見得一開始就要分群，而是營造人群交流的聚落，打造地方的實體新社群。
- ▲透過各式活動引流，讓更多人願意來參與，創造跨域的認識與合作。地方畢竟不大，大家一同生活，實踐共好，就從定期小聚開始。
- ▲定期聚會久了，大家會想找點事來做。提案或共創都不急，慢慢累積就會水到渠成。
- ▲透過這樣的模式建立「在地支持系統」的輪廓，讓相互支持一起在地方生活成為一種可能。在地方，建立互助關係是絕對必要的。

當定期小聚不只是療傷病友會

打造人與人、人與地之間的新「社群」，不僅止於既有人際網絡建構而成的「社區」，絕對是一件很重要的事，也是許多政府計畫不只鼓勵青年返鄉時建立屬於自己的空間，也要舉辦活動的原因。

在這背後，期待的無非是產生「連結」，地方定期小聚就是這樣的存在。看似微小、不經意、非正式，實則一切都是蓄意，目的是為了打開、鏈結，收納更多可能性。

根據我在地方的第一線觀察，許多地方都因「定期聚會」引動了後續許多可能性。一開始定期舉辦往往讓大家質疑是否有必要，覺得有事再約就好，卻也因此不知道下一次是哪時。一旦建立了儀式感，將直接制約人的行為，再搭配主責團隊的用心企畫，每一次都有事情做，讀書會、分享會、演講會，不同的展開讓人與人之間開始交會、激盪，許多火花因此點燃。

大家都知道，平常要討論事情，傳訊息或寫 Line 很沒效率，可能當下忙，無法好好回覆，但某個台南地方團隊因為知道每周四晚上有固定聚會，清楚知道會遇見誰，就會好好前來參與，會後甚至自己延長一個小時、兩個小時，甚至討論到午夜。

創造「聚會」，期待其引動的副作用，想聯合提案、想共同完成某事，都不再需要額外動用人際關係「喬」，只要把池子養好，不時給予養分，人與人互動中就會形成許多意想不到的化學效應。這也印證了「第三空間」之於地方的重要性。

剛開始的聚會如同一場又一場的地方創傷病友會，大家互吐苦水、敘舊、分享近期經驗。交換情報的確是剛開始舉辦時的重點，但隨著一次又一次舉行，大家已經相當熟悉，再加上不時有新人或是課程帶來的刺激，聯誼性質將漸漸轉換成學習性質。共學日久，連語言認知都心有靈犀後，「要不要一起做些什麼？」，就轉為公共事務的討論平台，一起提案、一起讓地方共好不再勉強，也不再流於口號。

行動眉角

- 地方小聚是地方經營的基本盤，建議在地深耕的團隊堅持舉辦。無論人多人少，只要開始運轉就會有收穫，透過平台的搭建，醞釀未來的改變。
- 不只是找大家來聊天，主事者相當重要，如何引導、鏈結，讓新加入者不尷尬。每一次聚會都要有個主題，所以需要好的企畫，活動也得預留時間讓大家討論，或是更新個人近況。
- 儀式感有必要。固定時間、固定地點，甚至每次活動都營造某個儀式感，比如每個人都分享一件事情或都帶食物來分享。活動的開始與結束也需要建立儀式感，好比用乾杯做為起手式，最後彼此握手互道辛苦了，以此做為結束等等。
- 建議由一群人共同發起，但可輪值當主席。在開始前設立大家都認可的公約，在規畫之下持續運作，就能產生超乎預期的效應。

共創工作坊——活化行動15

地方是大家的，透過共創工作坊，共同創造一個嶄新的未來！

Workshop中文多半稱為「工作坊」，原本是建築設計領域的專有名詞，是德國包浩斯（Staatliches Bauhaus）倡議的一種共創模式，如今已應用於不同專業社群，普羅大眾也不陌生，尤其是公共議題的討論場合。工作坊的優點是能廣納不同意見，透過團隊的動力，行共同創造之實。

然而，只要找來一群異質性或利害關係人，鎖定某一特定議題，各抒己見或提出需求，然後寫成便利貼，最後貼滿白報紙，就堪稱是一場成果豐碩的設計工作坊嗎？

並非如此。如果沒有針對議題妥善設計，帶領者沒有相關專業訓練，只不過是演一齣戲罷了。

工作坊的初心來自於當代相信群眾智慧，以及人本為上，期待如此方式能突破現實的限制與框架，共創嶄新的可能性。在彼此共生且相互依存、人際關係緊密的地方，傳統決策邏輯是以頭人的意見為意見，在公共議題納入更多的參與，從一個人到一群人，才是以工作坊做為活化行動的主因之一。

表裏多重價值宇宙

表——

▲一一找來了地方上重要的利害關係人，讓大家都表達意見，最後整理初步共識，感覺後續推動就有希望。

▲要聆聽在地人的聲音，如果有關鍵利害關係人表達需求與看法要妥善記錄，希望後續可以在這樣的前提下，持續討論。

▲最後要找長官們來聽，算是給參與者一點激勵與信心，也要請他們表達支持。

▲找來太多外地人似乎不好討論，因為他們不知道地方的真實情況，天馬行空講了一堆，很難派上用場。

▲大家都覺得要思考、要寫，還要溝通很麻煩，而且好多事情也不是我們能決定，看「上面的」怎樣想再做就好，不是嗎？會不會白忙一場？

裏——

▲把利害關係人找來參加，讓這場活動更具代表性。有目的性地推進，讓後續工作項目可以在這樣的基礎上展開。

▲在地人的意見很重要卻很難跳脫框架，得在工作坊中埋入更多新觀點以打破、以換位思考，否則就會流於炒冷飯，最後仍然是最迅速也有效的由上而下。

▲天馬行空式的擴散有其必要，目的在於透過發散與收斂，去蕪存菁，留下有潛力與創意的可行方案。超越當下情況才是可努力突破、具挑戰性的目標。

▲工作坊的目標是創造新的公共參與和地方決策

模式，而非動不動就政治處理，能從人本角度來推進。

當共創工作坊不只是各抒己見大會

當二〇一八年五月二十一日行政院舉行第一次「地方創生會報」，宣布推動「地方創生國家戰略計畫」，由教育部主導的大學社會責任（USR）早於一年前就已啟動，兩項政策找到了合作契機，學校與鄉鎮市公所開始手牽手簽訂合作意向書（MOU），緊接著，工作坊一場接一場在全台各地公所的二樓或三樓會議室緊鑼密鼓地進行，目的無他，一起挖掘地方DNA。

開工作坊一起討論、一起提出需求，然後大合照。只要利害關係人統統到齊，彷彿就是大成功。會場上大家從自身利益出發重要也不重要，反正就畫一個大餅提出去，然後找有力人士關心一下，雨露均霑就是所謂的共好不是嗎？

在這段全台灣設計工作坊舉辦得最密集的美好時光之後，大多數結果或提出的意見看來煞有其事，仔細詳讀卻都是老調重彈。這是我們期待的工作坊嗎？還是只不過是走一條新路徑的照章行事？

當然不見得全數如此。後續有許多各領域的專家，搭配注入公民審議的精神，許多地方團隊發起了議題性的工作坊，無論是以議題為中心或以未來願景行規畫想像，都有清楚的目標，搭配有節奏與層次的引導。地方青年、返鄉青年、流動人口與不同世代之間，依照程序展開了各式探討。當願景清晰，從人本、從生活，而非觀光角度來思考地方的未來，結果將更踏實且有序，人人有角色。

希望工作坊這類參與式行動與精神不是一次性的，而是想辦法成為跨越團隊之間的工作方法，每隔一段時間就聚集大家一起腦力激盪，相互溝通，最終才有所謂的共識。這樣的願景式共創才真正能連結到不久的未來，並且充滿希望，所以重點永遠不在於方法，而是在於怎樣使用，這才是箇中關鍵。

行動眉角

- 深刻理解工作坊不是一場秀，而是一種適合引動在地協作與共創的工作方法，藉此讓參與式不再是口號，能真正透過此模式形成共識，奠定未來合作的基礎。建議地方團隊應從參與到學習，最後在地方運作此模式。
- 初期建議針對所關心的議題找該領域的專家協助引導，透過方法論來規畫，從參與中吸取經驗，醞釀未來相互協作並持續辦理的可能性。從地方的發展願景、策略規畫到關鍵議題，都可以定期舉辦，滾動式聚焦共識。
- 每一場工作坊的參與者挑選相當關鍵，建議依照實際情況與引導者或當地的重要利害關係人討論。
- 透過工作坊培養並建構當地夥伴團隊之間的工作模式，也練就共同工作的默契，從問題意識出發、探索、解構，再做發散與收斂的討論，最後形成集體共識、方案與後續。這有助益於未來推動大型公共事務。

議題講座——活化行動16

一場精彩有料的講座可啟發並激勵人們用力前行！

與過往相比，因中央計畫資源增長與集中，再加上社會風氣發展，這幾年地方成了潮流顯學，民間力蓬勃發展所致，硬體之外，「軟體」占的比例可說有過之而無不及。「軟體」多半體現在活動上，除了參與式工作坊、定期小聚，還有各地的大型展演活動，最常出現的則是門檻不高、最容易入手的各式議題講座。

一場講座約一到兩小時，只需找到交通便利有簡報設備的舒適場地，邀請到一位有相關經驗的分享者。若講者有兩位以上，變成規模更大的論壇亦無不可，只要講者魅力夠、分量足，絕對能辦得有聲有色贏得口碑。

地方為什麼需要辦講座？在城市舉辦不是效應更大嗎？是為了追求區域資源平權還是單純因為爭取到了資源？地方真的有這方面的需求嗎？

讓地方的人不需要像以前那樣為了上課大老遠

跑一趟城市，可以輕鬆就近「學習新知」確實是政治正確、符合創生精神。透過這些傳遞新資訊或新知識的活動，為資訊相對封閉的地方注入更多創意與活水，帶動地方的質變到量變，則令人期待不已。

問題來了。期待學習什麼呢？為什麼認為「聆聽講座」是優質的學習方式？只要聽專家數十分鐘的短暫面授就能打通任督二脈，成功翻轉地方嗎？

我認為在地方舉辦「議題座談」應是為了藉此聚攏群眾，有機會創造出包含了人群、知識與資訊的流動與交換，多點刺激、多點交流、多點想像，從他山之石反思家鄉。

一場發人深省的講座，有可能是吹響地方反攻號角的那位喇叭手。

表裏多重價值宇宙

表——

▲找含金量很高，最近很紅的團隊來，對方如果願意的話，地方深感榮幸且很有面子，聽聽看對方做對了什麼，向他們學習。

▲大家都喜歡聽故事，請團隊來説他們的奮鬥故事應可吸引到許多人慕名而來，也將獲得很多的資訊與啟發。

▲一場議題講座多找幾位講者同台，不僅看起來陣容堅強，參與者也會覺得CP值很高。

▲因為是主辦方所以有特權，想聽什麼講座、想認識哪位講者就可以開口邀請，聽了之後覺得對方很厲害，深感羨慕。

裏——

▲講案例最吸引人，但一般的行動團隊比較擅長分享做法與活動所創造的效應，比較難分享規畫心法，與隨之創造出來的影響力，再加上時

間通常只有半小時，分享內容常讓人感覺「見樹不見林」。

▲只讓邀請來的團隊分享有點可惜，運用此一機會創造檯面上與私底下的交流，醞釀未來的合作，才是舉辦講座的正向效益。

▲應該邀請有資源、有戰績的知名標竿團隊，還是邀請規模與模式相近且持續努力的團隊來交流，我認為後者的效果會更顯著。

▲不要對一場講座期待過高。講座的目的偏向認識與交流，若要達到真正的學習，還是要透過課程、輔導與工作坊。

▲一場同時邀請多位講者的活動，目的很清楚是為了社交。建議主辦團隊明確界定且清楚認知，才不會有認知落差，以為對團隊很有幫助，其實只達到了假性學習效果。

當議題講座不再被定位為新知學習

「舉辦講座要訂什麼主題、邀請哪些講者會覺得最有收穫？」是個相當難回答的問題，不同的人，處於不同的階段，對知識、對經驗、對議題多半存在不同的需求。

趨勢性議題經常成為演講主題，好比這幾年流行永續與ＡＩ，許多講座都從這方向來邀請。萬年不敗的案例分享也是，邀請其他縣市的地方團隊，有點名氣的、具網路聲量的，都可以邀來促進彼此之間的串連。

因為有演講，地方感興趣的人士很可能出席，就有機會創造內外多方利害關係人的「交流性」。人一聚集，因資訊引發了更多的溝通與討論，地方的反攻號角就有可能因此自然而然地吹起，醞釀後續合作的濫觴。

此外，講座的關鍵用意常是促進「溝通」，使其「看見」。如前所述，在地方，公與私、團隊與團隊之間常有認知落差，這時強行橫向溝通並不容易，可邀請有經驗的專家或實踐者做為第三方，透過多方利害關係人間的信任，推動事情往前走。

這也是我之所以為「地域活化傳道士」的使命感。透過我居中連結，地方才有可能凝聚集體意識，形成策略，下定決心共同合作共創之契機。

請明確意識到，舉辦「議題講座」象徵了地方改變的開始。關鍵不在於議題的深淺，而是透過這類活動的舉辦，醞釀一個改變的未來式。當然，定期舉辦，鼓勵愈多人來聆聽，不求學習效果，求的是藉由一次又一次的講座，讓大家對地方共同的未來產生動力，才是最重要的。

行動眉角

- 與地方小聚一樣，讓定期舉辦議題講座成為一種儀式感。有別於小聚的人際交流，議題講座著重於學習新知，在知識與經驗激盪之下重新燃起對地方的熱情與使命感。
- 除了邀請地方行動者分享他地的故事，請多邀請擅長梳理現象並對特定議題有研究，具論述能力的專家學者。前瞻趨勢的概念雖然相對抽象，所提出的看法與理念將對團隊帶來多層面的啟發。
- 單一場次多位講者，每個人講不到半小時的分享會，效果比較偏向公開儀式的「社交性」，雖能建立人脈，但較缺乏深度交流，建議採取少人的深度做法。
- 交流與新知學習的時間以一個小時最適當，可再搭配半小時問答、討論、若干非正式交流時間等。一場講座安排一位講者的品質最好，如要深度學習則需透過其他長時數的方法論、模式等學習手段。

地方營隊

——活化行動17

> 長時間感受與體驗，在心中種下依戀，期待日後發芽！

隨著創生政策的資源引導與永續思維的啟蒙推動，新一代的返鄉實踐者們絕大多數帶著理念而來。他們被稱為「地方團隊」，透過多樣的行動模式在地方展開了嶄新的人地行動實踐。如何活下去向來是人們念茲在茲的課題，尤其是文化與教育這兩個與地方相關的課題，除了投入公共行動，如何創造事業發展模式之盈利呢？如何期待因而產生更緊密的人地連結？

歷時三到五天，甚至天數更多的「地方營隊」是也。

地方團隊之所以投入地方營隊的舉辦，或許是因為洞察了雙薪家庭寒暑假不知道要把學齡兒童送到哪裡去的苦惱，明確了解地方營隊是相對於其他體驗的剛性需求，也許還有相當不錯的利潤；或許是源自自身經驗，讀懂了做父母的心聲，也就是寒暑假得努力工作賺錢，孩子只能丟給長輩，其實期待讓孩子獲得更好的照顧甚至學習機會。

對團隊而言，如果可以讓地方的學弟妹有機會好好認識「我們的家鄉」，似乎也可彌補自身過往的缺憾。

某種程度上，雙向的可能性建構起了為什麼要有「地方營隊」的核心理由。脈絡再放大一點，能夠賺錢又能創造意義，不正是深耕在地經營的地方團隊期盼做的事？在人口急遽減少的台灣，若有機會強化不同類型的人對於地方的「依戀感」，甚至從小做起，讓地方豐饒的文化、獨特的風土，能因為參與、體驗、意識，在心中撒下未來再續的種子，便也預約了一個依舊值得期待與盼望的未來。

表裏多重價值宇宙

表——

▲確實能解決雙薪家庭的寒暑假育兒缺口。

▲能為長期在地深耕的地方團隊創造實質收入來源。

▲讓都市裡長大的小孩有機會到自然環境優渥的地方生活，學習課本外的知識，擴展生活經驗、增長知識範疇。

▲讓暑假期間返鄉省親、在地出身的大學生有打工機會，藉此練習照顧晚輩的能力，並分享家鄉的美好故事。

▲地方孩子的父母寒暑假工作很忙，營隊可以幫忙托育並讓孩子們更認識家鄉。

▲補足在地小學一〇八課綱校本課程不夠完備深入的缺口，讓孩子們離開家鄉前能真實完整地認識自己成長的地方。

裏——

▲舉辦夏令營讓都會區的父母與家庭有機會認識地方，成為地方的關係人口。

▲讓小朋友有機會透過實際接觸認識地方，如果是祖居地更好，可加深對家鄉的認識與關係連

結。

▲地方的孩子將更進一步認識家鄉。也可視為地方團隊人才的長期養成，需要長期追蹤並多所互動，為將來留才預先準備，並創造團隊應有的公共性與社會責任。

▲城市學童參與夏令營可培養自立、獨立與責任感，並與其他家庭產生連結，創造後續移住的可能性。

▲地方團隊可透過舉辦過程展現內容、測試服務量能，並可利用自身ESG專業，尋求與企業的共益合作。

當地方營隊不只是臨時托育服務

「地方營隊」純粹只是提供並滿足都會區父母寒暑假的臨時托育嗎？還是基於社會責任而協助地方的父母呢？背後到底有何意義？

類似概念可回推到四十年前日本推動的「山村島留學」制度。此模式的形成與日本都會區父母養育小孩時習慣安排一段長時間的體驗，讓孩子們在山之巔或海之角的教育機構進行短則一個月，長則一年以上的學習有關。「內地留學」讓孩子需要學習獨立、自主，適應群體生活，對人格養成有很大幫助，也可消滅公主與王子病。不僅如此，由於就學者的都會區家族可能頻繁造訪地方，後續將創造移居人口等綜合效應。

台灣目前尚未有如同日本這種做法，較偏向一星期以內的夏令營，這類服務模式也非現在才有，三四十年前救國團盛行的階段就有此類山林體驗活動。不過，近年主要由當地團隊自發舉辦，主事者對地方有深刻的理解，往往有意識地融入更多在地文化與生活體驗，確實有機會創造「關係」並生成「依戀」。背後關鍵，無疑是對地方滿滿的愛與熱情。

從多重角度的意義與價值來看，我認為「地方營隊」是檢核在地團隊能量、關係、營運、企圖的綜合指標。對外，舉辦營隊可以解決城市與地方父母的困擾，讓兩邊的孩子都獲得良好的學習與啟發；對內，透過三到五天不等的連續性長時數活動，團隊將練就活動企畫、內容轉譯、教案研發、教學帶領等綜合能力，又因牽涉層面與資源很廣，大大考驗與多方在地利害關係人間的協作關係，是個立意良好但不容易的行動。

從社會責任來看，若能藉此服務在地，不僅敦親睦鄰，也能讓在地孩子增加認同。假如能吸引已經離鄉或地方關係人口的子女，則是對於地方未來的投資。

舉辦營隊最困難之處無疑是行銷與推廣。這類半客製化的活動成本很高，由於難以向在地父母收取太多費用，也不可能向都市父母收取高於行情的費用，多半需要尋求公部門與企業的贊助和合作。與企業的ESG相互連結也是我認為台灣地方團隊當下最需要努力的。

當然，持續提升內容品質，使其成為地方團隊創造出來的優質服務，同樣無比重要。一味訴諸情感走不久，創造出真正好的內容並讓多方利害關係人皆有所得，就是最重要也亟待持續努力的方向。

行動眉角

- 因為需要投入的專業與資源相當龐雜，建議團隊先從小旅行、DIY體驗來練兵，等到經驗、服務量能與人脈有相當積累再投入。可視之為團隊總體能量的展現，以及團隊對地方承諾的關鍵里程碑。
- 如果只是一次性，長期來說對團隊的能量是極大耗損，建議從初次規畫就有意識地累積，並在舉辦後完整檢討，讓籌備規畫與執行過程盡可能SOP化，如此也便於組織傳承，或是跨組織間的合作。

- 吸引旅居在外的鄉親與關係人口送小孩來參加，而不是用內容與低廉價格來吸引報名，並以關係人口社群的持續經營為目標。
- 與在地學校共同開發教案並鼓勵在地學子參與，藉此和在地建立關係，獲得在地人的支持與認同。因具備公共性，相關費用可找第三方（政府或企業）合作，取得贊助資源。

志工假期——活化行動18

不甘只是旅人，期待真正付出行動，即使弄髒了手，關係將因此更緊密美好！

在地方投入相關行動實踐，多半熱情飽滿，創意總是溢滿，故鄉愛不間斷，行動一件件來。但論及多數團隊最大的困擾，我想「人力」應排在前幾項。真的請不到人、找不到合適的人，兩者都有。

再往下梳理，受限於資源、規模與屬性，地方要的不是專門人才，而是整合性的通才。不僅如此，靠天吃飯產業的不確定性與季節波動使然，契約型合作優於固定工時成了地方經濟型態中不易改變的必然結果。

因此我時常對團隊說，地方不需要過多的大團隊，但需要一定數量的小行星，再搭配眾多游移的衛星，形成一生態系關係網絡、一種熟悉相依的共生關係，並在其之外，不時引入新元素以催化整體運行。

所謂的志工假期、工作假期，甚至打工換宿，某程度就是此情境的補充設計。透過機制的設計，讓其他系統的人，因為投入並持續了一段時間，創造出具公共性的行動，同時創造利他也達到利己。

我曾以顧問身分協助台東南迴部落志工假期，二十幾位上班族用年假來參加為期一周的參與式設計行動，每天在大太陽底下與部落青年一起勞動。為什麼不度假來做苦工？部落為什麼要接納他們？地方團隊為何不怕大費周章？公部門為什麼大力支持並期待橋接雙方的緣分？標榜「動手實作，把手弄髒」的行動方案真能創造超越表層的魔力與意義，讓雙方，甚至多方利害關係人都樂此不疲嗎？「志工假期」這類活化行動是否能持續發展並擴大？

表裏多重價值宇宙

表——

▲企業追求漂亮的永續報告書，也需要ESG分數，因此鼓勵員工投入志工假期，為地方貢獻心力，創造在地利益，藉此善盡企業責任。

▲對地方而言，志工的投入為地方創造了多一點的改變，也讓平常寂靜的地方更有生氣，還增加了一些短期消費與臨時性收入。

▲企業員工不用請假，到地方自己挑選的單位做些不用動腦的事，也算某種放鬆。投入後對地方將有一定認識與感情。

▲團隊可練習扮演架橋者，也練習整合與多方合作的能力。地方引入短期勞動力的同時，人與企業也將創造為地方貢獻的機會並獲得資金。

裏——

▲企業一開始多半是被制度所逼，但合作之後，後續可能衍生出購買農產品、相關議題的資金挹注與永續旅遊的採買等，對地方來說具有相當的後續效應。

▲對社區而言，與其說獲得實質幫助，不如說因為專案建立了更進一步的互動，讓地方的真實

有機會被關係人了解，甚至衍生後續的連結，這才是最重要且意想不到的收穫。

▲平日居住在城市的企業員工因投入而建立對地方的同理與共感，將對未來的人生和職涯帶來啟發，甚至有機會成為未來的地方生力軍。

▲與地方營隊一樣需要高度整合，差別只在於參與者的年齡與屬性不同。志工專案需與企業與社會人士溝通，可練就提案能力與合作商談的能耐。

▲對地方而言，若能透過這類活動鏈結更多關係人口，對於地方的未來將產生許多助益，也可在過程中從外在視角看到地方的優劣勢，有助於後續定位與發展。

當志工假期不只是企業工作者的短期夏令營

志工假期的緣起為何？初心是什麼？

根據調查，工作假期的原始概念可回溯到百餘年前，當時法國農場因一次世界大戰遭到嚴重破壞，德法青年於是自主性成立工作隊幫忙重建農場。此後，世界興起了一股工作假期風潮，八〇年代基於對環保的重視，許多環境保育團隊以此模式召喚短期志工投入。

台灣約莫近十年開始興起部落志工假期、東部或離島的打工換宿潮，參與者通常是用自己的年假或寒暑假義務參與勞動，藉此服務在地，創造屬於自己的意義，整個過程以「與地方共同合作完成一件事」為核心，強調不只工作也交朋友，鏈結在地情誼。

這種從一個出發點延伸為至少三方以上的共利共益專案不只提供給城市工作者，部落與社區、地方團隊、參與的社會人士，甚至合作的企業組織，統統都能獲得各式不同效益與意義。這種參與式設計活動創造了有別於過往觀光旅遊的淺層互動，能夠更深入地方，與在地居民一同飲食起居生活因此成為這類活動的特色，藉此讓人更融入，並視情況調整。

參與式協作一起完成的任務愈具體往往愈有感，幫忙蓋部落想要的雞舍、一起完成社區牆壁粉刷，多半是勞動層次，在「一起完成」概念上創造意義與記憶。完成後的成就感則會驅使參與者日後一而再再而三前來。

根據我的第一線觀察，此模式與方法目前多半用於原鄉部落，有些計畫背後有政府資源協助。在企業與大學的社會責任這股永續浪潮底下，未來的「志工假期」應該會有更多想像與發展機會。

這樣說好了，志工假期非得要一群手無縛雞之力的上班族揮灑流汗嗎？沒有幫上忙就算了，如果幫了倒忙，那就不是志工了，反而更像許多農遊體驗另行闢田給觀光客「體驗」。哪些事情熱情的志工做得來甚至做得更好，如此才能產生雙向互動的綜效。

一個地方團隊若能每年依照社區的期盼與蹲點看見的需求來企畫志工假期，讓企業或公開招募合適的夥伴前來，讓來者因手弄髒了而成為自己人，將是志工假期最受期待與盼望的效應和未來。

行動眉角

- 有「邊界性」、相對封閉又有一定凝聚力的社區比較有機會舉辦志工假期。首要之務是獲得社區的支持，並找出一個具公共性的投入項目與目標。
- 由地方團隊主辦並且扮演橋樑，鏈結社區與公部門，也要善用外界專業團隊的能量，有效統合多方利害關係人很重要。
- 舉辦活動需要相當龐大的人力、物力與金錢資源，如果單純向志工收取通常會虧損，適度爭取公部門資源或與企業合作，才有可能獲得足夠資源辦好活動，這也是活動能否妥善舉辦的關鍵。

- 除了有形的產出，無形的關係鏈結是當下最受珍視的，請把志工假期視為關係人口的孵化器，結束後持續維持群組，甚至靈活創造「多次再訪」的志工假期模式，這攸關活動過後能否創造出意想不到的長尾效應。

地方選物店——活化行動19

精選足以代表地方的風土物產，當作鏈結你與地方的關係臍帶！

地方的特色為何？或套用國發會發明的說法，地方DNA為何？

人們來到城鎮、聚落或社區，透過遊程互動與飲食體驗了在地特色，但離開時可以帶走什麼呢？無非是由在地特色構築而成的伴手禮。

這幾年許多地方都很用心研發產品與推廣，公部門也經常舉辦相關比賽，比如縣市十大特色伴手禮評選，我常在賽後詢問得獎的優良產品未來哪裡買得到，通常會得到「短期內直接跟我們買，後續公部門會協助媒合銷售通路」的答案。

哪裡買得到的確是個課題，而且無關都會區與否。多數中介城市並非沒有名產店，雖蕭條但存在，多半以傳統觀光旅客需求為主，通常不想販售相對精緻且小批量生產的商品。由於不易購買且銷售點散落四處，在地實踐型組織經常萌生自己經營的念頭，所謂「地方選物店」應運而生。

既然名為「選物店」，顧名思義就是期待透過選品與推薦，販售相對優質，具在地風土特色與品牌調性鮮明的商品，以此提升產業價值，也翻轉對於地方的觀感，並且傳播地方魅力。對選物店來說，銷售當然重要，但產品體現出來的在地性與多元價值更重要。

表裏多重價值宇宙

表——

▲在地選物店精選的指標性優質物產，店員也能完整介紹，將滿足對高品質產品有所期待、打算餽贈家人親友的消費者。

▲在地選物店通常也扮演了地方據點的角色，因此可以在這邊進行深度旅遊諮詢，還有相關體驗課程，是造訪地方的第一站。

▲滿足官方禮贈品需求，提供貴賓造訪時的停留點與產品購買點。

▲透過選物店的產品與空間所營造的氛圍，感受到地方的質感正在提升，更能感受在地魅力。

▲把選物店當成造訪地方的其中一站，希望去那邊感受一下地方的改變，並與在地青年團隊不期而遇。

▲在地業者看到自己種植的作物，加工之後變成有吸引力的產品，不僅很有成就感也可獲得收益，是很不錯的正向循環。

裏——

▲地方的改變通常從一個人、一家店開始。開設風格選物店若是第一槍將訂出標竿，拉出門檻，讓地方的人對於質感有一具體準則，也可從中感受與過往的差異。

▲期待讓選物店成為地方鎂光燈照亮之地，也成為未來地方報導必然之地，可藉此搶占地方在商業發展的能見度與話語權。

▲地方還是很大，不太可能都認識，開一家有質

感的店除了建立形象，也期待帶動區域質感風格的提升，並藉此引出目前尚未出現的潛在合作方，活絡地方，創造綜效。

▲透過選物店展現的質感與核心能力將成為地方創造力與行動實踐的據點，藉此延伸協助周邊夥伴，並整合地方品牌，成為地方的整合者。

▲在地方擁有自有品牌通路，可藉此與在一二級產業的業者合作開發商品，包含了收購、契作、代工、聯名等模式，藉此建構地方品牌並對地域品牌產生影響力，創造新的美好印象，為地方帶來真正貢獻。

當地方選物店不只是農特產賣店

從過去到現在，台灣的地方產業發展模式向來以日本馬首是瞻。如果要說選物店，日本最著名的就是設置於公路休息站的「道の駅」，專門販售當地優質農特產品，展現當地的風土特色與魅力，是台灣公私部門前往日本的參訪必去。

然而，台灣至今仍然鮮有類似模式與水準的商店。儘管許多大型連鎖品牌或專攻高速公路休息站業務的通路努力與在地物產結合，質感與產品的多樣性與日本仍有一大段差距。到了地方，還是聽到「要買就去農會超市買，既便宜又划算」。彷彿地方產品只能談CP值，無法用質感衡量。

隨著創生政策的推動，許多團隊察覺到質感產品的稀缺。事實上也不是完全沒有，而是一般人需要的是可以認識或購買在地物產的一站式據點，由地方團隊籌備的選物店順理成章。

選物店多半設立在交通方便、人群匯流處，不只為了販售農特產品，也會思考讓地方的存在具象化、人物化，成為認識在地的第一哩。

首先，讓物產看得到吃得到，誰種的、做了哪些加工、加入何種創意，讓單純的物產創新價值，這類介紹最適合在選物店進行。陳列、布置、多媒體等展示設計同樣是認識地方的櫥窗，再加上店員通常身兼導覽員身分，多半能讓造訪者不僅帶回精緻的五感，還增添了對地方的認識，滿載而歸。

物產經常被視為分享者的旅遊證明，收到一份精美可口來自地方的禮物，將對該地留下好印象，甚至觸動了未來造訪的想像。因此選物店對於地方的觀光振興與質感提升相當關鍵，更是活跳跳的地方美好宣傳大使，肩負著公共責任。

成立通路販售在地優質物產之餘，如果認為品質不夠好，那就自行開發，協助包裝設計與品牌化。如此一來，地方將因為一家店而形成一支聯合艦隊，相互合作把餅做大。這是在過程中逐漸演化出來的結果，也如實地展現於全台各地。許多團隊一開始致力於經營選物店，最後變成了整合者，過程中甚至進入城市裡的大型市集、食品展與通路開發等。一家店成了地方魅力與物產推進的發動機固然始料未及，卻是順勢走出的可期結果。

行動眉角

- 開選物店不難，但想開好、開得有質感需有企畫思維，能夠全然掌握地方特色。地方產品若不夠可帶入區域，並藉由通路優勢協助開發產品，引動綜效。
- 若要完全以實際營收論斷選物店的成功與失敗，注定不會太好看，但以象徵性、公共性、代表性，積累社會資本與文化資本角度來看，開一家在地選品店將給予團隊一個在地定位的戰略模式，值得有企圖心的在地團隊適時使用。
- 將選物店定位為地方的櫥窗，以及多方利害關係人與在地連結的窗口，不僅是外地人認識、報導在地的指標，也是在地相關產業突破現況走出新局面的絕佳平台。經營者一旦建立了這個舞台將成為中介者，對兩邊都肩負著責任。

城市快閃店——活化行動20

創造一處限時性城市飛地，藉由多元互動與城市裡的人互動！

毫無疑問，無論當下流行的議題為何，不論是社會創新、地方創生還是永續設計，都可以輕易地與地方性連結，因此傳媒、展覽、講座與市集的內容很難不出地方特色等相關範疇。地方浪潮如此火紅，讓我常認為要與地方團隊相約，與其前往團隊據點，不如相約在台北幾處園區更容易。這樣一來，還需要額外設置一期一會的快閃店嗎？

地方在城市的露出從來不曾少過，但都具有很強的目的性。講座就是分享故事，市集就是販售物產，展覽就是在不算長期的展示中呈現內涵，好像什麼都有做，卻如蜻蜓點水。

若在城市有一塊相對長期、宛如地方飛地的空間，在那裡呈現地方的特色、真實與美好，便有可能強化對地方的認識，激盪出過去不曾有的可行性與火花。甚至可選一處具氛圍、帶有仿真意味的空間，打造成期間限定的「地方大使館」，再用企畫力打造一系列互動，強化對地方的認識，打開後續發展的新契機。

許多運動、時裝或酒類品牌習於透過 pop up store 進行一系列緊密的行銷活動，搶奪消費者的心占率，地方有沒有可能仿效這類做法，同樣在城市裡的關鍵位置宛如打下灘頭堡似的，尋求更有突破性的發展呢？

表裏多重價值宇宙

表——

▲讓地方在城市裡多一個曝光機會，因為其多元與持續存在而接觸更多人群，留下更深刻的記憶。

▲以地方大使館或飛地來宣傳可以創造話題，引發媒體報導。透過一系列企畫活動可以創造有別於以往的交流，比如地方首長在此辦公、接待貴賓。

▲定期舉辦活動，邀請城市裡的地方關係人口參加，創造一種受到重視的真實歸屬感，醞釀未來可期的城鄉對流。

▲地方團隊能有相對長期的展覽時間，甚至能創造遠端工作模式，拉近城鄉之間的心理距離。

▲在城市裡可以很方便地先認識地方，再找時間與機會前往地方真實體驗。

裏——

▲地方在城市有一處期間限定的實體據點具有象徵性意義，每年都能創造話題，絕對會引發討論，獲得許多免費新聞報導，相當適合引動宣傳。

▲地方能有別出心裁的宣傳活動並帶團隊來城市打響知名度，這對團隊與公所後續爭取相關資源絕對有幫助。提高的能見度也是一個好宣傳。

▲一段連續時間的進駐可以密集舉辦活動，快速

加深地方在民眾心中的印象與認真度，相當適合做為地方即將舉行大型活動如設計展、藝術祭、燈節，甚至地方節慶的前導醞釀。

▲透過統籌與執行「快閃店」，地方團隊將練就整合能力。舉辦活動則可以鏈結城市裡的關係人口，醞釀未來行動的合作。

當城市快閃店不只是活動延長賽

想有效活化地方，通常是在地方的領域上舉行相關活動或有所行動，如果跳脫地域框架，把戰線拉到人口與消費集中、和地方有所關聯的城市，在城市裡投入一系列拉式策略（Pull），會不會因此出現意想不到的成效呢？

對地方而言，城市向來是產品銷售、訊息露出與合作接洽的戰略舞台，相當有目的性且來去匆匆，總是無法有餘裕與城市裡的人建立更深刻的互動關係。即便只是期間限定，但若在城市裡擁有「地方的飛地」，一處可發揮的主場、一處關係人口的家，就能好好搏感情，讓人與地之間不再只停留於「消費」的點狀關係，進一步建立雙向關係。

「快閃店」的概念與模式近似東京日本橋周邊的天線店（アンテナショップ），也就是全日本都道府縣自治體所設置的路面店，每一處都堪稱地方大使館，就像地理學用語「飛地」。這些天線店在人口稠密的東京大都會提供了包含物產採買、推薦地方特色餐廳等旅遊觀光宣傳，以及移居創業相關諮詢等服務，為的就是創造更深的連結，搶占首都圈民眾的心。從過往一次的跨出去成為常態性的服務，更有可能建構關係。

想打造一處讓關係人有感的實體空間，除了賦予機能，也要透過不同的企畫活動拉近人地關係，傳遞地方真實的魅力。美食之外，也可以是不同主題的演講或策展。比如從企畫角度來進行雙城比較，好比日本火紅的德島VS東京，從中創造話題，讓人覺得有趣又不失熟悉感。透過台北VS嘉義，南港VS北港，甚至台北大安VS台中大安這類企畫，以及一次次曝光引動更多關係人口，為地方創造出前所未有的矚目度，也讓蓄積已久的能量一次次推進並爆發開來。

進駐城市是希望再一次打破同溫層，透過城市的魅力達到召喚與鏈結效果，爭取更多的注目，讓地方能從全台三百六十八個鄉鎮市脫穎而出。在未來的時代，哪個地方能鏈結更多的關係人口就能創造更大的影響力，免於走向「地方消滅」的終極命運。

行動眉角

- 有別於過往地方經常在城市舉辦，以物產銷售、觀光促進為主要目的的地域品牌概念展，快閃店是為了召喚並鏈結城市裡的關係人口，請至少以三年為基本時間持續投入，才會展現成效。
- 請以「經營」思維來思考，在城市投入長期曝光與捲動後，結束後如何持續透過社群媒體維繫關係？如何有明確目標地引動關係人口？讓城鄉的流動，二地居甚至移居，或透過定期購買維持與地方的情誼，讓地方關係網絡發揮效果與影響力，讓成效體現於不同層面。
- 相當適合由青年培力工作站主導並實施的企畫。除了已返鄉的青年，如何滾動城鄉之間的對流，召喚住在城市但心嚮故鄉者，才是地方能否生生不息、可持續發展的關鍵。地方青年團隊應有如此認知與承擔，運作模式則依照資源規模調整，關鍵在於能否持續推動。

農田餐桌——活化行動21

「吃」是人們認識地方的途徑，透過餐桌體驗最能加深印象！

自然資源一向是地方與城市的具體差異，純淨的自然環境、豐饒沃土孕育的物產，因此成為都市人對於地方的投射。如此演進也與愈來愈多人認同佛家提出的「身土不二」概念、義大利的慢食生活、東京電視台「來去鄉下住一晚」（田舎に泊まろう）企畫，以及企圖用文本與食材連結產地到餐桌、從日本東北興起的「食通信」，而這些統統造就了人對自然的認識與依戀。無獨有偶，台灣「稻田裡的餐桌計畫」把人帶到現場，近年又通過食農教育法。

「你是否曾經在造訪阿里山時，想像在群山圍繞的茶園旁喝著鮮採的春茶？」

「想著你造訪葡萄園，在裡頭喝著薄酒萊新酒，吃著精緻的法式料理？」

「你置身溪水匯流的出海口，吃著剛釣上來的鮮魚？」

當一位地方青年用充滿興奮感的語氣向地方農人們形容自己天馬行空的想像，下一秒一定會被即使遲疑了幾秒態度卻相當堅定，帶著職人性格的他們否定：「這樣好麻煩喔，你確定……」

其實未必不可能。扣除技術性的操作問題，最核心的是：「你真心認為一群都市人會花幾千塊頂著大太陽，到充滿蚊子蒼蠅與各式氣味的農田裡吃一頓飯？」

「想像力往往能引動創造力」，創生就要勇於突破！

在許多有心人的努力之下，不論日本或台灣，「農田餐桌」成了體驗與感受在地美好的遊程，並在用餐之外搭配農遊體驗，成為半日套裝之旅。

為什麼是「餐桌」？為了滿足都市人對於農村的想像？還是因為「吃」始終是最能輕易跨越的路徑，也讓人樂意向前跨一步？

表裏多重價值宇宙

表——

▲對於鮮少有農村經驗的都市人而言，可以透過有限度的參與，建構心中對農村的想像。真實的餐桌體驗則能感受農村的美好，獲得滿足感。

▲對於過往生命經驗與農村有關的參與者而言，這類活動與過往經驗不同，可從中獲得某種曾經疏遠農村但如今找了回來的救贖感。

▲對於執行團隊而言，可透過「餐桌」呈現美好農村的想像與感動，也能協助農民。

▲對於農民而言，透過他人的笑容找回對職業與地方的自信。為了讓來賓有好體驗，增加對於職業的認同並且更加認真看到與投入。有接觸，農特產品因此也獲得直接銷售的機會。

▲整體而言，「餐桌」彷彿串起多方利害關係人的平台。關鍵在於企畫執行團隊如何妥善維持

運轉，讓此模式持續營運。

裏——

▲每回餐桌的規畫到執行都是一次的團隊運作演練，如何整合核心與協力團隊，從中練兵並創造出基本的標準規畫，以減少規畫成本與負擔，若需要循著時令舉辦，創造季節感與儀式感相當重要。

▲讓餐桌不是農村體驗的終點而是起手式。從餐桌開始認識，並從中建立與產地、與農人之間的關係，既是長遠的挑戰，也是未來發展的機會。

▲農人只是食材提供者，如吉祥物般出來亮相？如何配置最合適呢？與團隊搭配之外，未來有沒有可能自行運作也是關鍵。

▲餐桌確實是農村體驗的精緻化核心，需平衡需求者的想像與供給方的限制，戶外舉辦又特別有不確定。除了不讓消費者產生落差感，如何「讓活動變成行動」，從體驗提升到公共層次，讓參與者思考食物背後的連結與意義。

▲用吃認識地方相當切合台灣人的喜好，但除了吃，有效帶入地方特色與魅力，創造回訪便成了下一個挑戰。

當農田餐桌不只是在農田吃飯

雖然隨著食農、永續、地方等概念，農業與人的關係和距離縮小了些，但對於住在都會或城鎮的人而言，仍有不易跨越的門檻。如果說農村導覽是為了對農村有感的人，農遊體驗是為了不排斥親近大自然的人，農田餐桌就是為了對新鮮食材、餐桌文化與精緻農遊感興趣的人。

經過設計的美好農村、有限度的體驗並感受心中的農村價值，農田餐桌理應是最有可能形成商業模式，走向專業服務的體驗。可惜由於不確定性太多，加上客製化程度相當高，食材又有時令，再加上農忙，大多數農田餐桌縱使有專業團隊協助，還是難以朝常態化目標邁進，往往停留在一次性的示範活動層次。

如此先天限制不見得不好，反而知道可以怎樣善用，使其發揮平台連結與內容倡議的效用。一旦優質體驗成為風氣但主流市場未能快速銜接，持續推動，讓活動成為帶動農村體驗質感提升的「行動」，這時公共性就會成為可被支持的理由，可藉此建構服務模組，成為未來農村體驗推動的準則。

正因農田餐桌需要多方利害關係人的共同投入，是具有企畫與研發能量的整合型活動，所以有機會串連並形成「農遊價值鏈」，不僅可從中學習協助，也是再一次以計畫為核心，串連起人脈、經驗的累積，賦予過程與結束意義。

建議具創造力的地方團隊擔任統籌，搭配體驗設計的專家，連結有農業技術的農人、在地認識的發展協會，以及行銷公關設計等，創造「不只是在農田裡吃飯的餐桌體驗」。設計重點是「透過飲食體驗來創造意義」，讓遠道而來的人吃著在地食材製成的料理，想著生產者對土地的情懷、對物產的珍愛。

參與者僅僅留存「東西好吃新鮮，地方破舊殘敗」就不是一場成功的農田餐桌，如果因為橋段的安排引動了深植內心的土地情感，有機會透過後續維繫成為地方的關係人口，餐桌就不是人與地方關係的終點，而是起點。我認為這也是農田餐桌必須存在，可以持續在全台各地被創造、被推動的契機。

重點永遠不是結果，而是隨著企畫啟動的、被捲動的所有可能性。唯有如此，才能真正為農村帶來一絲新希望。

行動眉角

- 整合、溝通能力與時間是成就農村餐桌的關鍵，請以年度計畫的餘裕和參與式精神來推動，箇中過程絕對是學習也是磨合，也是關係的再建立。相當建議長期深耕農漁村的團隊以餐桌做為集體實作，並透過行動的過程，形成合作模式。

- 由地方團隊主導，但受限於經驗與專業，推動初期可尋求活動企畫、體驗設計或食物設計這類專業團隊的協助，並透過合作過程建立與外部團隊的分工，最後再整合內外，形成一套屬於地方的工作方法，包含培訓與共創等，務必讓投入的過程與經驗都能累積。
- 建議不要視之為常態性，而是搭配季節展開，使其成為有儀式感的地方獨特活動。盡可能持續舉辦，活動才能成為指標性行動，引動未來與地方間的關係。

生活商店

——活化行動22

創生不難，回鄉生活做一件自己喜愛的事並對地方有貢獻！

青年回鄉到底可以做什麼？除了投身觀光促進、產業振興，透過「做計畫」實踐對家鄉的熱情與愛，還有什麼新選擇？

看過一個又一個案例之後我必須說，能投入的事情其實超乎想像，簡單的小結是從「地方的需要」與「你喜愛的生活」這兩點出發。

觀光對於地方來說固然重要，但回到生活脈絡來看，地方的生活機能裡還需要什麼，而且是你可以也願意發揮的呢？

有些團隊會說因為熱愛家鄉，一畢業也沒多想，就是「把自己種回地方，地方需要什麼，我就來做什麼」，確實也衍生了許多工作方式與可能。

「你喜愛的生活」則是回到你喜歡和想做什麼，如果連自己都無法朝著安居樂業發展，哪能大言不慚說自己投入了地域振興？

循此脈絡，我遇見了材料行、花店、五金行、診所、設計公司、藝品店、甜品店、文具店，還有數不清的咖啡店與餐廳。這些眾人都不陌生的店家，同樣可以成為蘊藏創生基因的推進器，一切都是從人如何在地方生活，從一個人到一群人，從我到我們，從自己好到一起共好，如此看似微小但強大的改變開始。

開一家在地人需要、能夠提高在地生活品質的店，對地方絕對是貢獻。我長期交好的日本友人有的經營頗具規模的水電維修公司，有的是三代經營在地房仲業，更不用說其他與台灣同類型的工作。正因為在地，所以能從每天的工作中感受地方諸多問題的嚴峻，引發公益心，期待善盡一己之力，既貢獻地域，也回饋地方對自己的長期支持。

開一家「地方生活商店」，投入地域振興行動，是如此自然而然。

表裏多重價值宇宙

表——

▲對於青年來說，返鄉開一家可以養活自己，自己也開心的店，這樣的生活其實沒什麼不好。

▲網路雖然可以買到不少東西，仍有許多產業需要在地服務，如果沒有會很麻煩。

▲街邊店的存在能夠維繫基礎「生活機能」，唯有如此，人才會留在地方，這是「地方韌性」的展現。

▲在地方，有開店大家會比較認識，有助於建立信任感。

裏——

▲開一家店不只是一間店，而是組建起地方的生活支持系統。多樣性愈足夠，地方的機能愈強，續存度愈高，也愈能安居。

▲青年創造新行業背後所體現的創造力，也展現了地方是否有吸引人的底氣。

▲開店體現了地方的人際網絡關係，也算正式被地方認可，甚至有機會進入既有組織參與公共事務，是一種認同感的展現。開店就有機會進入舊的人際網絡系統。

當地方生活商店不只純粹滿足居民日常需要

「開一家你喜歡也願意投入的店，透過提供商品與服務來滿足在地人生活所需，創造十足的貢獻。」

老實說，我認為這樣就堪稱投入了地域活化行動，創生不見得是服務觀光客或者執行政策任務，重點在於是否意識到地方的產業改變、人口消退，並衍生為危機感，甚至結集更多志同道合的有心人，自發性地展開具公共性的共好行動，用行動展現公民社會責任，也體現滿滿的故鄉愛。

然而，開設「地方生活商店」得先回到生意本質思考，下一步再思考是否有機會在地聘用、採用在地資材，繼續往前一步則是能否結合在地，共創新價值，甚至因為所投入之事讓地方更好，積極貢獻地方。

一旦具備這樣的意識，無論開的是花店或診所，因為貼近地方，都能創造出有別於他者的價值。舉例來說，如果你返鄉後打算開花店，首先是你的技術是否純熟，下一步是產品有沒有特色，若受限於地域限制，當地沒有花材，能否結合地方元素讓產品獨一無二。事業開展後，期待運用自身能力貢獻地方，好比地方的人不習慣買花餽贈親友，或許可以經由課程或其他行動，把美感帶入社區，讓參與者因為體驗而打開想像力。

時時刻刻回到本質與本業來思考，多想想自己正在做的事。同樣以地方花店為例，除了固定的販售，觀察到地方的高齡女性辛苦一輩子，很少有機會培養才藝或接觸到美的事物，透過花藝結合梳妝，讓她們看見自己變美的模樣。又或者號召大家一起布置社區，讓整個村莊煥然一新。這類自發性行動從自身專業出發，引動地方華麗轉身，體現了創生精神。

相信每一個在地方生活的人只要投入心力，不同的業態都能有精彩的創造，並具有在地性的新可能。

行動眉角

- 針對地方現況與不同世代的真實需求和想望，投入更多心力挖掘並看見，從中找到可行的投入機會。地方需要什麼固然可以做什麼，也要自問喜不喜歡，兩者能夠連結是最好的結果。
- 創業並不浪漫，除了要具備專業，也需要充實開店基本功，或是捺著性子從每天的營運中修正。有耐心很重要。
- 善用網路與社群媒體擴大服務範圍。科技時代裡沒有注定會成功的事，但可以因著在地性建立特色，就有機會創造不只在地，外地也需要的可能性。
- 鼓勵更多有心有力的青年返鄉創造屬於自己心中理想的職業。會被地方所需要的「地方生活商店」是可行的模式，但從中磨出獨一無二的態樣需要時間，若有公共性的相輔相成，事業可以走得更扎實且更具價值。

外燴餐桌——活化行動23

來不了我們去，透過外燴，讓城市人感受地方風土的美好！

台灣人最願意把錢花在哪裡？「吃」是真確的答案。

攤開台灣人的旅行花費，除了伴手禮，吃絕對占有壓倒性比例。多數人不願意花五十元參觀百年洋樓，卻願意花八十元吃一顆草莓大福，更不用說得提前許久預約的兩千元無菜單料理。這無關對錯，只是明確告知社會實踐團隊，想聰明選擇應該把力氣放在哪裡，更有發展機會。

食物設計與相關議題確實是當下顯學。與其說人們講究了起來，不如說大家開始意識到吃也是一門學問，風潮一路蔓延到地方與社區。許多地方早已告別社區媽媽大鍋菜料理，朝向精緻化路線前進，尤其是年輕團隊，紛紛開始研發食材、風味，結合風土與文化，提供通常只有人來才吃得到甚至是特定節日才有的餐點。稀缺性成了特色。

疫情期間，許多團隊轉做外帶便當，菜色闖出名號後便隨著需求發展外燴餐點。一開始是政府展會需求，後來因為永續ＥＳＧ，企業期待透過向地方團隊購買外燴累積點數，因此拓展了外燴餐桌的服務。

除了致力追求產地到餐桌的最短距離，團隊也期待為地方留下「限定款」。當地方的食物都能輕易取得，會不會頓失造訪理由？或者是延伸了觸角、雙雙遞出擴散的橄欖枝，將醞釀成未來長久合作的新契機？

表裏多重價值宇宙

表——

▲讓地方風土的滋味透過外燴餐桌傳遞出去。

▲透過外燴餐桌讓團隊有機會與大企業合作，找出可以發展的商業服務模式。

▲讓城市人不需要到地方都吃得到來自地方的美味。

▲透過持續的需求訂單，菜色會持續精進優化，慢慢調整成更好的滋味。

裏——

▲提供外燴餐桌對團隊而言是一次壓力測試，沒有萬全準備就衝動上場很可能傷害品牌商譽，絕對需要妥善準備，方能成功。

▲食物只是一個引子，是與企業合作連結的好機會，需要把握外燴的機會，並在合作後維繫關係，醞釀未來合作的可能。

▲為了提供餐點，餐點通常需要進行若干調整，有助於產品研發、讓產品更朝市場化發展。

當外燴餐桌不只是看起來支持地方團隊

因為工作的關係，我經常有機會前往各地，常常接收到來自地方的好意，自己也買了不少，品嘗了許多好滋味。

得誠實地說，並非每回經驗都是美好的，許多打著返鄉青年的名號、說著一口好故事、承載美好的價值，一下鍋會發現還有一大段路要走。好不好吃固然每個人口味不同，許多連品牌都有問題最令人傷腦筋。我曾收到一款白米，可能是碾米有瑕疵，出現了許多碎粒。

所以我經常提醒以經營食品為主題的團隊，「消費者會因為理念而支持一次，但不好吃的話不會和自己過不去回購」。建立信任不容易，倒台卻在一瞬間，不可不慎。

假如是因為理念而支持，代表團隊過去積累的社會資本受到了矚目，下一步該是真正讓品質成為有口皆碑的價值，而非加值，這是截然不同的概念。因此，「外燴餐桌」如何克服長途跋涉的挑戰，提供與在地方享用時的同樣品質，讓城市人深感驚豔，絕對需要經過一番努力。

其次，得讓團隊的故事不只停留在會做菜或愛做飯，行動的初心是期待在一次又一次的演繹中，好好學習眷村菜或是轉譯為創新料理。這也才是地方團隊之所以存在，不斷在傳統中創新的價值。下一步則是把記憶中的好味道妥善保留下來，無論是影像或食譜，都是為了讓它不只停留在「外燴餐桌」，能夠拉高到無形文化資產的層次，意義便將截然不同。也是地方團隊經營「外燴餐桌」值得被鼓勵並倡導的關鍵。

目前投入「外燴餐桌」的團隊不算多，但這類飲食需求一直存在，企業永續浪潮之下，地方團隊推出的餐飲因為提供了知名餐廳未有的價值，勢必大有機會。誠心建議團隊在本質完備後，逐步找到切入點進入這塊市場，打下灘頭堡以後會更有機會與企業產生進一步的合作。

讓地方的價值被看見，就從一份外燴餐盒開始。

行動眉角

- 飲食的特色容易凸顯，組織若有心朝此發展，應針對人力特性做足準備，並著手相關調查與手藝傳承。與具有料理長才的長輩合作也是不錯的切入模式。
- 剛開始請務必先在地方經營，比如提供特色定食或便當服務，有基礎甚至做過團膳後，才比較有機會銜接到外燴餐桌服務。
- 建議導入服務設計的思維與做法。除了提供餐點，也說菜、撰寫卡片文字。好不好吃得吃了才知道，相關的說明與互動則能傳達味覺無法傳遞的價值。
- 透過食物引發注意，後續則需要持續經營才有可能建構另一段關係，因此是否提供了食物之外的知識很重要。

精釀啤酒——活化行動24

啤酒很潮，很快擁有一款屬於團隊的產品感覺更是好！

無論是地方創生男神也好、社會創新女神也罷，總之隨著團隊發展，知名度提升，乃至於建立品牌，周邊商品成了必然產物。細數過去五年遍布全台的地方團隊最常創造的周邊商品，「精釀啤酒」應該毫無懸念名列前茅。

根據我的了解，台灣精釀啤酒的發展已超過二十年，有大品牌，也有許多微型品牌，產業鍊相當完整，幾個大型代工廠瓜分了整個市場。為什麼地方團隊有志一同或說前仆後繼選擇了精釀啤酒？團隊負責人都熱愛杯中物嗎？非也。更多是思考要做什麼產品時，受到市面上精釀啤酒大盛而促發，可以融入在地物產更是強大的吸力。

更重要的是，創造精釀啤酒的門檻不高，多數代工廠都很樂意接受小批量訂單，不僅有好多酒款可以挑，還能融入在地原料，成為全球獨一無二的啤酒。只要再找設計師設計一下 LOGO，無痛完工！幾萬塊就能搞定專屬於自己的地啤。口耳相傳，精釀啤酒在地方創生相關領域大流行，讓人有「怎麼大家都在做啤酒啊」之感。

就這樣成了社群媒體的宣傳新亮點，線下各式聚會大家也會相互交換或餽贈。雖然精釀啤酒在台灣的售價一瓶上看兩百元，還算是可入手的範圍。夏天若有戶外活動，賣完其實不難。與其說喝的是口味與品牌，不如說是喝個支持與關係下的贊助。

表裏多重價值宇宙

表——

▲很方便，而且很容易就擁有一款屬於自己品牌的商品，不僅可以拿來送人做公關，也可以讓粉絲們訂購。

▲先不論好不好喝，就這樣做出獨一無二的氣味很有成就感。

▲去市集擺攤或有活動的時候就有產品可以販售了，感覺不一樣。

裏——

▲能做一款品牌啤酒覺得自己很潮，很跟得上時代，還能創造品牌印象，讓形象變年輕。

▲雖然這款周邊商品的製作一點都不複雜，但也因此獲得不少信心，接下來會挑戰幾款比較困難的商品。

▲需要多多思考如何賦予更多層次的意義，讓這款代表地方的精釀啤酒可以為團隊的風格以及對外形象定錨且加分。

當精釀啤酒不只是品牌的周邊商品

地方品牌負責人想透過啤酒創造獨一商品的心理不難理解，但喝過許多款地方團隊的精釀啤酒之後，老實說真正好喝的不多，原因應該是提供的物產原料與配方不見得完全速配。地方團隊加入的物產可說五花八門，茶葉、鮮果、果乾、辛香料、黑糖與各式穀類，應有盡有，雖然過往不乏前例，但就我個人的品飲經驗來說只能說很特別，會留下深刻印象，但離好喝仍有一點距離。

也許對於地方團隊來說，好不好喝確實不那麼重要，畢竟不是啤酒專業而是單憑對代工廠的信任開發酒款，更應該做的是賦予酒更深厚的意義。而在風味之外，還有什麼地方可以發揮呢？酒標成為兵家必爭之地。對粉絲來說，購買地方團隊的精釀啤酒不論喝不喝都會收藏瓶子，透過設計展現團隊風格得特別講究，尤其是紀念款。

日本流行地方精釀比台灣更早，礙於法規，許多團隊選擇了在地自釀，運用地方優渥的水質與原料釀造出來的啤酒不僅新鮮，也更有在地感，這是多數台灣地方團隊沒有的。

此外，日本較少像台灣一樣融入其他物產，比較知名的例子是宮崎縣延岡 Hideji 啤酒廠。該酒廠與日本其他地方的精釀一樣標榜從原料、設備到技術都來自在地，甚至為了支持滯銷的在地農產品，展開了「農援」計畫，採購當地生產過剩的水果，製作成風味獨特的啤酒。這類帶有永續意義的行動台灣目前比較少見，也是未來若有團隊想走這條路可以思考的地方。

身為啤酒愛好者，我認為地方精釀啤酒還有不少發展空間。對於地方團隊而言，銷量雖不大，仍然建議做出符合風格、具代表性又好喝的啤酒。

行動眉角

- 優先考量創辦人與團隊形象與啤酒是否符合，若有落差，不見得一定要選擇啤酒，甚至可以考慮水果酒、琴酒等。
- 打算打造成常態產品還是限量產品也需要思考。如果是常態商品，不建議加入有在地特色的元素，將之保留給更多實驗性的限量或紀念款商品。

- 好喝很重要，假如味道相當特殊，記得在瓶身或附贈小卡片說明，才能消除消費者心中的疑慮，理解「怪味」是故意的。
- 夏天可以出，冬天也可以，風格與調性有所不同，建議參考團隊屬性，並與釀酒師討論。

咖啡館、酒吧

活化行動25

> 如果不知道要做什麼，開一家店把人連結起來吧！

「老師我想回鄉打拚，但目前還沒想好做什麼，您有什麼建議？」

經常在不同場合被問到這一題的我，通常會反問對方三個問題。一、有家鄉可以回嗎？答案若是有，代表應累積了些許社會資本；二、有家業可接嗎？答案若是無，比較有彈性與機會；三、喜歡與人群接觸嗎？答案若是喜歡，接下來我多半直接推坑。

「要不要考慮開一家可以創造人與人連結的第三空間？」可以是販售輕食與咖啡的咖啡館，也可以是引人微醺激發創造力的酒吧，端看個人喜好。

每回這樣說，聽者都覺得我在說笑，但這件事情是認真的，就算放在日本也是。地方的不流動使得許多事顯得閉鎖，如果真的有心有力想投入地方，首要之務就是創造一處人們可自在交流、聚集、互動的第三空間。唯有如此，不同類型的人群才有可能交會。

對於生活相對單調、晚上無處可去的地方，改變經常從咖啡館或酒吧開始。這類空間從城市返鄉的人最有感，假如咖啡師或 Bartender 又相當有魅力，絕對能夠聚集一群又一群的人，成為地方一處重要聚點，一個能進行各式匯流的「據點」（hub）。有人會在這邊找到舞台，有人會在這邊找到另一半，還有更多年輕人會在這邊找到志同道合的戰友，展開行動。

倡議了七八年，直到今日，我依然認為要打開一處封閉之域，甚至展開一段地域復興行動，得打造一處具有類公共性的交流空間，藉此交換情報，與人群相互連結，醞釀未來的行動實踐。由民間打造的第三空間也扮演了理想中的「地方青年培力工作站」所肩負的角色，不是嗎？

表裏多重價值宇宙

表——

▲開一家店可以直接獲取許多第一手情報，不僅是遊客的停留處，也是在地樂於分享與流動的群體的歇腳處。

▲為地方創造一個第三空間，提供交流、歇息、舉辦講座等機能，將創造地方生活的多樣性。

▲除了創造現金流，實體據點將衍生出包含空間在內的各式合作。

裏——

▲透過一家店掌握在地人脈，從情報中理解在地想法，並從造訪旅人口中得知他們對當地的想像，扮演中介者的平台。

▲從金流的數據可以真實掌握城鎮動態，從銷售可以具體掌握消費者喜好。

▲有機會因掌握訊息成為地方意見領袖，把握並創造與關鍵人物對話和合作的機會。

▲開一家店，造一條街，如果更有企圖心，有可能成為看門人，一步步活化整條街。

當咖啡館與酒吧不只是喝飲料與酒水，或與人碰面的地方

元宇宙概念當紅時，常聽人談及「去中心化」，這個概念很適合在這裡拿來比喻：無論是咖啡館或酒吧，背後的核心都是打造一處人與人能自在交流的據點，餐飲機能則是為了支援場所提供較好的品質。

在地方，領域現象比城市來得明顯，唯有出現一個具有公共性的空間，不同族群才不會拘泥形式，互相聚會。達成這樣的狀態相當不容易，但重點是形成一種自然的流動與交會，打破同質性的框架，讓更多異質元素加進來，相互碰撞，才不至於流於一言堂或被特定人士利用與綁架。

循著上述脈絡，透過產品體驗整體氛圍將涉及未來會吸引什麼樣的人。定期舉辦講座、讀書會或更輕鬆的聚會，既讓店自然運轉也善用企畫力，促使每天都發生一些新鮮事，讓空間更有趣或更有店主想要的風格，藉此吸引更多志同道合的人。

要在同一個時間吸引不同族群並不容易，應妥善運用空間的場所精神引流。串流甚至分流的做法碰到假日特別明顯，尤其在地方，所以咖啡館或酒吧應該每日乖乖營業，還是循著人潮的節奏安排不同的營業時間，並善用店休投入其他更有趣、能引動地方前進的規畫呢？

最後，經營一家不只是咖啡館的咖啡館、不僅是酒吧的酒吧，再好的空間氛圍與活動企畫都不如有一位具使命感、企圖心，十足掌握地方議題與未來發展的人。身為靈魂人物，透過持續的營運與建構，他將讓空間成為一處匯流的諮詢平台，從而結集許多可能性，並成為敲動地方改變的槓桿。一處這樣的空間猶如是一前進指揮部，引動著空間裡

的人事物不斷流轉，關於地方的改變，通常由此而起。

行動眉角

- 開一家咖啡館或酒吧確實可以是參與地方活化行動的灘頭堡，一種從空間凝聚人群、連結關係的方法與手段。其實形式很多，可依照實際情況投入。
- 採取複合式經營，搭配彈性的營業時間並結合不同世代的需求，營造出不同的模樣，也務必透過這個據點與地方建立好鄰里關係。
- 用企畫的思維來思考並營運，而非開咖啡館或酒吧的思維。也就是以咖啡館或酒吧為手段來達到活化的目的，賺錢只是水到渠成的結果。

共享空間——活化行動26

為地方打造一優質的流動工作環境，藉此吸引創造力人才靠近並移入！

約莫五年多前，我思索台灣的人口問題並參考日本經驗，提出了原創概念「二地居」，企圖透過流動來強化人口的城市效應，主要目的是為了緩解地方創造力人口不足的根本問題。

提出後大眾仍一知半解，馬上歷經新冠肺炎疫情兩年的隔離，彷如一場在家工作的大型實驗。從疫情期間的居家工作（work from home）到疫後持續展開的遠端工作（remote work），乃至於年輕人世界早已流行的數位遊牧（digital nomad），工作型態與價值觀已經改變，嚮往非都會、有餘裕的生活，移居城鎮或地方，善用便捷的大眾運輸工具行流動之實，隱約實踐了區塊鏈技術當紅時提出的去中心化（decentralization），讓城鄉翻轉露出一線曙光。

許多過往生活在都會但嚮往返鄉移居田園的故鄉難民，開始盤算一個人或一家人「青年返鄉」；

不分年齡的工作者紛紛順著心境與當下條件轉換成多元發展的高彈性自由工作者，其中不少人選擇回到地方，帶來了新希望。

在數位經濟時代，雖然可能困擾於網路相關設備不夠完備，但工作漸漸不再是移居者最大的困擾，反而是生活中迫切需要的支持系統資源：即便擁有相對於城市的空間餘裕，卻缺乏能夠交誼、工作、連結的空間。如是之故，共享空間（co-working space）成了解決方案。

十多年前剛引入這個概念時主要針對城市，以滿足新創與自由工作者需要辦公空間的困境。過去五年這類需求來到了城鎮，甚至地方。外來人口移住之境有機會的話應建置具機能性的共享空間，滿足返鄉工作者甚至遊牧工作者的短租、工作、會談和交誼需求，並期待藉此建立起一新的生態系連結。日本經典創生案例德島縣神山町、台東市周邊的邸 TaiDang 創生基地，都看得到這類模式。

表裏多重價值宇宙

表——

▲地方不只可以旅行，也可以工作。打造地方成為可安心工作的場域，具體提升地方的生活機能。

▲讓流動型工作者有機會與在地社群連結，因此提升對在地的認同感，提高工作品質並獲得更多機會。

▲降低公司或組織來地方設立服務據點的門檻。

▲能滿足臨時性的工作需求，補足地方優質工作空間的不足。

裏——

▲地方有一共享空間，流動性的創造力關係人造訪與停留時更有安心感。

▲實體空間背後的網絡連結與開放性才是此行動背後的最佳效應，不怕打破框架，不怕地方被取代，勇敢面對流動。

▲拉近城鄉距離，盡可能創造更多有形與無形連結。讓企業成為關係人，縱使是虛擬進駐都有象徵性的意義。

當共享空間不只是相對美觀完善的辦公室

過去六年隨著地方創生相關政策的推動，加大青年返鄉、社群培力與合作串連的力道，不分部會皆透過計畫直接鼓勵團隊，行動之外，還要整備一處空間使其成為具公共性的「據點」，若使用閒置的公有空間，更將獲得實質的大力支持。

政策之所以期盼打造一處以青年為主體的場所，提供聚會交流、課程辦理、進駐協作，並賦予其他延伸功用，尤其認為打造「共享空間」是重要項目之一，是因為覺察到看似擁有廣闊腹地、閒置空間充斥的地方，卻少有適合聚會與工作的場所，因此鼓勵個人或團隊進駐。

然而，到處一問，發現沒有太多需求，大家習慣了自由自在，有事再聯絡，反正地方不大，永遠是隨後就到。如果一定要，虛擬掛牌進駐最好。

有哪些人真正需要空間、缺少空間，期待地方有一處可靠又安心的工作場所呢？

多半是剛返鄉還在適應與磨合，或是流動工作者時時往返城鄉又需要有個獨立空間專心工作，甚至是二地居般的雙城生活或多點居全台遊走者。

普遍來說，地方的共享空間經營得都不是太順利，除了客群仍在培養，尚須打破遊牧數位工作者「到了地方就無法好好工作」這種過往因機能不足而產生的刻板印象。

另一方面，疫情期間從日本興起、標榜可以邊工作邊休閒的 Workation，無疑正向帶動了共享空間的需求。

無論短租或長租，共享空間除了提供一個舒適又便捷的臨時工作環境，也能串連一個具有充沛能量、能把人與事相互連結的創造力工作者基地。能夠一步步聚集一群有想法的人，成為網絡關係的交會點，就有機會捲動地方的長期發展，我想這正是共享空間期待扮演的角色，以及即將帶來的超乎想像之收穫。

行動眉角

- 硬體建置不難，創造當地獨有的風格與質感卻需要轉換為旅人思維。與城市提供的工作環境不一樣很重要。
- 與青年聚會場所比鄰，讓更多人有機會接觸，也透過不同的方案招募在地、外地與流動者。需要多一點宣傳並透過網絡關係推廣。
- 創造在此工作可以遇到很多有趣的人的經驗與傳說，讓更多人即使能在家工作都寧願前來，需要有一位現場經營者主持，讓進駐不只是享受機能，更能獲得無形的連結及收穫。

青年旅宿——活化行動27

凝聚遠道而來的創造力工作者，終日練就默契，儲備在地即戰力！

前述每一種活化在地的行動方案與方法都以「創造力」為出發點，以追求「在地振興」為目的，期待為地方創造實質的改變。若想進一步引動可持續性的成效，我認為依然得回到「人的停留」此一關鍵。

想讓更多人在城鄉之間自在流動、停留時間長一點點，地方有沒有青年能夠負擔、待著愜意，具有超級凝聚力的青年旅宿顯得無比重要。

「我們這裡過去沒什麼遊客耶！」

「民宿可以嗎？套房哦！」

「閒置的民宅如何？可以自己住一層呢。」

這些都可以提供相對應的機能，為什麼一定要青年旅宿？

根據日本不少案例的經驗，青年旅宿經常扮演吹響創生號角的關鍵一哩。透過企畫與營造出來的氛圍，魅力十足的青旅不僅讓居住者感覺賓至如歸，也能獲得相當好的交流品質，不願意離開。久而久之，一群外來者產生了夥伴關係與同袍情感，又有機會在餐桌上與在地的大叔青年相聚，感受當地獨特的文化與人情味，往往就這樣留了下來，成為在地復興生力軍。

這是眾多日本城鎮復興的真實故事。一群遠道而來的放浪者原本只想來地方尋找樂子，在某間青年旅宿相遇，原本各有不同的未來規畫，後來都因為某個目標而留下。有些人成為地域協力隊的一分子，有些人與在地街區的後代一起成立公司，運用過去在城市累積的企畫力為死寂許久的城鎮注入活力。每晚在青年旅宿上演的飲酒會就是他們激盪靈感，相互凝聚，醞釀行動的儀式，也就這樣讓地方活絡了起來。

這類熱血故事在台灣曾經零星出現，期待未來遍地開花。

表裏多重價值宇宙

表——

▲讓遠道而來的年輕人有地方可以住，還能在住處結交朋友。

▲讓人多停留，地方就有更多生意做，比如推廣兩天一夜的遊程安排。

▲有了青年旅宿服務，地方的流動人口才會增加，能夠補足地方的勞動力。

▲青年旅宿創造了一個內外連結的介面，也是外地人認識地方的起點。

裏——

▲各路外來人口群聚時如能與在地相互熟悉，將撞擊出許多具創造力的火花，對於地方來說彷如引入了改變的力量。

▲青年旅宿將帶動當地的工作機會，無論是需求或供給，絕對是地方發展的發動機。

▲青年旅宿能維持一定數量的外來年輕人停留，

不僅帶動在地消費，也能因此慢慢掌握新的消費形態，甚至是過往地方少有的夜生活。

當青年旅宿不只是便宜的睡覺場所

台灣南北不過三百多公里，隨著高鐵開通，軌道建設優化，列車品質提升，半日生活圈早就是台灣人的日常，卻也因此讓國旅陷入了某種困境。

一日來回就好？還是尋找停留的理由呢？這固然與旅宿品質有莫大關聯，但推動地方創生期待引動更多青年自覺返鄉，青年來到地方想留下來時，住宿絕對是得面對的第一個問題。我多年前在台東已觀察到此現象。看似有許多無人居住的空屋，想租時卻聯繫無門。在地方「安居」，沒有想像中來得容易。

如果尚未「命定」，不見得需要即刻找尋接下來的棲身之所。先前往流動者專門棲地、有高度中介性的場所，那不僅能與許多姿態相同者相遇，亦有助於接地氣。

通常位於街區不起眼的中段，這類居所不斷地接納新鮮的眼光與熱情的心靈，而一次又一次凝視雖陌生但充滿好感的青旅將點燃心中的熱情。這時候如果再加上在地青年的帶領，一群人也許就此奮起，為地域振興貢獻心力。

這是青年旅宿之於地方的重要性，不只是提供住宿，也提供一個進入地方、了解社區、貼近問題的捷徑。

當然，沒有必要每個人都帶著如此強烈的問題意識或改變地方的企圖心，無論因為什麼理由入住，青旅營造的獨特氛圍都會讓人感覺到這裡與未來、與你有關。只要有所認同，就不該置身事外。一切也不會突然，而是來自停留期間一次次觀察與互動的真實感受。不見得要輕易許諾，而是隨著聽愈多，有所感動，又出現了機會，最重要的是有一群人願意一起，改變就將因此而起。

成功經營旅宿談何容易，不過目的不是為了開而開，而是期待從人地關係維繫的第一個介面就開啟，看中的不只是所謂的CP值，而是能夠聚集一群年輕人。旅遊固然是他們前來的理由，但來了以後的看見將創造停留的全新視野與理由，這才是關鍵也珍貴的價值與意義。

行動眉角

- 如果地方相對封閉且周邊沒有住宿空間，也許就可籌備成立青年旅宿。重點在於不以經營旅宿而是經營青年移居據點的角度來企畫與思考。
- 這將是青年進入在地，產生承諾的關鍵一哩。若無餘力，可嘗試與具備相同認知的旅宿經營夥伴合作。此外，結合團隊平常的工作項目並做相關引導很重要。
- 打工換宿或純粹的住宿只是路徑與模式不同，能否藉此鏈結更多地方的關係人口，讓更多人一次就愛上地方而產生深度連結，長期居住較有機會發展成如此關係並相互鏈結。

故鄉納稅

——活化行動28

即使在遠端看，都透過這樣的模式為地方盡一份關係人口的心意！

如果你因過去的若干緣分，自然而然成為「旅人以上，住民未滿」的花蓮新城關係人口，近日因工作與生活忙碌疏於造訪，發生地震後心急地想知道地方的朋友們是否安好，除了捐款給公部門帳戶，還可以為心愛之地做些什麼呢？

這時，假如地方團隊推出充滿企畫思維的設計，就像大家熟知的募資計畫，只要捐贈一萬元就能獲得地方為了表達謝意的回贈謝禮，如此一來，地方得到了迫切需要的資源，你不僅為喜歡之地付出、做公益，做了自認有意義與價值的事，也得到了精美的禮物。

這樣的交換關係，與在日本推動了十多年的故鄉納稅可說有異曲同工之妙。

此概念最初源於日本的秋天，在前首相菅義偉擔任總務相時所創造，藉由可移轉捐贈一部分的故鄉稅，讓長期稅收嚴重欠缺的偏鄉地方能有資源再配置的可能性。也就是說，因為對地方懷抱特殊情懷，把本來需要繳交給東京都的歲收部分轉移給地方，捐贈給了地方。

至今推動十六年下來，確實為地方帶來了前所未有的資源挹注，東京之內的城市也因此發生稅收短缺的困擾。綜觀此設計，背後期待是營造濟弱扶傾的公共性，也確實在許多案例中看到了制度帶來的效果。

台灣的法規現實層面並無設置類似縣民稅的稅基，較難比照日本辦理，但地方團隊可以參考其精神，發揮創意，結合風土魅力來規畫與設計，讓關係人口能將內心的地方愛化為捐贈，地方則回饋以在地名產。如此具意義的價值交換將共創實質的雙贏，讓人與地方之間的依戀化為牽絆。

表裏多重價值宇宙

表——

▲地方可以獲得實質資金的挹注，贊助者也能感受到與地方關係的再連結。

▲地方可以透過有魅力的企畫爭取更多關係人的支持，並有效打響在地的知名度，拉升影響力。

▲社群媒體的曝光將有效提升地方的能見度，將影響地方的觀光旅遊與物產銷售。

裏——

▲地方所面臨的課題被看見，有機會引動更多單筆故鄉稅之外的企業永續ESG後續合作。

▲能有效喚醒大家關注相對弱勢的地方，尤其讓關係人口從捐助到強化參與，因而展開了包含故鄉兼業、二地居，最後慢慢移住的可能性。

▲因為要回饋，地方的魅力與內容轉譯能量也會因此獲得提升，對於地域品牌的整體打造有實

質助益。

▲能夠喚醒在地的故鄉意識與凝聚力，讓地方因此更加團結。

當故鄉納稅不只是金錢上的樂捐與贊助

或許有人會想問，地方或深耕地方的社會實踐團隊有何正當性對外勸募？

台灣不同於日本，的確沒有故鄉納稅的相關法源，但這個概念很吸引人，有機會透過有意思的企畫形成為人與地方之間相互連結的平台，一如群眾募資。

另一方面，台灣與日本看似類似，在「群體性助人」這件事情上卻有很大的不同。雖然我們經常自我調侃台灣最美好的是人，若窮究下去到底是什麼呢？難不成是因為拿不出其他優點，只有「人情味」能自豪？

發生三一一東日本大地震時，感同身受的台灣人民集體捐贈了兩百億日圓，嚇壞了日本人，「為什麼台灣要這樣對日本？」、「這就是所謂的親日國嗎？」。

台灣固然因為歷史與文化關聯對日本十分友善，但慷慨解囊絕對不只因為情感面，還因為台灣人的ＤＮＡ裡向來包含樂善好施、人溺己溺的良善情懷。當年慈濟功德會從三十位家庭主婦每日捐五毛開始，現在是全世界最知名的慈善與救護組織，台灣還有更多由市井小民成立的慈善組織。共同出錢出力協助他人是台灣人認為理所當然的事，也是一種具有公義心的美德。

「故鄉納稅」的原始概念同樣來自濟弱扶傾，並且期待喚醒更大的共感力。是在理解未來的地方的狀態後，一同採取行動，用「有錢出錢，有力出力」來形容最能傳神表達。我始終認為，「故鄉納稅」的起始來自共感，是因為共感才啟動了資源的給予與付出，最後以獲得感激與謝禮作結。

最可貴的是，因著行動的展開，鬆脫的關係和遺忘的情誼都將被重新省思並拉緊，關係人口會更緊密，觀光人口也更關注，並讓更多潛在人口留意地方。於是，許多未來的可能性就這樣一起以引動故鄉愛為目的的企畫而捲動起來，諸如研發新產品、創造新體驗，甚至規畫更細膩的互動設計，讓彼此之間不只是一次性而持續連結。這也才是故鄉納稅的關鍵價值。

行動眉角

- 故鄉納稅的形式與邏輯有點類似募資計畫但仍有差別。故鄉納稅沒有一確切目的，支持地方或團隊長期發展的課題與範疇相對也大，因此用更長期的時間與方法來推動，強化論述，喚醒危機感與參與度，更顯重要。
- 為了有效且精準掌握散落在外的關係人口，直接與他們溝通，也許可以成立虛擬的社群組織以凝聚人地關係，對於推動故鄉納稅絕對有顯著效益。
- 企畫能力是成功與否的關鍵，透過一個好的故事喚醒關注與支持。表達感謝的「謝禮」之獨特性則很重要，使用農特產品或有期限的服務，各有相當多案例可以參照，不過仍得回到對於群體的掌握。
- 可持續性推動，讓故鄉納稅成為關係人口與地方之間有感的遠距互動，朝著這樣的概念與模式來創造。

寫在最後

時空回到二〇二三年七月。因為緣分，我來到雲林古坑為一組相當溫暖的在地團隊做連續兩天高強度的授課。從早到晚共十幾個小時，加總起來共上千張的投影片，人來瘋似地從地方創生、地域品牌、社區營造、社會創新、社會設計、社區設計，最後暢快地談到社區共生，期盼透過我的說明及詮釋傳達一些新的觀念、價值與訊息，尤其期待解開近二十位專注聆聽的夥伴們心中的疑惑。

記得課程最後還剩下一點力氣時，我把握時間，不顧高鐵要不要等我，對大家說：

「謝謝大家連續兩天的耐心聆聽，有開心嗎？我有看到大家滿足的笑容，是不是感到心頭有點熱？或許此刻的你感受到一股豁然開朗之感，啊，原來那個糾結好久的觀念是這樣子啊～還是根本愈聽愈模糊？甚至愈來愈不知道自己在做什麼？想問我是誰？我們到底在做什麼？好像我們什麼都是，也好像什麼都不是，最後心頭一亂，想舉手問『承毅老師，我們該如何是好？』」

我接著說：「其實我也是喔，但我覺得這是一件好事，代表你一直在屬於自己的行動路上，過程中沒有服膺某一個被定義的類型與概念，甚至去模仿，而是持續以身為度地在需求之上投入你的理解與想望。

「社會實踐本來就是很難畫分開的綜合體，各式的概念、論述與路數，彼此之間本來就存在若干的交集與連結，那些看起來很模糊但很有道理的專有名詞，其實是不同領域的研究者在覺察現象與真實之後所給予的結構定義與整理。

「身為一位實踐者，不應也不該被這些詞彙框限，更需要真正看見地方的真實需求，並且透過行動去實踐，那才是我心中的最佳解。我們處於這個時代，什麼都是，但也什麼都不是，走自己的路將是你的最佳定義，唯有實際探索本心，突破表層遇見真實，才能真正遇見未來。」』

當天臨去前給夥伴的一番話，其實也是我自己多年走來的體悟。

把時間倒回十年前的二〇一四年，那時我是一位以服務設計為專業的商業顧問，因為工作關係而建立了不少日本顧問圈的人脈，從朋友的動態中隱約觀察到某種現象：原本在東京協助國際貿易的朋友返回故鄉賣農產品，原本來日本協助組織執行策略規畫的前輩返回家鄉投入街區活化行動。到底發生了什麼事情讓過去投身企業輔導的顧問願意做出如此改變，而且接二連三，這著實讓好奇心總是未滿的我心中充滿無限疑問，因此開始關注日本的發展與脈動。

又過了幾個月的某一天，我突然看到一篇《讀賣新聞》的報導，裡頭有幾個關鍵字再度引起了我的好奇，比如「地方創生」、「移住」以及「まち・ひと・しごと創生総合戦略」。仔細一讀才了解，那是時任首相安倍晉三的重要政策，目的是期待透過情報、人才與財政三項支援（也就是俗稱的安倍三支箭），緩解人口少子高齡所造成的勞動力不足、人口過度集中首都、地方過疏而使得城鄉發展嚴重失衡的現象。驅動如此政策推動的是當年五月舉行的「日本創成會議」中所提出的，二〇四〇年日本將有超過四成的地方自治體（八百九十六處）消滅、彷如寓言式的「地方消滅論」。

於是，從隔年的二〇一五年成立「町・人・就業創生本部」展開第一個五年的行動推動，企圖打造讓人得以返鄉的環境，並透過新的思維和做法打破過往慣性。二〇二〇年十二月提出第二期，並在隔天推出「町・人・就業創生的基本方針二〇二一」，接著提出「數位田園城市國家構想」，持續透過新的模式與方法捲動日本全島，讓創生成了全民運動。

台灣呢？二〇一七年先嘗試透過設計導入，並以「設計翻轉，地方創生」為主軸，在東港與金門兩地展開示範計畫，隔年二〇一八年五月的行政院會報也正式宣告即將推動地方創生政策。六年內，就這樣從一・〇走到三・〇，投入了許多資源，做了不少事，也有了不少累積，確實也引動了許多的機會及可能性。但我相信大家都認為，好還可以更好。

十年一瞬，從最初自主投入的創生田野研究，從中獲得了許多體悟並撰文倡議論述，後來開始協力台灣的中央部會與地方政府，透過審查和陪伴親炙地方實踐的田野，上百組的近身陪伴以及持續的觀察與接觸，遍地開花的創生現場，我看見許多令人感動的真實，當然也有不願面對的真相，到底是真或是假，是表還是裏，站在地方前線都有更多的共感、理解、看見與感動。

我用七十多篇文章，近十六萬字，記錄下自己有幸參與，從中觀察並體悟的冰山一角，《表裏談創生》是一場從做中學的行動實踐之旅，關於創生的田野將沒完沒了地持續，過程中當然會持續遇見許多依然未解的困難，許多新生的課題同樣也不會客氣地直球迎面而來。

身為一位具有多重角色的地域活化傳道士，總覺得面對未來，我們沒有悲觀的權利。想著散落在全台二十二個縣市，三百六十八個鄉鎮自治體的大家持續地為台灣的地方大未來而努力，我深信只要群策群力，透過行動穿透表層，持續投入深入裏地，屬於「安居樂業」的未來不會只停留在「盼望」兩字。

最後想對所有在這條路上的各路夥伴說聲辛苦了～

讓我們共同攜手，面對困境，努力突圍，相知學習。

衷心期盼在不同的行動現場與你相遇！

林承毅

二〇二四・五・五

WIN 038

表裏談創生：破解迷思，掌握關鍵，從提案到實踐的地方創生全方位行動指引

作　者—林承毅
責任編輯—陳詠瑜
行銷企畫—林欣梅
校　對—聞若婷
封面設計—FE工作室
內頁設計—張靜怡

總編輯—胡金倫
董事長—趙政岷
出版者—時報文化出版企業股份有限公司
一〇八〇一九臺北市和平西路三段二四〇號三樓
發行專線—（〇二）二三〇六—六八四二
讀者服務專線—〇八〇〇—二三一—七〇五
（〇二）二三〇四—七一〇三
讀者服務傳真—（〇二）二三〇四—六八五八
郵撥—一九三四四七二四時報文化出版公司
信箱—一〇八九九臺北華江橋郵局第九九信箱

時報悅讀網—http://www.readingtimes.com.tw
電子郵件信箱—newstudy@readingtimes.com.tw
時報出版愛讀者粉絲團—https://www.facebook.com/readingtimes.2
法律顧問—理律法律事務所　陳長文律師、李念祖律師
印　刷—勁達印刷有限公司
初版一刷—二〇二四年七月二十六日
初版二刷—二〇二四年八月二十一日
定　價—新臺幣四五〇元

時報文化出版公司成立於一九七五年，
一九九九年股票上櫃公開發行，二〇〇八年脫離中時集團非屬旺中，
以「尊重智慧與創意的文化事業」為信念。

表裏談創生：破解迷思，掌握關鍵，從提案到實踐的地方創生全方位行動指引／林承毅著. -- 初版. -- 臺北市：時報文化出版企業股份有限公司, 2024.07
336面；17×23公分. --（Win；38）
ISBN 978-626-396-541-6（平裝）

1. CST：區域開發　2. CST：區域經濟
3. CST：產業政策

553.16　　113009840

ISBN 978-626-396-541-6
Printed in Taiwan